U0836629

国家出版基金项目

国家出版基金资助项目
“十一五”国家重点图书规划项目
《生态文明与绿色低碳经济发展论丛》
刘思华　主编

最低代价生态内生经济发展

方时姣　著

中国财政经济出版社

图书在版编目（CIP）数据

最低代价生态内生经济发展/方时姣著．—北京：中国财政经济出版社，2011.11

（《生态文明与绿色低碳经济发展论丛》/刘思华主编）

国家出版基金资助项目　“十一五”国家重点图书规划项目

ISBN 978－7－5095－2519－7

Ⅰ.①最…　Ⅱ.①方…　Ⅲ.①生态环境－影响－经济－发展－研究－中国　Ⅳ.①F124.5

中国版本图书馆 CIP 数据核字（2010）第 193670 号

责任编辑：刘五书　　　　责任校对：李　丽

封面设计：朱　江　　　　版式设计：董生萍

中国财政经济出版社 出版

URL：http：//www.cfeph.cn

E－mail：cfeph @ cfeph.cn

社址：北京市海淀区阜成路甲 28 号　邮政编码：100142

发行处电话：88190406　财经书店电话：64033436

北京富生印刷厂印刷　　各地新华书店经销

787×1092 毫米　16 开　20.5 印张　279 000 字

2011 年 12 月第 1 版　2011 年 12 月北京第 1 次印刷

定价：38.00 元

ISBN 978－7－5095－2519－7/F·2143

（图书出现印装问题，本社负责调换）

本社质量投诉电话：010－88190744

国家出版基金资助项目
“十一五”国家重点图书规划项目
《生态文明与绿色低碳经济发展论丛》编委会

总 序

建设生态文明·发展绿色经济·构建和谐社会

——论发展中国特色社会主义"三大法宝"

党的十六大以后，以胡锦涛为总书记的党中央，科学分析我国全面参与经济全球化的新机遇、新挑战，全面认识工业化、信息化、生态化、市场化、国际化深入发展的新形势、新任务，正确把握当今世界和当代中国发展的面临的新课题、新矛盾；不仅认真总结发展中国特色社会主义的实践经验，而且高度重视世界各国发展的实践经验，从而提出科学发展观、构建和谐社会、建设生态文明、发展绿色经济①等一系列崭新发展理念和重大战略思想，集中体现了新世纪新阶段我们党、国家、政府在中国特色社会主义发展与经济发展问题上重大理论与实践的双重创新。因此，用科学发展观统领建设生态文明、发展绿色经济、构建和谐社会，这是以胡锦涛为总书记的中央领导集

① 本书所说的发展绿色经济是广义的，不仅是指广义的绿色产业，而且包括低碳经济、循环经济、清洁能源与可再生能源经济、碳汇经济以及其他节约能源资源与保护环境生态的经济等。

体的伟大创造。从理论层面上说，这三大重要战略思想，是中国特色社会主义发展理论与经济发展理论的基本观点，是胡锦涛为总书记的中央领导集体对中国特色社会主义理论的丰富和发展，所作出的特有的重大理论贡献，开辟了马克思主义发展理论在当代中国创新与发展的新境界，谱写了马克思主义中国化、时代化、大众化的新篇章。从实践层面上看，我们按照科学发展观的客观要求，建设生态文明、发展绿色经济、构建和谐社会的伟大实践，是中国特色社会主义实践的基本形式，应该说是21世纪中国发展的主旋律；甚至可以说，它们是21世纪发展中国特色社会主义的“三大法宝”，必将展现出中华文明发展所追求的中国生态经济社会有机整体绿色、和谐、协调、可持续发展的最高境界。“十一五”国家重点图书规划项目《生态文明与绿色低碳经济发展论丛》（以下简称《论丛》），是新中国成立以来最大的生态经济学哲学社会学出版工程，它力图从新兴交叉学科视角反映中国特色社会主义发展与经济发展的理论和实践双重创新。因此，本论丛的每部著作，都是选择发展中国特色社会主义的某个重大理论与实践问题进行双重探索，都有所创新。这就涉及发展中国特色社会主义的理论与实践问题很多，在此，仅把其中10个重大问题特意推出并加以简论，是为序。

一

科学发展观是建设生态文明、发展绿色经济、构建和谐社会的理论前提和生命线。党的十七大最终确立了社会主义生态文明观，这是把科学社会主义同中国基本国情与具体实践相结合得出来的马克思主义论断。建设生态文明，是中国特色社会主义的应有之义和重要内涵。它必然成为科学发展观的重要内涵与组成部分，是科学发展观的新发展的重要标志，使我们党的发展理论和文明理论由原来局限于

"社会的世界"扩展到"自然的世界"，反映了当今世界和人类文明的最新发展理念。它不仅是对人类经济社会发展的经验，而且是对生态自然发展的经验的深刻总结与高度概括。这是科学发展观具有划时代意义的根本含义。因此，以人为本的科学发展观的完整内涵和精神实质具有两层含义：一是在经济社会领域里，处理人与人的社会关系是以人为本；二是在生态自然领域里，处理人与自然的生态关系是以生态为本。在此，广义的"生态"，既是科学发展、和谐发展的核心要义，也是衡量科学发展、和谐发展的根本标志。因此，我们完全可以说，科学发展观是以人为本和以生态为本的双重价值取向的内在统一，是经济社会发展观和生态自然发展观的有机统一观。这就是科学发展观的核心内涵与基本要求的内在统一。因为，在21世纪建设生态文明、发展绿色经济、构建和谐社会的世纪，无论是全面发展，还是协调发展，尤其是可持续发展，都是与自然生态环境良性循环不可须臾分离的绿色发展，离开了人与自然和谐统一的生态发展即绿色发展就没有全面、协调、可持续发展可言。当然，也就没有科学发展可言。由此，我们必然得出一个合乎逻辑的结论：科学发展是以绿色发展、和谐发展为核心的全面、协调、可持续发展。这充分体现了科学发展观的绿色发展属性和特征。

科学发展观作为发展着的科学理论，它的理论内涵，不仅涵盖了建设生态文明的思想观念，而且涵盖了发展绿色经济的思想观念。如果说，生态文明与和谐发展是科学发展观和中国特色社会主义的应有之义与重要内涵，那么完全可以说绿色经济与绿色发展也是科学发展观和中国特色社会主义的应有之义与重要内涵。尤其是人与自然和谐协调发展，是生态文明的核心理念，也是生态自然发展观的核心理念；绿色经济的实质是经济生态和谐协调发展；和谐社会的本质是社会生态和谐协调发展。正是从"生态—经济—社会"有机整体的生态和谐协调发展意义上说，生态和谐协调已经成为当今中国和谐协调发展的根本基础。它是科学发展观在生态经济社会有机整体发展现实中的具体体现，也是社会主义和谐社会的一个最基本特征。正是在这个意义上说，在哲学层面上，科学发展观是中国特色社会主义生态文明观；在经济学层面上，是生态自然发展观和经济社会发展观有机统一的绿色经济发展观；在社会学层面上，则是中国特色社会主义和谐社会发展观。

二

发展是我们党执政兴国的第一要务。那么，发展的终极目的与价值尺度又是什么呢？尤其“三大法宝”实践选择的终极目的与价值尺度是什么呢？这是新世纪新阶段发展中国特色社会主义要解决的首要的重大理论与实践问题。党的十七大以后，传统或纯哲学社会科学理论，当然也包括传统或纯马克思主义经济学理论在内，都仍然认为，发展尤其是经济发展的终极目的与价值尺度，只是为了人的生存与发展的需要和利益，把非人类生命物种生存与发展的需要与利益，排斥在人的经济社会实践的终极目的和价值尺度之外。国际国内学术界都是如此。西方学者有句名言：“人类保护自然是出于保护自己的目的。”近几年来，学术界在阐明以人为本的科学发展观，纠正了过去把人作为工具和手段来实现经济增长的目的的错误观念，认为科学发展观的以人为本是指发展的出发点和落脚点，是为了人的生存与发展的需要和利益，人的发展是目的，即坚持把人民群众作为发展的终极目的和价值尺度。这是理论上一大进步。一些著名学者和权威刊物发表文章说：“建设生态文明，归根结底是为了人类自身的利益，也正是我们建设生态文明的归宿”。“注重生态价值和呵护好生态利益，归根到底为了人类利益，是为了更好坚持以人为本”。这种解说实际上是沿着极端人类中心主义和工业文明的思路来诠释建设生态文明，仍然没有摆脱工业文明发展的窠臼；把自然作为工具和手段来实现经济增长和最大限度地占有物质财富的目的。“三大法宝”的伟大实践，就向这种单一的终极目的和价值尺度发出了挑战。理论与实践都充分表明，工业文明是反人性（社会）和反自然（生态）的文明形态，工业文明时代的黑色经济是反人性（社会）和反自然（生态）的现代经济，资本主义工业社会是反人性（社会）和反自然（生态）的现代社会。当今我们建设社会主义生态文明、和谐社会和发展绿色经济，是人性化和生态化的崭新的现代文明、现代社会和现代经济，既要保证满足全体人民可持续生存与全面发展的需要和利益；又要保证满足非人类生命物种的生存健康与安全发展的需要和利益。这就是“三大法宝”实践选择的两重终极目的和价值尺度，这是自然、人、社会有机整体和谐协调为导向的生态文明、绿色经济、和谐社会的理论与实践的基本价值取向，更是我们探索中国特色社会主义发展与经济发展道路的理论与实践宗旨。因此，我们重构马克思主义经济学双重价值取向理论，寻找马克思主义经济学与当代人与人的发展问题和自然与生态发展问题之间的有机联系，使两者回归马克思主义经济学视野，确立它们在马克思主义经济学基本价值维度的地位。于是，我们把人和自然都是发展的终极目的的双重价值取向理论，运用到建设生态文明，发展绿色经济，构建和谐社会中来，不仅是经济智慧的升华，而且是生态智慧的升华；不仅是生存智慧的升华，而且是发展智慧的升华，必将引起包括新兴、交叉科学在内的哲学社会科学尤其会给马克思主义经济学研究带来革命性变革。

三

建设生态文明，构建和谐社会，都必须也应当大力发展绿色经济，形成生态和谐、社会和谐和经济和谐一体化的绿色经济形态。这是因为，绿色经济既是生态文明时代全新的经济形态与发展模式，又是和谐社会的最佳经济形态与发展模式。

马克思主义生态文明观认为，生态文明作为一种后工业文明，是社会形态和经济形态内在统一的全新的文明形态。从文明形态对人与自然发展关系的影响来说，工业文明是人与自然分裂与冲突的不和谐发展，可以称之为"黑色文明"，生态文明是人与自然内在统一与和谐共生的和谐发展，可以称之为"绿色文明"。因而，从生态与经济的发展关系而言，工业文明的经济形态是"黑色经济"，生态文明的经济形态是绿色经济。21 世纪是建设生态文明、发展绿色经济、构建和谐社会的世纪。这个新世纪的社会形态的主导形态是生态文明或绿色文明，它们也是和谐社会的主导社会形态，这个新世纪的经济形态的主导形态是生态经济或绿色经济，它们在本质上是可持续发展经济，也是和谐社会的主导经济形态。首先，从绿色经济本质属性来看，我曾作过这样的概括："绿色经济是可持续经济的实现形态和形象概括。它的本质是以生态经济协调发展为核心的可持续发展经济。"① 这就确认了绿色经济的生态经济属性，揭示了它的可持续经济的本质内涵。正是从这个意义上说，绿色经济作为生态文明时代的经济形态，是生态经济形态的现实象征与生动概括。其次，从现时代的经济发展实践来看，绿色经济正在朝着成为人类社会文明发展继农业文明的农业经济、工业文明的工业经济与知识经济之后的崭新经济形态的方向发展，并且现实已成为建设生态文明、构建和谐社会的重要经济发展模式。再次，从人类社会的经济形态演变的客观进程来看，生态文明是一种后工业文明形态，绿色经济是一种后工业经济形态；而包括信息经济在内的知识经济，既是工业文明高度发达的突出表现，又是在此基础上发展起来的一种后工业经济，是从工业文明的黑色经济向生态文明的绿色经济转型的经济形态，必然充当了工业文明

① 刘思华主编：《绿色经济论》，中国财政经济出版社 2001 年版，第 3 页。

和生态文明、黑色经济和绿色经济的中介。正是这个意义上，我们对绿色经济重新界定为：以生态文明为价值取向，以生态、知识、智力资本为基本要素，以人与自然和谐发展和生态与经济协调发展为根本目标，实现生态资本增殖的可持续经济。正因如此，2009 年 11 月，欧盟正式提出了新的战略构想，其核心要素就是发展绿色经济，要在未来的 10 年内，将欧盟打造成为一个“绿色知识经济体”。

社会主义和谐社会是一个自然生态和社会经济有机整体可持续发展的社会，这就决定了和谐社会的经济形态与发展模式，必然也应当是绿色经济。我曾在一些论著中提出“社会主义和谐社会是生态经济可持续性发展的社会”的新论点，此论准确地反映了和谐社会的生态经济属性和可持续发展经济的经济特征。因此，现在，我们完全可以说，发展绿色经济，铸造绿色经济形态，是对社会主义和谐社会生态经济属性和可持续经济特征的最充分体现。首先，社会主义和谐社会的科学命题，是对中国特色社会主义社会的生态与生态经济本质的最充分表达。因为社会和谐是中国特色社会主义的本质属性；生态和谐是构建社会主义和谐社会的生态基础，也是中国特色社会主义的本质属性；经济和谐是构建社会主义和谐社会的经济基础，当然是中国特色社会主义的本质属性。尤其是对于生态文明时代的现代社会主义社会，是自然生态关系和社会经济关系内在统一与和谐共生的生态经济社会有机整体。正是自然生态属性和社会经济属性的内在统一与和谐共生，才构成中国特色社会主义的本质。这种本质集中体现在人、社会、自然之间形成和谐、协调、可持续发展的关系。因此，社会主义和谐社会是一个生态经济可持续本质的社会。其次，建设生态文明、构建和谐社会，是对工业文明社会的人与自然相分裂、个人与社会相脱离、自然与社会互损而付出双重代价的基本特征的否定，是要真正实现人与自然双盛、个人与社会双强、社会与自然双赢，达到人、社会、自然和谐共生，共同繁荣与可持续发展的至高境界，最终创造一个自然生态和社会经济有机整体和谐协调可持续发展的社会。这是建设生态文明的真谛，也是构建和谐社会的要旨。再次，能够满足上述要求的只能是也应该是符合建设生态文明与构建和谐社会要求的绿色经济；只有发展绿色经济，才能建设生态和谐与经济和谐相统一的和谐经济。从自然生态意义上说，大力发展绿色经济是为和谐社会发展提供生态基础；从社会经济意义上说，大力发展绿色经济是为和谐社会发展提供经济基础。因此，大力发展绿色经济已成为当今世界经济社会发展和人类文明进步的一大趋势；绿色发展与绿色崛起更是当代中国经济社会发展、中华文明进步的势不可挡的大趋势。

四

建设生态文明、发展绿色经济、构建和谐社会，必须实施生态主导型的发展战略。这是发展中国特色社会主义的新战略，也是21世纪中国现代化发展的基本战略。这是建设生态文明和构建和谐社会的客观要求。(1) 生态文明是21世纪人类社会文明的主导文明形态，它是人与自然、人与人、人与社会、人自身四大和谐协调发展的现代文明。生态文明的这种总体特征，也是构建和谐社会的基本内容与根本目标，将成为21世纪现代经济发展和人类文明进步的主旋律和大趋势。而社会主义和谐社会的科学内涵内含着“四大和谐协调发展”，因此，建设社会主义生态文明的主旨，同构建社会主义和谐社会的主旨完全一致，这种一致性要求实施生态主导型的现代化发展战略。(2) 从我国实践来看，进入21世纪以来，我国一些地区大力提倡生态优先的发展理念，实施“生态立市（省）、环境优先”的发展战略，使一些城市、地区在走中国特色的新型工业化道路过程中，不仅在克服工业文明的弊端，而且超越工业文明，正在朝着建设生态文明社会方面前进，这实质上体现了“生态主导型的现代化发展”的基本战略。(3) 当然，从当今中国的总体上看，生态危机还在加深，它在本质上不仅是当代中国的发展危机，而且是当代中国的生存危机，是中华民族的生存方式的危机，真正缓解和克服生态危机的根本出路就在于从根本上改变现行的现代化的基本战略，实施生态主导型的现代化发展战略。(4) 全面贯彻落实科学发展观，必须把不断追求和递进实现“四大和谐协调发展”作为建设生态文明、发展绿色经济、构建和谐社会的价值原则、根本目标和运作航标，就必须要求实施自然生态、社会生态、人体生态一体化的生态文明发展战略，它在本质上是生态主导型的现代化发展战略。这种绿色发展与绿色崛起应当视为胡锦涛为总书记的中央领导集体实施科学发展战略的核心。因此，用绿色崛起带动和平崛起，走绿色和平发展道路，这是中华文明伟大复兴的必由之路。(5) 实施生态主导型的现代化发展战略，在经济领域内，就是实施绿色经济与绿色发展战略。这是21世纪可持续发展战略的集中体现。实现绿色经济发展战略，是加快转变经济发展方式、大力调整经济结构，走生态文明发展道路，从根本上促进中国生态经济社会有机整体和谐协调发展的根本大计，是具有全局性和战略性的重大战略。

五

建设生态文明、发展绿色经济、构建和谐社会的战略目标，就是把我国建设成为富强民主文明和谐的社会主义现代化国家，在发展中国家率先跨入生态文明社会，即可称之为生态社会或绿色社会。人类文明发展到今天，随着工业文明高度发达，人类社会生产与生活过程和自然界的生态过程已经完全相互交织与相互融合而浑然一体。当今维系人类生命和非生命形式的这个濒临失衡的球体上，客观存在的只是自然生态系统和社会经济系统互相依存、互相制约、互相作用、互相转化的生态经济社会有机整体。当今社会主义也是这样的有机整体，应该是人与自然、人与人、人与社会、人自身和谐共生共荣的社会有机整体发展形态。这就决定了“三大法宝”的战略目标和根本任务在实质上是完全一致的，甚至可以说，建设社会主义生态文明和构建社会主义和谐社会的目标和任务，是同一个问题的两个方面。

首先，不管是狭义还是广义的生态文明之说，建设社会主义生态文明，都必须是牢固地建立在马克思主义人、社会、自然有机整体和谐协调发展理论的基础上，推进人与自然、人与人、人与社会、人与自身和谐共生共荣、生态自然和经济社会的全面协调发展，实现生态经济社会有机整体的科学发展、和谐发展、绿色发展。只有这样，才能把中华文明建设成为人与自然、人与人、人与社会、人自身和谐协调发展的现代文明形态。这是建设社会主义生态文明的主旨，是实践马克思主义人、社会、自然有机整体和谐协调发展理论的生动体现。

其次，生态文明时代的绿色经济同工业文明时代的黑色经济的本质区别，就在于后者是建立在人与自然相分裂、社会与自然相互损的基础上；前者是建立在人与自然内在统一、社会与自然和谐共生的基础上。因此，绿色经济发展是以人与自然和谐发展、生态与经济协调发展为根本目标，是人、社会、自然和谐共生共荣的现代经济，是把中国特色社会主义经济发展的生态环境代价和社会经济成本减少到最低限度的可持续性的和谐经济。

再次，社会主义和谐社会必须是经济、政治、思想文化、生态环境等社会领域，各种要素及各个关系之间互相协调、相互融合的和谐发展状态。笔者曾把这种发展状态概括为：是“以人为主体的社会和谐发展状态，它包括人与人之间的和谐、人与自然之间的和谐、人与社会之间的和谐、人自身关系和谐四个方面的基本内涵”[①]。因此，构建和谐社会，实际上是人们不断追求和递进实现人与自然、人与人、

① 刘思华：《生态马克思主义经济学原理》，人民出版社 2006 年版，第 484 页。

人与社会之间关系的和谐发展，并最终达到人自身关系和谐发展，实现人、社会、自然有机整体和谐协调发展。正如胡锦涛同志所指出的："我们要构建的社会主义和谐社会，是经济建设、政治建设、文化建设、社会建设协调发展的社会，是人与人、人与社会、人与自然整体和谐的社会，要贯穿于建设中国特色社会主义的整个历史过程。"①

由上可知，在科学发展观的统领下，建设生态文明，就是建设生态和谐、经济和谐、社会和谐相统一的现代文明；发展循环经济，就是发展生态效率、经济效率、社会效率相统一的现代经济；构建和谐社会，就是构建生态公平、经济公平、社会公平相统一的现代社会。这样的现代文明形态和经济社会状态，就标志现代中国跨入了生态文明社会。从国内外学术界对后工业社会的研究，生态文明社会可以概括为生态社会或绿色社会。

在1994年出版的《当代中国的绿色道路》一书中，笔者明确提出："生态社会是现代经济社会发展的远景"，"农业社会——工业社会——生态社会并列为人类社会文明递进的发展序列"。在2006年出版的《生态马克思主义经济学原理》一书中，进一步指出："生态社会是和谐社会的理想模式"，揭示了绿色社会模式同和谐社会、生态文明的内在统一性。在国际上，许多学科学者的后工业社会或后现代社会的主张同笔者的主张基本相同。自20世纪90年代以来，先是西方生态学家试图以系统整体观和生态中心主义思想为基础，来构造全盘改造工业文明社会的方案，提出了"最终建立一种无等级差别的理想的生态社会"的主张。生态自治主义者对后现代社会的设想是一个在人与自然和人与社会关系上都消灭了统治、征服与压抑的绿色社会，是一个合作和谐的社会。英国学者伊恩·莫法特在《可持续发展》一书中，描述了可持续发展社会的景象，并称之为绿色社会模

① 引自《科学发展观重要论述摘编》，中央文献出版社2008年版，第72页。

式。日本经济学家在1999年提出了生态发展的共生与社会发展的共生相统一的“生态社会发展理论”。尤其是美国社会生态学者和生态社会主义学者，都设想了未来的生态社会的总体轮廓，提出了他们的生态社会观。生态社会主义理论对未来社会主义或共产主义社会发展模式的构想，就是构建一种超越资本主义和现实社会主义模式，按照生态可持续性原则，形成的人与自然、人与社会（人）、人自身和谐发展的新型社会主义社会，在这个总目标下，未来生态社会主义发展蓝图，也就是绿色社会模式。这同笔者所说的绿色社会模式，不仅是生态社会模式的形象概括，而且是“四大和谐有机整体”的生态社会的绿色概括，是完全一致的。在此，我还要特别强调的是，美国生态后现代主义的奠基人查伦·斯普瑞特克在2006年作了“生态社会的分析和展望”的演讲，指出“生态社会的选择正在高涨，并且正在成功地融入主流”，他用现实事实说明转向“生态社会的紧迫性”，还对中国给予厚望：“参与到生态社会的世界观中去，中国的社区和地区就可能在种种超越现代性的意识形态，走向绿色未来的道路上成为典范。”①

综上所述，在当代中国建设生态文明、发展绿色经济、构建和谐社会的终极目标，就是努力探索一个当今农业、工业、生态文明并存的“三元文明结构”的社会主义大国，实现中国特色社会主义文明形态超越发展，建设成为绿色经济强国、生态文明富国，在发展中国家率先把十几亿人口带进生态社会或绿色社会，即是生态（绿色）社会主义的和谐社会。这是在21世纪把我国建设成为富强民主文明和谐社会主义现代化国家的最高层次含义。

① ［美］查伦·斯普瑞特克著，张妮妮译：《生态后现代主义对中国现代化的意义》，《马克思主义与现实》2007年第2期。

六

建设生态文明、发展绿色经济、构建和谐社会的双重战略任务；这是中国的基本国情和21世纪中国特色社会主义发展的特殊规律所决定的。在人类文明发展史上，西方发达国家用了近300年时间，才实现工业化，使10亿人口进入工业社会。而我国仅用了60年就阔步进入工业化中后期，把13亿人口带进工业社会。但工业化的任务还没有最终完成，要继续进行工业文明建设。就在此进程中，我们又提出了建设生态文明的重大战略任务。这就是说，我们要遵循当今世界文明发展的普遍规律和共同思想，即人类文明发展正在进入生态时代，必须按照生态文明的要求进行工业文明建设，完成工业化的任务；发达国家是实现了工业化、建成高度发达的工业文明之后，才提出建设后工业文明，而中国特色社会主义则在建设工业文明的过程中就要正视建设生态文明问题。这如实反映了21世纪中国特色社会主义文明发展的特殊规律。社会主义中国作为世界上最大的发展中国家，必须坚持把发展作为党执政兴国的第一要务。因此，我们背负着建设工业文明、实现工业化和建设生态文明、实现生态现代化的双重战略任务；既面临着克服、消除工业文明的黑色经济形态与发展模式的黑色弊端，将其改造成为绿色经济形态，又面临着构建与生态文明发展相适应的绿色经济形态与发展模式的双重压力与双重应对。这是21世纪中国发展与经济发展的最根本的特殊性。根据这种特殊性来探索中国特色社会主义发展道路，使我们找到了“三大法宝”，它们充分体现了中国特色社会主义发展与经济发展应对双重压力和完成双重任务的时代步伐和客观进程。

正确认识和理解“三大法宝”尤其是建设生态文明与发展绿色经济同新型工业化的辩证关系，赋予新工业文明理论特质与新的实践导向，这是把中国经济切实转移到科学发展轨道上来所要解决的一个重大理论与实践问题。因为，(1) 党的十六大确定的新型工业化道路，只是赋予了新工业文明的信息化内涵与信息经济的特征。新工业文明只有信息维度。这种工业化与信息化融合，只是表明工业化由大机器生产力发展到信息生产力，这是工业文明发展的新阶段。由于它缺乏生态内涵，使新型工业化在本质上仍然属于工业文明形态。(2) 工业化和信息化融合难以克服传统工业化的弊端。这种弊端在人与自然的生态关系方面，是资源短缺、环境污染、生态恶化；在人与人的社会经济关系方面，是贫富悬殊、缺乏经济社会公平。我们探索新型工业化道路以来的7年间，不仅环境污染和生态破坏日益严重，而且为富不仁、劳资对立、贫富差距也变得越来越严重。从学理上说，信息化是应当获得资源消耗低的效果，但是这7年间资源高消耗没有得到缓解。对此，不少学者认为，我国探索新型工业化道路并没改变我们在传统工业文明发展老路上前行的步伐，没有达到新型工业化和建设生态文明的一致性。(3) 只有信息维度的新型工业化的主旨，主要是对传统工业文明的弊端加以限制，不会改变工业文明整体的反人性、反生态性质和不可持续性，是不能使新型工业化直接成长为生态文明的。因此，新型工业化道路在本质上是建设工业文明的发展道路；建设生态文明，是生态文明发展道路，不能把两者混为一谈。因此，在实践中推进新工业文明同生态文明有机结合与融合发展，这必须将走新型工业化道路综合为生态文明发展道路的内在环节，使建设新工业文明纳入建设生态文明之中，使它成为中华文明由工业文明向生态文明转型的过渡性文明形态。为此，我们必须对新型工业化的理论特质与实践导向重新界定。(4) 按照“三大法宝”尤其建设生态文明的新要求，赋予新型工业化生态内涵，确立新工业文明信息化维度和生态化维度的有机统一，开启新工业文明的生态视阈，为我国现代工业体系和产业结构的知识化（包括信息化）与生态化的相互协调与融合发展提供理论前提。(5)笔者曾在《生态马克思主义经济学原理》一书中提出：探索新型工业化道路，应当从一个基本点升华为两个基本点，“以信息化带动工业化，以工业化促进信息化：以生态化优化工业化，以工业化推动生态化，走出一条科技含量高、经济效益好、资源消耗低、环境污染少、人力资源优势得到充分发展的新型工业化路子。”[①] 因此，新工业文明不仅要大量推进信息化与工业化融合，而且要大力推进生态化与工业化融合。它不仅是实现工业化，建设高度发达工业文明的过程；而且是这种过程同信息化与生态化并行不悖且相互融合，从而推进工业文明向生态文明转型的跃迁过程。

七

加快转变经济发展方式，形成与建设生态文明、构建和谐社会相适应的绿色经济发展模式，这是21世纪现代经济发展模式的伟大革命，是生态文明与可持续经济发展理论研究的一个历史性课题，也是中国特色社会主义经济发展理论研究的一场攻坚战。首先，党的十七大明确指出，“经济增长的资源环境代价过大”，“建设生态文明；基本形成节约能源资源和保护生态环境的产业结构、增长方式、消费模式。”这表明我们建设生态文明需要由高昂代价的黑色经济发展方式向最低代价的绿色经济发展方式转变，形成最低代价的可持续的绿色经济发展模式。长期以来，我国学界对我国经济发展的创新理论模式的研究，显得十分薄弱，尤其是近年来，对建设生态文明、构建和谐社会的经济发展“模式化”问题研究，可以说还没有破题。大家知道，党的十四届五中全会制定了经济体制和增长方式两个根本转变的战略方针，时至今日，经济体制的根本转变基本实现而增长方式的转变没有实现，并且粗放型增长方式更加强化，使在工业文明发展过程

① 刘思华：《生态马克思主义经济学原理》，人民出版社2006年版，第541页。

中形成的缺乏生态内涵的经济增长方式与经济发展模式仍然处于主导地位。因此，彻底改变、超越工业文明发展的经济模式，形成生态文明发展的经济模式，这是中国特色社会主义道路的战略重点和发展思路，也是建设生态文明与构建和谐社会的极其重大的难题。我们可以说，中国现代化建设和改革开放能否取得最终成功，将取决于我们能否成功地实现工业文明发展的经济模式向生态文明发展的经济模式转变。

其次，可持续发展经济学及它的马克思主义形态的生态马克思主义经济学，全方位论证了生态是21世纪现代经济运行和经济发展中的内生变量，探讨了生态发展规律及其对经济发展和运行效率的影响，构建了最低代价生态内生经济发展模式的基本框架。绿色经济发展模式，就是这种模式的现实形态，也就是说，绿色经济发展在本质上是最低代价生态内生经济发展模式。历史与现实都表明，工业文明发展的经济模式，是“大量生产、大量消耗、大量消费、大量废弃”的不可持续的黑色经济发展模式。这种经济模式在我国工业文明发展中，形成“高开采、高投入、高消耗、高污染、低利用、低产出、低质量”的粗放型经济增长方式，这是目前我国最高代价生态外生经济发展模式的基本实现形态。因此，改革开放30年来，我国经济快速高速增长，可以说是完全被工业文明的经济发展模式所浸透。这就迫切要求我们必须创造一种与自然生态相和谐协调的科学发展模式，这已成为当今中国现代化建设的当务之急。党的十七大标志着中华文明中一个建设社会主义生态文明的新时代正在到来，建设生态文明与构建和谐社会的经济发展“模式化”，就是要形成与社会主义生态文明、和谐社会发展相适应的绿色经济模式。这就是中国特色的绿色经济发展模式，应该是超越资本主义经济模式，其本质内涵应当是最低代价的、生态内生的生态经济和谐协调可持续发展模式，即是生态自然和经济社会和谐协调可持续发展双赢发展模式。

再次，从学理上说，绿色经济是生态文明时代的崭新经济形态，从实践层面上说绿色经济是生态文明发展的全新经济模式，无论是前者还是后者，其现实的具体的实现形式，都具有多样性，其中最基本的形态，或者说主要经济技术模式，就是以低能耗、低污染、低排放为基础的低碳经济和减量化、再利用、资源化为特征的循环经济，它们都属于绿色经济范畴，都是绿色经济模式的现实体现。

八

深化经济体制改革，建立社会主义生态市场经济体制，为建设生态文明、发展绿色经济、构建和谐社会提供制度基础和体制环境。这是中国经济体制的第二次革命，即经济体制的生态革命。我国经济改革与发展，实行两个具有全局意义的根本性转变之所以呈现逆向运动，其中一个根本原因就在于，我国初步建立起的社会主义市场经济体制，未能摆脱传统计划经济体制的窠臼，仍然保留着生态与经济相脱离、人与自然不和谐的基本特征，甚至可以说，还是一个以牺牲生态环境和以牺牲大多数平民百姓的利益（包括人的生命安全与心身健康）为代价而使一部分人富起来的经济体制，它实质上是建设工业文明的经济体制。正是从这个意义上说，改革开放30年来，我国经济体制改革，基本上是沿着工业文明发展“体制化”的方向前行。所以，现行的社会主义市场经济体制克服工业文明发展那种牺牲生态环境和大多数平民百姓利益的制度与机制，显得勉为其难和无能为力。

在当今世界，无论是发达国家还是发展中国家，各国市场经济体制及运行机制，基本上是以人与自然、生态与经济相分裂与对立为特征的，使现代经济运行与发展往往不能反映生态学真理。正如一位德国学者所指出的：“迄今为止，还没有一个国家拥有围绕关注环境而组织的市场经济，德国也不例外。”① 因此，当今世界各国的现代市场经济体制尤其是发达国家的自由市场经济体制，不仅是当今有效需求不足的国际金融危机与全球资本主义经济危机的体制原因，而且更是生态资本有效供给不足的全球生态危机的体制原因。在改革开放30年间，我国坚持资源配置市场化的改革方向，从根本上改变了高度集中的计划经济体制，建立了社会主义市场经济体制，带来了空前的经济繁荣，创造了世界经济发展的奇迹，使我国物的世界大大发展，初步实现由贫穷向富裕的根本转变。但是，初步建立起的现代市场经济体制即没有克服当今世界各国的现代市场经济体制的根本缺陷，这就是没有超越人与自然、生态与经济相分裂与对立的根本特征，仍然是一种生态外生的非持续发展经济体制。这是我国现行的社会主义市场经济体制还很不完善的一个根本方面。它还存在着排斥市场经济体制与运行机制的生态要素，以及市场主体的厂商追求效用最大化、利润最大化与环境保护、生态建设与发展的尖锐矛盾；从而经济运行不能反映生态学真理，在创造物质生产力、使我国经济发展、日益富裕的同时，消灭了生态生产力，使我国生态资本有效供给不足、生态贫困越来越严重。国内外现代市场经济运行与发展正反两方面事实充分表明，中国特色的社会主义市场经济体制，应该是市场对资源配置的基础性调节作用同国家宏观调控与政府监督对经济社会的主导性调控作用相结合的政府主导型市场经济，这是一方面；另一方面，建立和完善社会主义市场经济必须内在地具有可持续发展的生态机制，使生态环境真正成为现代经济良性运行与可持续发展的内生要素与内在机制，就能表现出超越发达资本主义市场经济的制度优势。这是完善社会主义市场经济市场体制即现代市场经济体制创新的一个根本方向。

因此，符合生态文明发展的绿色经济发展、和谐社会发展要求的

① 吴晓东等译：《人类需要多大的世界 MIPS——生态经济的有效尺度》，清华大学出版社2003年版，第146页。

经济体制，是生态与经济一体化的生态内生经济体制，这就是以生态可持续性为核心的可持续发展经济体制。它要求我们必须推进生态掠夺型的工业文明经济体制向生态发展型的生态文明经济体制转变。唯有如此，才能使我国社会主义市场经济既能反映经济学的真理，又能反映生态学真理。这是建设生态文明和构建和谐社会尤其是发展绿色经济“体制化”的正确方向和重大任务，更是完善社会主义市场经济体制的正确方向与重大任务。

早在10多年前，我在《可持续发展经济学》一书中批判了传统经济体制的根本缺陷与主要弊端，深刻论述了可持续发展经济体制的本质内涵与基本特征，提出了我国经济体制改革的本身应当实现两个根本转变：一是从传统计划经济体制向现代市场经济体制的根本转变，即建立社会主义市场经济体制：二是从现代市场经济体制向可持续发展经济体制的根本转变。这种体制的要义应是基于生态关怀和人文关怀的生态可持续性，在此基础上构建全新的生态内在现代市场经济体制，即中国特色的社会主义可持续发展经济体制，它实质上是中国特色的社会主义生态市场经济体制，是对现行的现代市场经济的现实超越与理论超越。因此，实践“三大法宝”都内在要求现行市场经济体制和运行机制，克服自身的根本缺陷，使之具有生态向度和人文向度及其统一性，真正建立起生态与经济一体化的、生态内在的可持续发展经济体制。这种经济体制才是符合生态文明发展、绿色经济发展、和谐社会发展的崭新的经济体制。这是一个新的历史跨越、新的伟大实践。在理论上，尤其在实践上，这是个21世纪中国改革与发展的难题。

九

建设生态文明、发展绿色经济、构建和谐社会，都需要一场彻底的生态革命，形成整个社会主义社会运行与发展机制的全面生态化即全面绿化。20世纪下半叶以来，发达国家的工业文明高度发达，把现代人类逼进了生态危机的深渊，现今全人类还处于大规模的生态灾难之中。它不仅吞噬着自然生态（即人身外的自然），而且毁坏着人体生态（即人自身的自然），使现存的人类生存方式具有毁灭性。这是资本主义工业文明和自由市场经济的反生态和反人性的集中表现。这种人类生存方式危机的深刻根源，就是人们经济社会活动的价值观念、行为方式、社会经济、政治文化、科学技术机制的反生态化和人性化。因此，当今人类可持续生存与全面发展，需要一场深刻的生态革命，推进人类生存与发展的生产方式和生活方式的生态化转型，实现人类生存方式的全面绿化；其关键又在于现代经济领域里必须进行一场彻底的生态革命，实现现代经济运行与发展的全面绿化。生态革命要求现代经济社会活动必须按照反映自然生态规律的自然生态原则去实现世界系统运行的生态合理性，也就内在要求经济、科技、文教、政治、社会活动等经济社会运行与发展的全面绿化，当代中国的生态革命的根本目标，就是追求生态经济社会有机整体内部机制的生态化，形成社会主义生态市场经济体制机制，使中国特色的社会主义经济社会体系运行朝着人性化与生态化的方向发展，这是科学发展观和社会主义生态文明对工业文明的时代性扬弃和实践超越。生态文明、绿色经济、和谐社会是生态化和人性化内在统一的现代文明、现代经济、现代社会。因此，实践“三大法宝”，都内在要求现代经济社会运行与发展机制的人性化与生态化，实现自然生态、社会生态和人体生态的和谐协调发展。

进行经济社会的彻底生态革命，不仅要用生态理性绿化现代经济和现代社会，更重要的是而且首先是用生态理性绿化思想观念，进行彻底的思想观念的生态革命。近年来，世界各国应对国际金融危机和气候变化的过程，正如李克强同志所说：“是人们思想革故鼎新的过程，也是世界经济创新发展的过程。”在今日之中国，实践“三大法宝”的过程，确实是中国特色社会主义创新发展的过程，是推动中国特色社会主义经济发展从要素驱动向创新驱动转变的过程，这是首先要创新思想观念。从根本上说，应当是革工业文明思想观念之故，鼎生态文明思想观念之新。然而，不要说包括当代中国在内的发展中国家，就是当代发达国家已经发展到后工业社会，进入“后工业文明时代”，但人们的价值观、财富观、发展观、实现观还停留在工业文明社会，基本处于工业文明时代。正如美国学者H. 梅多斯所说的：“生活在今天的人们是很难理解工业革命是如何深刻改变人类思想的，因为我们自己一直都在运用工业革命的思维模式进行思考。”① 因而需要一场彻底的思想观念生态革命。建设生态文明、发展绿色经济、构建和谐社会，当务之急就是进行新一轮的思想解放，其主旨是思维模式的生态革命。这就是从建设工业文明观念、思想、理论的禁锢下解放出来，树立和践行建设社会主义生态文明的价值观、财富观、发展观、实现观和政绩观，才能保证中国特色社会主义经济社会运行与发展朝着生态化与人性化方向发展。

十

建设生态文明、发展循环经济、构建和谐社会的最大难题和严峻挑战，就是今日之中国“资本的逻辑”已差不多成为支配社会生活一切的逻辑。“资本的逻辑”是同“三大法宝”的“劳动的逻辑”相对立的，尤其是与生态和谐、经济和谐、社会和谐不相容。因此，如何克服、摆脱“资本的逻辑”的束缚，构建和谐生态、和谐经济、和谐社会，并推进当代中国生态经济社会有机整体和谐协调发展，这是发

① ［美］唐标勒·H. 梅多斯等著，赵旭等译：《超越极限》，上海译文出版社2001年版，第231页。

展中国特色社会主义的“歌德巴赫”猜想。

首先，马克思主义对资本主义社会的批判，就是对资本逻辑的批判。在资本主义私有制下，建设工业文明是通过发展市场经济（从总体上看，主要表现为自由市场经济）来创建资本主义工业文明。于是“资本霸权逻辑”就成为资本主义工业文明和市场经济的内在性的社会经济属性。它们就完全被资本主义制度的反人性和反自然的本质特征所浸透，使反人性和反自然成为它们的内在特质。马克思曾经强调指出，资本家是“人格化的资本”，贪婪和惟利是图是他们的本性，在他们看来，世界上没有一样东西不是为了金钱而存在，他们活着就是为了赚钱。因此，资本[①]的惟一价值取向，就是要使自身不断增殖，以赚钱为本，追求资本利益最大化，最大限度地获取经济利益，实现赚钱发财的目的。这种资本的本性支配着企业乃至整个社会生活，它们就围绕利润最大化这一核心运转，在这种“资本霸权逻辑”支配下，资本主义工业文明与市场经济发展，就必然以牺牲精神道德为代价，以牺牲生态环境为代价，以牺牲人的生命安全与心身健康为代价，尤其是掠夺自然，破坏环境，蹂躏生态，成为“资本霸权逻辑”支配、主宰自然的必然逻辑。当今发达国家资本主义文明在“资本霸权逻辑”的支配下，不仅发生金融危机与经济危机；而且是生态经济社会极不公平、不和谐、极度片面发展的现代文明。可见，资本逻辑确实是与生态文明、绿色经济、社会和谐相对立的，资本的价值取向和生态的价值取向是相对抗的。

其次，当今之中国，处于社会主义初级阶段，改革开放初步建立起社会主义市场经济，已从排斥资本变为接纳资本，甚至允许资本扩张。在我国是以公有制为主体的多种所有制并存，个体经济、民营经济、外资经济等私人资本在数量可能超过国有资产；加之私营企业家也可以入党，以赚钱为主旨的人们无疑已成为中国社会的中坚。这样

① 这里所说的资本，是指物质资本，即是马克思《资本论》中所说的资本概念。

“资本的逻辑”已差不多成为支配中国经济社会运行的主导逻辑。从我国前段时期利用资本所带来的负效应来看，出现了许多企业见利忘义、惟利是图，道德滑坡，不择手段牟取非法暴利，官商勾结，权钱交易，腐败现象日益严重。贫富差距日益扩大，生态环境日益恶化，制造出癌症村越来越多等破坏经济和谐、生态和谐、社会和谐，使我国发展陷入了“挤资源求发展”、“有发展无幸福”的困境。这是新自由主义经济学在实践中酿成的必然恶果，其罪魁祸首，就是“资本的逻辑”。2008年的山西溃坝事件和三鹿奶粉事件的罪魁祸首也正是“资本的逻辑”。因而，在我们面前出现了这样一个世界难题，中国现代化事业尤其经济发展离不开资本的扩张，发展私营资本经济，而在我国现阶段又难以消解、改变资本的本性，社会主义市场经济和工业文明，又不能克服市场经济和工业文明的反人性和反生态的特性，那么我们究竟如何破解这个难题呢？

再次，丰富和发展中国特色社会主义理论，消除马克思主义生态文明与和谐社会理论同我国工业文明发展与市场经济发展实践之间的尖锐矛盾，这就必须把建设工业文明纳入建设生态文明的轨道，探索中国特色社会主义生态文明、绿色经济、和谐社会发展道路。按照马克思主义观点，社会主义的最终目标，是要消灭私有经济，逐步克服、消除“资本霸权逻辑”。然而，今日之中国资本存在具有合理性，但不能认为只有等到资本的合理性完全丧失殆尽以后再去考虑超越资本。因此，“为了确保经济的发展和社会的稳定，国家不能让资本权力无限地张扬，而是通过国家的调节，以缓解资本与社会的对抗。”这就是说，“在现阶段，我们需要资本，但必须限制资本的霸权，这就是基本结论。”① 所以，我们为了建设生态文明、发展绿色经济、构建和谐社会，“我们不仅要利用资本与限制资本结合在一起，还要把

---

① 详见孙承叔：《真正的马克思》，人民出版社2009年版，第398—400页。

利用资本与超越资本结合在一起。”[①] 这就是我们要实行利用、改造、限制、超越资本的“八字”方针。利用资本发展经济，使物质生产力高度发展；改造资本就是利用资本绝对不能拜倒在资本的脚下而自由放任，而要逐步改变它的反人性和反生态性的负面影响；限制资本就是绝对不能任凭资本逻辑的横行霸道，不能让资本权力无限张扬，必须采取种种限制措施，把资本增殖、追求利润最大化，以“三个牺牲”为高昂代价降到最低限度；超越资本就是摆脱“资本的逻辑”束缚，逐步扬弃资本原则。只有这样，我们探索中国特色社会主义发展道路，才能实现生态和谐、经济和谐、社会和谐，使中华文明发展走向生态经济社会有机整体和谐协调可持续发展的理想境界，最终建设成为富强民主文明和谐的社会主义现代化国家。

最后，我还要指出的是，自党的十七大以来，建设生态文明问题已成为我国学术理论界的研究热点，引起多学科学者的极大兴趣，发表了大量的论文，出版了不少著作，国家社科基金也立项了多项课题。然而，令人遗憾的是，运用马克思主义的立场、观点、方法，研究生态文明理论，真正认识建设社会主义生态文明问题的学者（如像陈学明教授那样）却是少数；多数学者没有真正认识生态文明本身所特有的基本范畴、基本理论及其发展规律；甚至有些学者把西方经济学的环境污染治理思想，这种西方工业文明发展先污染后治理的理论表现，也归纳成为生态文明理论，这是把工业文明和生态文明混为一谈，在理论上是很不科学的。所以，我认为，在今日之中国，对建设生态文明理论的马克思主义研究，还是刚刚起步。因此，目前和今后加强对建设社会主义生态文明与和谐社会、发展中国特色的绿色经济及其相互关系研究，是中国特色社会主义生态经济社会发展理论研究的一场硬战。虽然说，本论丛存在着不少值得商榷之处，但它的出版，会为我国学术理论界更深层次的研究，提供有益的丰富的思想材

① 陈学明：《生态文明论》，重庆出版社2008年版，第63页。

料，必将推动中国特色社会主义生态经济社会理论与实践的不断探索与日益发展。

刘思华

2010 年 11 月于湖北恩施

目　录

第一章
绪　论

一、伟大成就与严重教训

新中国成立60年来的发展，经历了人类历史上最大规模的工业化、现代化建设过程，实现了中华民族历史上最深刻的经济形态转型，彻底结束了延续几千年的农业社会，使13亿人口的社会主义大国阔步进入了工业化中后期阶段的工业社会。而这一文明形态的转型，在西方发达国家用了将近300年时间。在我国尤其是改革开放30年的经济发展，实现了中华民族历史上经济实力最迅猛的提升，使我国由贫穷向富裕转变，人民生活从温饱不足发展到总体小康，创造了世界经济发展史上的奇迹，创造了世界工业文明发展史上的奇迹，获得举世公认。我国一直保持经济高速增长的势头，从1978—2008年，我国国内生产总值（GDP）由3645亿元跃增至302853亿元，年均增速高达9.8%，比同期世界平均增速3%超出两倍还多。在国际金融危机冲击最严重的2009年，我国国内生产总值达33.5万亿元，比上年增长8.7%，这在世界上也是个奇迹。联合国所预测的2009年中国经济增长对世界经济增长的贡献率有望超过50%已成为事实。国家统计局发布的2010年统计公报显示：2010年国内生产总值达397983亿元，比上年增长10.3%，中国已经成为世界第二经济体。请看以下事实：

我国经济高速增长，经济规模、经济总量日益扩大，主要工农业产品产量已居世界首位。2007 年，谷物、肉类、棉花、水果等农产品产量已居世界第一位；2008 年，铜、煤、水泥、化肥、棉布等 210 种工业产品产量居世界第一位；太阳能光伏电池年产量 200 万千瓦，占全球产量的 30% 以上，居世界第一位；水电总装机达 1.72 亿千瓦，居世界第一位；全国人工造林面积已达 8 亿多亩，居世界第一位。我国每年利用外资 500 亿—600 亿美元，是全球吸引外资第一大国。外汇储备已超过 2 万亿美元，稳居世界第一位。我国互联网上网人数达 3 亿人，其中宽带上网人数 2.7 亿人，均居世界第一位。此外，我国是原油加工能力仅次于美国，是世界第二炼油大国；航空运输仅次于美国，是世界第二航空运输大国；2008 年我国高速公路总里程达 6 万多公里，成为世界第二高速公路大国；造船量已达 2881 万吨，居世界第二位；2009 年我国核电在建规模和太阳能集热面积均居世界第一位。

物质资源投入多、物质产品产出多、废弃物排放多，是工业文明时代物质生产力发展的一条内在规律，是工业文明发展模式的一个铁的法则。因此，伴随经济弱国走向经济大国即生产和消费大国，必然成为资源环境消耗大国、污染物排放大国。我国是世界煤炭消费的第一大国，是世界建筑浪费第一大国。我国每年消费各种物质资源在全球消耗总量的比重不断上升。马凯同志曾对 2004 年消费资源统计计算表明：原油、原煤、铁矿石、钢材、氧化铝、水泥的消耗量，分别占全球消耗量的 7.4%、31%、30%、27%、25% 和 40%。这一年消耗自然资源多达 50 亿吨。2009 年我国汽车产销突破 1000 万辆，超过号称“汽车王国”的美国，我国是电力消费第二大国、是世界原油进口第二大国，是继美国、日本之后的第三大奢侈品消费大国等。与此同时，我国主要污染物排放量迅速增长，二氧化硫、二氧化碳、氮氧化物、颗粒物等排放量都居世界第一位，已经成为世界头号污染物排放大国，正如著名学者胡鞍钢所指出：中国是世界最大的“黑猫”。2010 年 2 月 9 日，国务院新闻办发布了《第一次全国污染源普查公报》。该公报公布的普查结果是：2007年全国主要污染物排放总量为废水排放总量2092.81万吨，废气排放总量637203.69立方米。废水中化学需氧量为3028.96万吨；废气中二氧化硫为2320万吨，氮氧化物为1797.70万吨，烟尘为1166.64万吨，工业粉尘为764.68万吨；工业固体废物为4914.87万吨[①]。根据世界银行数据库估计，2000年至2008年我国的二氧化碳排放总量从27亿吨增加至70亿吨，年平均增长率为12.82%。

改革开放以来，我国工业文明发展的事实表明，中国从农业文明向工业文明转型所取得的辉煌成就，不仅是中华文明发展史上而且是世界文明发展史上绝无仅有的成功范例。“它的成就如此奇妙，它的进步如此无双”，它却主要是一种繁华灿烂的物质文明，这种文明的迅速发展，确实付出了极其沉重的代价。可以说，我国工业文明发展的成就的确是以反文明的形式实现的。根据马克思主义自然、人、社会有机整体理论和代价理论，我国经济发展的高昂代价可以概括为三个方面：自然生态环境代价、人的代价、社会的代价。

自然生态环境代价主要是要指环境污染与恶化、生态破坏与失调、自然资源浪费与枯竭、生态系统整体生态服务功能退化与丧失等。发达国家上百年工业化过程中分阶段出现的生态环境问题，在我国近30年来集中出现，使我国成为当今世界上生态环境危机最严重的国家之一。党的十七大报告明确指出：“经济增长的资源环境代价过大”，这是我国发展中存在的一个突出问题与困难。

人的代价实质上是以牺牲人自身发展与全面发展来换取经济高速增长与物质财富迅速增加的。主要表现在社会生产力的发展和人自身生产力发展的尖锐对立。在我国经济发展的过程中，人的身心健康严重受损、人的健康寿命低于平均预期寿命、人的生命过早死亡、各种伤亡事故频频发生，在一些方面存在着一定程度的危及人的生命安全和健康的非安

① 《第一次全国污染源普查公报》，《光明日报》2010年2月10日。

全发展。

社会代价是指除去上面所述的自然生态环境代价和人的代价以外的所有代价，都属于社会代价。这包括中外学者所说的社会代价，即无发展的增长、通货膨胀、贫富悬殊、失业等经济方面的代价；腐败、规范的缺失等政治方面的代价；文化方面有价值偏执，意义失落、道德滑坡与丧失、信仰危机等。这些方面在我国市场经济发展进程中都有不同程度的表现，有些问题还十分严重，如贫富悬殊、各种腐败、道德滑坡与丧失等。当今中国经济发展付出的沉重社会代价更有精神道德领域日益深重的“三信”问题，即信仰的迷失、诚信的缺失、信心的落失，使许多人的精神家园已严重荒芜，信奉“人不为己，天诛地灭”的人生哲学与生活信条，日益成为精神空虚的“经济人”、“工具人”，这就是马尔库赛所说的“单向度的人”。

人们还记得，2006 年 12 月中央经济工作会议结束时，《人民日报》发表的“努力开创科学发展的新局面”的社论中就明确指出：我国经济社会发展中存在着一些突出矛盾和问题，其中就是“经济增长付出的代价过大”。马凯同志曾说过：中国经济增长付出的代价很大，不稳定、不协调的因素仍然较多。这个“过大”“很大”，我们把它同“最低”或“最小”相对应来表达，就是“最高”或“最大”。因此，本书的书题定为“最低代价生态内生经济发展”。

胡锦涛总书记在纪念党的十一届三中全会召开 30 周年大会上的讲话中指出：30 年来，我们在一个十几亿人口的发展中社会主义大国取得的摆脱贫困、加快现代化进程、巩固和发展社会主义的宝贵经验，闪耀着马克思主义的真理光芒，是辩证唯物主义和历史唯物主义的胜利。我国人口多、底子薄，发展很不平衡。我们在推进改革开放和社会主义现代化建设中所肩负任务的艰巨性和繁重性世所罕见，我们在改革发展稳定中所面临矛盾和问题的规模和复杂性世所罕见，我们在前进中所面对的困难和风险也世所罕见。在这里，胡锦涛所说三个“世所罕见”，突出表现在，我们取得的经济发展奇迹与辉煌的同时，付出的高昂的“自然、人、社会”的代价也是世所罕见的。2008年秋，我国发生的三鹿奶粉和尾矿溃坝事件在西方国家造成了很大的负面效应，也从一个层面反映出了当今中国确实存在着以牺牲精神道德为代价、以牺牲民众的健康生命为代价、以牺牲生态环境为代价换取经济增长和企业的发展。当今中国确实存在着以生态生产力、人的生产力、精神生产力的巨大牺牲为代价换取物质生产力高速增长，当今中国的现实确实是物的世界大大发展，而人的世界贬值和自然的世界衰败，导致我国经济发展的“反人性”和“反生态”问题日益严重，使当今中华文明发展存在着较多的不和谐、不协调、不稳定、不可持续性。尤其是当代中国“自然—人—社会”有机整体中，不仅自然生态恶化，而且社会生态和人体生态也在恶化。从构建社会主义和谐社会的要求来说，“当今中国的社会政治生态问题要比自然生态问题更为严重、更为突出，极大制约着中国特色社会主义和中国经济的科学发展、和谐发展和绿色发展。”① 对此，胡锦涛总书记在中共中央政治局第三十次集体学习时的讲话中明确指出：我国是社会主义国家，我们的发展不能以牺牲精神文明为代价，不能以牺牲生态环境为代价，更不能以牺牲人的生命为代价”，“我们一定要痛定思痛，深刻吸取血的教训。这就指明了中国特色社会主义和中国经济科学发展的正确方向和基本要求。

二、超越工业文明的传统经济模式，创建生态文明的崭新经济模式

（一）工业文明的传统经济模式将使人类文明走上自然毁灭的道路

世界工业化与现代化发展的历史告诉我们，资本主义工业革命以来的几百年间，西方发达国家走了一条“先污染后治理”的工业化道路和推行生态殖民主义政策、掠夺不发达国家生态环境资源的现代化道路。

① 刘思华：《21世纪中国经济科学发展的几个重大问题》，载《36位著名学者纵论新中国发展60年》，中国社会科学出版社2009年版，第485页。

因此，无论是工业文明发展，还是后工业文明进步，都是以国内和不发达国家与民族的痛苦和灾难为代价实现的。尤其是以建设工业文明的先进者称雄于世的西方主要资本主义国家，它们的工业化发展模式都是将90%以上的经济活动建立在以化石燃料为主的不可再生资源消耗的基础上，来创建资本主义工业文明的。西方发达国家工业化、现代化的发展道路，是一条高碳、高熵、高代价的发展道路。这条“黑色道路”是工业文明的黑色经济形态的体现。这里的“高碳”说的是，工业文明的能源基础是高碳能源，工业经济是碳基能源经济。所谓“高熵”有四个特点：物质资源和能源高投入、高消耗、高排放（包括高碳排放）和高污染，这种经济增长方式，必然形成高增长、高代价的经济发展态势，而“许多全球危机正是由于持续的高速增长带来的”。① 高代价是指工业文明发展所付出的高昂的自然、人、社会的代价。这“六高”构成工业文明经济模式的基本内容，工业文明的黑色经济形态的现实表征，就是黑色经济发展模式，这是“一种自杀性的、毁灭性的经济发展模式”②。

在西方发达国家工业文明和后工业文明发展走过高碳、高熵、高代价的发展道路之后，一些新兴工业化国家和地区的经济起飞、工业文明崛起也是步其后尘，许多发展中国家还在重蹈覆辙。而我国第一、第二轮工业化和党的十七大以后走新型工业化道路，在实质上是沿袭了西方发达国家走过的高碳、高熵、高代价的工业文明发展老路，这与21世纪的生态文明时代和包括低碳经济在内的绿色经济时代的潮流是相悖的。

在今日之中国，工业文明的发展理念根深蒂固，工业文明发展的经济模式积习难改。这不仅是实践问题，更重要的是理论问题。因此，必须在理论上论证彻底改变、着力超越工业文明的传统经济模式的必然性、必要性和紧迫性。

1. 工业文明进步与发展代价是同步增长的。工业文明的发展目标是

① 米哈依罗·米莎诺维克等：《人类处在转折点》，刘长毅等译，中国和平出版社1987年版，第9页。

② 刘思华主编：《可持续发展经济学》，湖北人民出版社1997年版，第229页。

单纯追求经济增长，这是因为，正如意大利学者所指出："人们普遍认为，经济增长本身是好事，因为它可以迅速带来较大的经济平等——正如一块大馅饼，这样社会不向富人索取财物，也能给予穷人更多的物质支持。但是，经验已经否定了这样论点。"① 所以，法国学者指出："一切社会发展本身都必然包含着倒退、损失、破坏"，"科学、理智、进步、发展所带来的，不仅是福利、幸福、自由、生命，也能够带来苦恼、痛苦、奴役、破坏。"② 中国学者认为，工业文明的发展"表现了惊人的高度发展的态势"，但与此同时，"出现了这样一种'发展困境'；所取得的进步与所付出的代价同步增长，甚至于所取得的进步越大，所付出的代价也就越多。工业文明发展时期发展代价付出的形态，除了存在于农业文明时期的'大多数人的个人幸福因少数个人的幸福而牺牲了'的情况外，还出现了人的物质上的繁荣是以精神道德的堕落为代价的现象，特别是出现了人类的进步是以生态的衰败退步为代价的新情况。"③

2. 工业文明发展是以日益严重自然生态衰退为代价的。这是西方各个学科的进步学者的共识，也是中国有社会良知的学者的共识。例如美国学者科尔伯恩指出："在人类出现在地球上几百万年中的绝大多数时间内，我们只是局部性地给环境带来破坏性的影响。人类那时的这些活动对地球环境的影响，和形成这个星球的自然力量相比还是微不足道的。空前巨大的科学技术力量，迅速增长的人口已经把我们对环境的影响从局部和区域扩展到整个星球。在这个变化过程中，人类从根本上改变了整个地球的生命系统。"④ 这就是说，工业文明的一切辉煌成就的取得是以毁灭自然生态环境为代价的。就连对人类未来抱乐观主义态度的国际著名学者托夫勒也指出："可以毫不夸张地说，从来没有任何一个文明，能创造出这种手段，能够不仅摧毁一个城市，而且可以毁灭整个地球。

① ［意］奥雷利欧·佩西：《人类的素质》，薛荣元译，中国展望出版社1988年版，第154页。
② ［法］艾德加·莫兰：《社会学思考》，阎素伟译，上海人民出版社2001年版，第466页。
③ 邱耕田：《低代价发展论》，人民出版社2006年版，第134页。
④ ［意］奥雷利欧·佩西：《人类的素质》，薛荣元译，中国展望出版社1988年版，第154页。

从来没有整个海洋面临中毒问题。由于人类贪婪或疏忽，整个空间可以突然一夜之间从地球上消失。”①

3. 工业文明时代的科学技术发展实践及结果的二重性。西方一些进步学者认为，建设工业文明的科学技术创造了现代物质文明的同时，又为毁灭文明提供了高效手段；既带来地球表面的繁荣，又严重破坏了地球生态系统。皮卡德指出：“我们现在所‘津津乐道’的技术，除了广泛地造成自杀性的污染外就没有什么其他的东西了，它是一种灾难……技术在慢慢地毁灭人类，人类在慢慢地吞噬自己”。② 卡普兰赞同皮卡德的观点，他进一步指出：“空气、饮水和食物的污染仅是人类的科技作用于自然环境的一些明显和直接的反映，那些不太明显却可能是更为危险的作用至今仍未被人们所充分认识。然而，有一点可以肯定，这就是科学技术严重地被打乱了，甚至可以说正在毁灭我们赖以生存的生态体系。”③ 因此，康芒纳有句名言：工业文明的“新技术是一个经济上的胜利——但它也是一个生态学上的失败”。④ 我们可以断言：工业文明的技术体系是黑色技术体系，它是一柄双刃剑，一刃对着自然，而另一刃对着人类自己。

4. 工业文明进步，却使人类陷入恶性发展的深渊。迈尔斯在《人的发展与社会指标》一书中认为，20 世纪 60 年代以来，无论是在发达国家，还是在发展中国家，工业文明发展的负面效应都已极大地显示出来了，“恶性发展是当今世界以及大多数国家和民族的现状特征”。⑤ 邱耕田还认为：“高代价发展之路是一条困难多多、问题重重、危机四伏的荆棘之路、死亡之路，在其前方，将是发展的深渊和陷阱。”⑥

---

① ［美］托夫勒：《第三次浪潮》（中译本），三联书店 1983 年版，第 175—176 页。

② 转引自雷毅：《深层生态学思想研究》，清华大学出版社 2001 年版，第 9 页。

③ ［美］弗·卡普拉：《转折点：科学、社会、兴起中的新文化》（中译本），中国人民大学出版社 1989 年版，第 16—17 页。

④ ［美］巴里·康芝纳：《封闭的循环》，吉林人民出版社 1997 年版，第 120 页。

⑤ ［英］伊恩·迈尔斯：《人的发展与社会指标》，贾俊平译，重庆大学出版社 1992 年版，第 2 页。

⑥ 邱耕田：《低代价发展论》，人民出版社 2006 年版，第 167 页。

5. 当今人类文明发展面临的各种代价或文明发展危机的原因问题，国内外马克思主义学者尤其是生态马克思主义理论家们都有一个共识：资本主义制度是全球生态危机的真正的、深刻的根源，生态危机是资本主义生产方式的必然产物。生态社会主义者拉比卡指出，发达国家对不发达国家的掠夺和剥削是造成这些国家和地区生态环境恶化的根本原因。生态马克思主义哲学家福斯特把他的一书直接取名为《反对资本主义的生态学》，就是为了表明资本主义经济制度是导致资源环境和生态问题产生的根源之所在。他写道："资本主义制度希望借助于自然资本化来解决环境问题的办法是断然行不通的。关键在于，环境问题的真正根源在于资本主义的社会经济制度本身。"① 生态马克思主义学者高兹认为，生态危机应当归结为资本主义利润动机和资本主义工业文明的"生产逻辑"。他指出："资本主义的企业管理首要的并不是如何通过实现生产与自然相平衡、生产与人的生活相协调，如何确保所生产的产品仅仅服务于公众为其自身所选择的目标，来使劳动变得更加愉快，它所关注的主要是花最少量的成本而生产出最大限度的交换价值。"② 可见，追求利润最大化是资本主义工业文明的生产逻辑，也是资本主义生产的唯一目的。这种经济理性是同生态理性不相容的，必然导致生态危机。美国著名历史学家斯塔夫里阿诺斯明确指出："造成这些毁坏全球各地所有社会的苦难的原因是什么呢？有许多力量在起作用，但可能最根本的力量是始于第二次世界大战期间的第二次工业革命。"③ 因为第二次工业革命是塑造现代工业文明社会的主导性力量，它使以牺牲生态环境来换取工业文明的发展达到登峰造极的地步，使资本主义工业社会成为物质化的、病态的社会。

6. 继续按照工业文明的经济模式快速发展下去，整个人类将不复存

① ［美］福斯特：《反对资本主义的生态学》，美国《每月评议》2001 年 10 月号。
② ［法］高兹：《作为政治学的生态学》，麦吉尔—皇后大学 1988 年版，第 5 页。
③ ［美］斯塔夫里阿诺斯：《全球通史——1500 年以后的世界》（中文本），上海社会科学院出版社 1999 年版，第 914 页。

在。我国一位哲学家在20世纪90年代初就指出："人类进入工业社会以后，这种破坏和危机成千上万倍地增加了！农业社会造成的这种破坏，靠自然界自身的净化能力尚可使之复生过来，工业文明所造成的那种破坏却几乎是不可逆转的。人类文明如果按照现在这样的工业模式发展下去，必然会走上自我毁灭的道路。"他还强调"按照现有工业文明的模式加速发展的结果，都是人类共同的灭亡。一把可怕的'达摩克利斯剑'高悬在人们头上！"① 美国学者也指出："如果人类再继续把自己的意志强加于这个世界，那么赢得的只是一次卡德摩斯式的'胜利'（指牺牲极大的胜利）：先失去了生物圈，然后整个人类也将不复存在。"②

（二）创建生态文明的经济发展模式，是实现中国经济又好又快发展的根本任务

我国学术界普遍认为，生态文明作为一种后工业文明，是人类社会经济发展的一种崭新的文明形态，是人类文明发展迄今最高的文明形态。刘思华教授认为：生态文明是人类文明发展进程中出现的比工业文明更先进、更高级、更伟大的文明形态，它既是工业文明的继承，又是工业文明的发展，更是工业文明的超越。人类文明发展进入生态文明时代，生态文明的发展道路，应当是低碳、低熵、低代价的发展道路。这条绿色道路正是生态文明的绿色经济形态的体现。这是人类文明发展的理想时代，也是现代人类正在追求和希望实现的崭新时代，是现代经济社会和自然生态环境相互关系演变的一个崭新的历史时代。当代中国应当顺应生态文明和绿色经济发展的时代趋势，坚决走低碳、低熵、低代价发展的新道路。从实践层面来说，生态文明的经济模式应当是物质资源和能源低投入、低消耗、低排放（包括低碳甚至零碳排放）、低污染的经济发展方式，必然形成"低代价、高发展（包括发展收益最大化）的经济发展态势"。这"五低一高"构成生态文明的经济模式的基本内容。我们应当顺应生态文明和绿色经济发展的时代潮流，努力建构起低碳、

① 柳树滋：《大自然观》，人民出版社1993年版，第258、第273页。

② ［美］爱德华·威尔逊：《生命的未来》（中文本），上海人民出版社2003年版，第20页。

低熵、低代价的绿色经济发展模式，这是实现中国经济又好又快发展的根本任务，是当代中国经济发展模式的伟大革命。

几十年来，我国基本上走了一条主要依靠要素驱动、黑色增长（边污染、边治理）的经济发展道路，形成了过度依赖投资和出口驱动的最高代价生态外生经济发展模式。它还突出表现在对外经济发展方式与道路上，外贸、外资、外技、“外源”（能源与资源）依存度非常高，走了一条外资主导型的出口导向的工业化发展道路，给我们留下了资源短缺、生态环境恶化、贫富两极分化等经济社会问题和紧张的国际贸易关系，使我国经济发展出现文化失重、结构失衡、生态失调、资源流失和对外依赖以及过分依赖政府推动等问题，内生动力、自主创新能力和潜在后劲严重不足。因此，继续用工业文明的经济模式来消除目前我国经济社会发展面临的不和谐、不协调、不稳定、不可持续性的难题，尤其是日益严重的生态环境危机，那确实是于事无补的，只会更加陷于不可持续发展的深渊。所以，我们必须以崭新的更先进、更高级的生态文明的经济发展模式与绿色经济发展方式，来消解今日之中国发展与经济发展面临的重大难题，创新经济发展模式，积极推进工业文明的经济发展模式向生态文明的经济发展转变。这个划时代意义的伟大转变，即伟大变革的核心问题和实现形态，就是大力推进最高代价、生态外生的黑色经济发展模式向最低代价、生态内生的绿色经济发展模式的转变，这是我们探讨生态文明的科学发展模式所得出的必然结论。

生态文明的经济形态是绿色经济形态，因而生态文明的经济模式理所当然是绿色经济模式。那么，什么是绿色经济呢？本书总序指出，广义绿色经济，不仅是指广义的绿色产业，而且包括低碳经济、循环经济、清洁能源与可再生能源经济、碳汇经济以及其他节约能源资源与保护环境的经济等。可见，绿色经济既是真正的低碳、低熵、低代价发展的经济形态，又是低投入、低消耗、低排放、低污染、低代价、高发展的经济发展方式与经济发展模式。正是在这个意义上说，大力发展绿色经济、低碳经济、循环经济，是我国经济低碳、低熵、低代价发展的内在要求，是推进我国工业文明的经济模式向生态文明的经济模式转变、构建最低代价生态内生经济发展模式，形成绿色经济发展方式的应有之义。党的十七大以来，全面贯彻落实科学发展观，建设生态文明、建设资源节约型经济社会、环境友好型经济社会、生态安全型经济社会，大力发展绿色经济、循环经济、低碳经济等，都迈开了新的步伐，这就是对低碳、低熵、低代价、高发展的生态文明发展模式或发展方式的一种追求或实践。这种发展中国特色社会主义的生态实践，为创建最低代价生态内生经济发展模式，形成绿色经济发展方式开辟了广阔的现实道路。

本书总序中提出，“发达国家是实现了工业化，建成高度发达的工业文明之后，才提出建设后工业文明，而中国特色社会主义则在建设工业文明的过程中就要正视建设生态文明问题……因此，我们背负着建设工业文明，实现工业化和建设生态文明、实现生态现代化的双重战略任务；既面临着克服、消除工业文明的黑色经济形态的黑色弊端，将其改造成为绿色经济形态，又面临着构建与生态文明发展相适应的绿色经济形态的双重压力和双重应对。”因此，在科学发展观的统领之下，发展中国特色社会主义，坚定不移地走科学发展道路，其最主要的基本点，就是要坚定不移地走绿色经济发展、低碳经济发展、循环经济发展之路，将走新型工业化道路综合为生态文明发展道路的内在环节，在实践中推进新型工业文明和生态文明的有机结合与融合发展。因此，构建最低代价生态内生经济发展模式，形成绿色经济发展方式，就必然成为克服、消除工业文明的黑色经济模式与发展方式，构建生态文明的绿色经济模式与发展方式的最佳结合点，这是中国经济发展应对双重压力和完成双重任务的必然选择。

当今中国是处于工业化中后阶段的发展中社会主义大国，要把十几亿人带进生态文明，无疑是个相当长的发展过程，要上百年以至更长的时间。然而，方向已指明，航道已开辟，后危机时代的中国正面临着一个跨越西方发达国家工业文明发展模式的好机会，努力推进工业文明的经济模式与发展方式向生态文明的经济模式与发展方式转变，构建最低代价生态内生经济发展模式，逐步形成绿色经济发展方式，既是发展中国特色社会主义所追求的一种理想境界，又是一个历史生成的现实发展过程。前者就是贯穿于后者之中，并通过后者来不断实现。这个理想与现实的统一，是一个逐步提高，不断推进的历史过程。如果我国能够率先跨入以生态文明为主导文明形态的生态社会，那么，用布朗先生的话来说，“中国若成功，就能为全世界树立一个光辉的楷模；中国若失败了，所有人都将为此付出代价。”

从上可知，无论是当今世界，还是当代中国的发展，正处于在一个历史的转折点上，这是后危机时代进入生态文明时代与包括低碳经济在内的绿色经济时代的关键时期，人类必须改弦易辙，另辟新径，放弃高碳、高熵、高代价的工业文明发展道路，与工业文明的黑色经济模式决裂，积极探索低碳、低熵、低代价的生态文明发展道路，着力构建生态文明的绿色经济模式，既是有效解决目前经济发展难题即加快经济发展方式转变的迫切需要，又是使我国经济发展步入创新驱动，内生增长轨道的必由之路。它直接关系到发展中国特色社会主义的成败得失。

三、中国学者对低代价经济增长与发展问题的探索

梁言顺博士的博士论文《低代价经济增长论》出版 3 年后，即 2002 年得到了诺贝尔经济学奖获得者、美国斯坦福大学思朋斯教授的肯定与重视。思朋斯教授给梁言顺的信中说：低代价经济增长，“对我来说，这是一个新词”。在这里，他强调了“对我来说”四个字，这体现了这位诺奖获得者的诚实的学术品德，是值得人敬重之处。他没有说对学术界来说，低代价经济增长理论是一个新概念。其实，在 20 世纪 90 年代中后期，被美国学术界誉为改变人类生态的当代 100 位有远见的思想家之一的世界著名生态经济学家 E. 戴利的论著，世界著名生态经济学家 R. 布朗的论著中，都包含了低代价生态环境内生经济发展的思想。在我国，从 20 世纪 50 年代起，就开始有经济学家探索多、快、好、省地进

行经济建设，实现低代价经济增长。

（一）从纯经济学的视角探索低代价经济增长

这方面的杰出代表，就是著名经济学大师孙冶方先生。那时我国社会主义经济建设中，忽视经济活动中所费和所得的比较，不讲经济核算，不讲经济效果；存在着“吃大锅饭”、高速度低效益的“大跃进”，不惜工本、浪费惊人，甚至错误地把“不讲工本、不讲盈亏”看成是社会主义经济“天经地义”的事情，使经济增长付出了很大的代价；针对这种经济建设的经验和教训，在当时“左”倾思想路线非常的情况下，他不顾个人的得失和安危，毅然提出讲经济、讲节约、讲经济效果，讲“最小最大”的经济学思想。对这个思想，孙冶方先生在1958年的一次演讲中做过这样的概括：“一切经济问题的秘密就在于如何以更少的劳动获得更多的产品，或者就是在于如何使同样的劳动时间生产出更多的产品，也就是如何减少生产每一单位产品所需要的劳动量。这个关系用一个公式表示出来，就是：（产品）÷（劳动时间），也就是劳动生产率的公式。”① 这段论述表明，人们的经济活动要用尽可能少的花费（包含代价），获得更多或最大的产出即实现产出的增长或者叫更快经济增长。因此，这是劳动生产率的公式，实质上是经济增长公式。1961年，在孙冶方先生的主持下，中国科学院经济研究所的《〈社会主义经济论〉初稿的总的意见》中，他进一步指出：“社会主义政治经济学著作的红线应当是，以最少的社会劳动消耗，有计划地生产最多的满足社会需要的产品。在这里体现了社会主义社会生产的目的，也体现了马克思所说的：‘节省时间以及在各个生产部门中有计划地分配劳动时间，就成了以集体生产为基础的首要的经济规律。”这样，孙冶方先生又把他的“最小最大”的经济学思想提高到作为社会主义政治经济学红线的一个新高度。在1980年和1981年，他反复阐明：“什么是经济呢？就是以最小的耗费，取得最大的效果。我们要通过对社会主义生产关系的分析研究来证

① 孙冶方：《社会主义经济的若干理论问题》，人民出版社1979年版，第65页。

明，社会主义生产关系，比资本主义能够以最少的耗费取得更大的效果，从而推动社会经济的发展。”“我们今天要重新提倡最小最大，提倡讲经济效果，这就是我们又重新在社会主义道路上开始大踏步前进的一个标志。”[①] 这就是孙冶方明确提出用最小的耗费取得最大的效果是社会主义经济发展的最高准则的著名论断。这个著名论断实质上是对社会主义经济效益内涵的科学概括，或者说是对最小代价经济增长内涵的科学概括，它为我国在20世纪80年代把全部经济工作转移到提高经济效益，促进低代价经济增长的轨道上提供了科学依据。

在20世纪50年代后期至90年代初，我国经济学界通过对经济效果和经济效益的多次讨论，逐步认识到在社会主义条件下要以尽量少的消耗与损耗，取得尽量多的产品（即物质财富增长），以满足社会需要，这是社会主义经济活动的核心，是社会主义经济理论的最基本范畴。在此，简略介绍几点。

1. 那时，有些经济学家认为，讲求经济效果应当全面反映多快好省的要求，因而主张，“社会主义制度下经济效果的实质是，用尽可能节省的劳动耗费生产尽可能多和尽可能好的社会产品，以满足整个社会日益增长的需要。”[②] 因此，社会主义经济效果的实质应该表达为，在占用和消耗既定的劳动量下，生产更多更好的产品（使用价值），或消耗最少的劳动和占用最少的资金，取得最大的有用成果。这就是说，在社会主义经济活动中，用最少的并最有效利用劳动资源和物质资源（即最少的成本代价），获取整个国民经济既高速度又按比例发展，以满足整个社会的需要，这是社会主义制度下经济效果的最本质的要求。

2. 针对我国现代化建设中存在的浪费人力、物力、财力（即代价）的情况，1981年五届全国人大四次会议明确指出：“我们考虑一切经济问题，必须把根本出发点放在提高经济效益上”，一定要“千方百计地

① 孙冶方：《社会主义经济的若干理论问题》（续集），人民出版社1982年版，第203—204页。

② 周振华：《试论社会主义制度下经济效果的实质》，《四川日报》1962年6月28日。

提高生产、建设、流通等各个领域的经济效益，这是一个核心问题。”① 接着 1982 年 7 月在全国工交会议闭幕式上当时国务院总理赵紫阳在讲话中，进一步阐述了提高经济效益的思想：“我们讲经济效益，首先应当明确这样一个主要观点，就是要以尽量少的活劳动消耗和物质消耗，生产出更多符合社会需要的产品。前半句是讲要尽可能地节约，使活劳动和物质消耗尽量减少；后半句是讲要创造出更多的社会财富，在这里关键是产品必须符合社会需要。”这是社会主义经济效益的一个新概括。从此学者们就有关经济效果和经济效益的关系问题进行了热烈的讨论，其中就包含着以最少的成本代价，取得更多的社会物质财富的增长，实现社会主义生产的目的。刘思华教授对经济效益的科学含义作出了三个基本规定：（1）经济效益的量的规定性，以尽量少的活劳动消耗和物资消耗，生产出更多的产品，使人们的经济活动必须产出大于投入；（2）经济效益的质的规定性，经济活动按预期目的创造出具有有用的使用价值的社会财富，使生产的产品必须符合社会需要；（3）经济效益的目的性，经济活动归根到底是为了满足人民的社会需要，给人民带来利益，使生产经营者必须所得大于所费而获得经济收益。② 按照刘思华给这个社会主义经济效益所作的理论概括，我们在实践上，人们的经济活动取得的经济效益越好，那么，付出的成本代价就越低，经济增长与发展就越快，生产经营者以及整个社会获得实际收益就多。

3. 那时我国经济学界讨论经济效果和经济效益的关系时，有的经济学家认为，经济效果只是考察劳动效果问题，不考察物质本身的成果与消耗的对比关系，不考虑生产的后果是有益还是有害的问题。因而，著名经济学家蒋一苇先生强调经济效益不仅包括劳动效果，而且包括物质消耗效果，但不包括有害效果，只包括有益效果③。这就表明，当时我国有些经济学家也看到了在社会生产与再生产过程中，投入的生产要素不

① 《十一届三中全会以来重要文件选编》（下），人民出版社 1982 年版，第 1186 页。

② 刘思华：《理论生态经济学若干问题研究》，广西人民出版社 1979 年版，第 137 页。

③ 蒋一苇：《谈速度与经济效益》，《光明日报》1982 年 4 月 17 日。

仅会创造出符合社会需要的有益的物质财富，而且会产生有害的损耗，这种经济活动的负效应，也就是经济增长所付出的代价。只是当时在经济理论研究中，没有作为衡量经济效益的标准纳入经济增长与发展模式中。

（二）从生态经济可持续发展的视角探索最低代价的经济发展

从20世纪80年代中期到90年代中期，随着全球生态危机日益凸显，人们越来越看到，从纯经济学的视角讲求经济效益，探索低代价经济增长，有一个明显的缺陷，就是经济与生态环境相脱离，不能反映当今人类经济活动的效益的全面性。在现实生活中，人们经济活动不仅要获得好的经济效益，而且要讲求生态效益、环境效益和社会效益。按照客观世界系统是生态经济社会有机整体的观点，人们经济活动获得的真正的最佳效益必须是三者的有机统一。在这种思想指导下，刘思华教授1985年在谈到城市经济体制改革的原则时，就提出了“最少——最多——最少”的生态经济公式。他说：“按照生态经济规律的要求，城市生产活动，必须是投入经济再生产过程的资源少（指劳动对象中的原料以及生产资料中未经劳动作用的自然资源、劳动消耗和劳动占用的总称），取得符合社会需要的产品多，而经济再生产产出的排泄物就越少，生态经济效益就越高”。因此，“衡量城市生态经济效益的高低的重要标志，就是尽可能少的资源投入，取得尽可能多的符合社会需要的有用成果，排放出尽可能少的废弃物。我把它称之为‘最少——最多——最少’的生态经济公式或原则。”① 他还认为，我国企业发展是沿着高投入、高消耗、低产出、低效益、重污染的不良循环轨道运行，“企业生产与再生产是吃得多，吸收少，拉得多，造成经济效益低、生态效益差、社会效益不理想。” “这是我国目前经济发展的一切矛盾和困难的焦点。”② 因此，企业生产与再生产、要实现三个效益的统一，就必须使投入生产过程的资源（包括自然资源、经济资源、人力资源）少，产出符

① 刘思华：《城市经济体制改革中的生态经济原则》，《中青年经济论坛》1985年第1期。

② 刘思华：《管理思维经营技巧大全》，科学出版社1991年版，第487页。

合社会需要的产品多，返回自然环境的排泄物少。“这是衡量企业生产经营活动效益高低的根本标志。”① 这个根本标志要求人们的经济活动的效益，既要经济效益高，又要生态效益好，还要社会效益也理想。只有这样，才能使经济增长与发展，达到生态代价低，社会成本少。

在20世纪90年代以来，对经济效益问题的研究，不仅把生态效益和社会效益纳入人们经济活动的效益，使之与经济效益有机地融合在一起，而且把经济效益的内涵向可持续发展领域里渗透与融合。于是，就以可持续发展观作为经济效益亦即最低代价经济发展的前提。我们对经济效益的完整理解与深刻认识，必须从单纯的经济观，转变为经济发展、生态发展和社会发展相统一的可持续发展观。这突出表现在黄铁苗先生主张的“综观经济效益论”，他在《重新认识经济效益》一文中指出：“经济效益是在环境得到保护和自然资源得到合理利用的前提下，人与自然物质变换过程中所取得的符合社会需要的标准质量的劳动成果与劳动占用和劳动耗费的关系。”② 其后，他在《论综观经济效益》一文中进一步指出：“综观经济效益就是在社会经济可持续发展的前提下，人与自然物质变换过程中所取得的符合社会需要的标准质量的劳动成果与劳动占用和劳动耗费的对比关系。”③ 在这里，把社会经济可持续发展作为提高综观经济效益的前提，这实质就是把社会经济可持续发展作为实现最低代价经济发展的前提。因为，如果离开了社会经济可持续发展，也就没有低代价经济增长可言，当然，就更没有最低代价经济发展可言。正是在这个意义上说，最低代价经济发展，更确切地说，最低代价生态内生经济发展，是绝对不能超越生态环境系统承载能力来发展的。

（三）从哲学和社会学的视角探讨以最小的代价换取最大的经济发展

在我国哲学和社会学界，在1982年9月党的十二大之后，由探讨经

① 刘思华：《管理思维经营技巧大全》，科学出版社1991年版，第487页。

② 黄铁苗：《重新认识经济效益》，《经济日报》1996年10月14日。

③ 黄铁苗：《论综观经济效益》，《求索》1998年第1期。

济增长与社会发展的关系问题入手，逐步转移到关注与重视发展与代价问题的研究，到20世纪90年代后达到高潮。这是因为，我国改革开放和现代化建设过程中所付出的生态和社会代价，在20世纪80年代中期开始凸现出来。随后在90年代随着社会主义市场经济体制的建立，这些代价不断加重，它就成为理论界迫切需要深入研究的重大的理论与现实问题。在这期间，具有代表性的研究成果主要有：罗元的《代价问题的探讨》（《思想战线》1988年第3期）；刘怀玉的《马克思的“历史进步代价”理论与发展问题》（《哲学研究》1993年第6期）；陈晏清等的《关于建立社会主义市场经济的代价问题》（《求是》1994年第23期）；韩庆祥的《发展与代价》（《江海学刊》1994年第3期）；韩庆祥等的《关于当代社会发展代价问题的宏观考察》（《天津社会科学》1994年第5期）；鲁明的《简论代价的种类及其根源》（《哲学研究》1996年第3期）；李钢等的《试论代价及其本质》（《哲学研究》1996年第3期）；郑也夫的《代价论——一个社会学的视角》（三联书店1995年版）等等。这些论著所讨论的问题集中到一点，就是韩庆祥先生后来在一书中，所总结的：“我们实行社会主义市场经济这种发展模式，取得了不少成就，但也付出了不小代价。对此，我们的态度应该是：时刻对这种代价保持警惕，谨慎计算这种代价的度，尽一切办法，把这种代价降低到最小限度，并力求以最小的代价换取最大的发展。”① 这在客观上是对孙冶方“最小最大”经济学原则的创新与发展。因为，这个“最大的发展”，当然，首先是经济发展。因此，韩先生的结论就不言而喻的包含着以最小的代价换取最大的经济发展的意义。“这里的关键问题是，怎样把代价限制在最小限度，以最小的代价换最大的发展。”② 因此，抓住韩先生所说的关键问题，别无他路，唯一的出路就是推进我国经济发展模式由工业文明的经济模式向生态文明的经济模式转变，构建最低代价生态内生经济发展模式。2006年出版的《低代价发展论》，是邱耕田先生研究发

① 韩庆祥：《发展与代价》，人民出版社2002年版，第36页。
② 韩庆祥：《发展与代价》，人民出版社2002年版，第34页。

展与代价相互关系的代表作，比较系统地、全面地论述低代价的发展道路与模式。他指出：低代价发展“是指人类社会在发展实践中，以最优质态、最佳量度、最良序化，最佳目标范导和最优模式驱动下，沿着合理的发展道路，以最小的投入和付出，最小的风险和危害，适宜的发展速度，获得最大发展收益的一种发展。”① 在这里，无疑包含着低代价经济发展的思想。

四、对低代价经济增长论研究路径与理论基础的认识

梁言顺博士的《低代价经济增长论》（以下简称《低论》），是他在自己博士论文《论低代价经济增长》基础上修改而成的。其的主题和中心内容，就是“论证了低代价增长理论，建立了低代价经济增长模型。”② 这是该博士论文指导教师、著名经济学家苏星先生在两家报刊上发表评论文章和该博士论文答辩委员会主席、著名经济学家张卓元在该书序言和两家报刊发表的评论文章中所作的评价。而书中的重要贡献，正如卢周来、郇中建（该书责任编辑）所提出的：“最大的贡献在于，对我国自 1978 年到 1995 年由经济增长导致的代价建立了一套独特的评价体系，并以此为基础计算出了这一期的经济增长的代价。”③ 这是因为，该书中“在看到经济增长的正效应的同时，必须认识它的负效应。梁言顺博士的《低代价经济增长论》（以下简称《低论》）正是抓住经济增长的这个要害问题进行了探讨。”④ 这个要害问题具体含义是什么呢？郇中建先生解释说，“研究如何以最小的代价取得最大的增长”⑤。这正是孙冶方先生所要解决的问题，现在梁言顺博士作了进一步研究。众所

① 邱耕田：《低代价发展论》，人民出版社 2006 年版，第 167 页。

② 梁言顺：《低代价经济增长论》，人民出版社 2004 年版，第 2 页、第 232—234 页、第 240 页、第 242 页。

③ 梁言顺：《低代价经济增长论》，人民出版社 2004 年版，第 235 页、第 244 页。

④ 梁言顺：《低代价经济增长论》，人民出版社 2004 年版，第 237 页、第 250 页。

⑤ 梁言顺：《低代价经济增长论》，人民出版社 2004 年版，第 250 页。

周知“增长”与“发展”是两个既有联系又有区别概念，研究如何以最小的代价取得最大的发展，就更能体现当代经济发展的时代特征。我们可以说，最低代价生态内生经济发展论的要害，就是研究如何以最小的生态与社会代价取得最大的经济发展。

低代价经济增长的研究路径是什么呢？从总的来说，《低论》是在新古典经济学的理论平台上研究增长与代价问题，并提出解决生态环境问题，探求实现可持续发展的对策与途径。正如英国学者莫法特所总结的那样：“目前，重要的是需要知道，新古典经济学家正试图通过扩展他们的范式来处理环境问题。在某些研究中，人们已经提供了相当多的构想，以尝试在新古典经济学的框架中解决环境问题。”① 《低论》正是选择了这种研究路径。它直接以新古典经济学原有的理论平台，来分析当今经济增长的代价及生态环境问题，并把这种代价纳入新古典经济增长理论及模型（索洛模型）之中，寻求低代价经济增长和可持续发展的对策与途径，这就是该书探究这一议题的基本思路。

循此路径探索低代价经济增长问题，其研究轨迹是这样的：（1）研究了从斯密直到当代西方经济学家的经济增长理论，指出它们的成就以及其片面性，指出它们忽视经济增长代价的危害性及其需要修改的要求。正如作者自己所表明的：“新古典经济增长理论就成为一种动态的、能充分体现和解释政治制度、行政行为等多种因素影响经济增长的理论；在这个理论基础上建立起来的低代价经济增长理论，也就有了普遍适用性②。我发现了它们的共有的片面性，即忽视代价的存在。”因此，“如果把要素投入效果的二重性引进增长理论中，那么几乎所有的西方经济增长理论的结论都需要重要推敲和修正。”③（2）提出修补、纠正西方经济增长理论的片面性方案，在不会触及原有的新古典经济增长理论及模

① ［英］伊恩·莫法特：《可持续发展——原则、分析和政策》（中译本），经济科学出版社2002年版，第32页。

② 梁言顺：《低代价经济增长论》，人民出版社2004年版，第57页。

③ 梁言顺：《低代价经济增长论》，人民出版社2004年版，第254页、第188页。

型的基本构架的前提下，把增长的代价纳入索洛的增长模型，从而形成一种包括代价因素在内的低代价经济增长理论并建立起衡量经济增长代价的模型。（3）用经过修正的新古典经济增长理论即低代价经济增长理论为分析框架，来分析我国经济增长的代价，并研究可持续发展问题及其对策与途径。正如张卓元在书评中所说的："根据这个理论（即指低代价经济增长理论），对我国经济增长的代价进行了定量分析，并提出了我国实现低代价经济增长的基本思路和具体建议。"①

从以上分析中，我们十分清楚地看出，低代价经济增长理论及模型的理论渊源和理论基础，是不折不扣的西方经济学理论中的新古典经济增长理论，不仅作者本身，而且评论者都说得非常明白。作者强调指出："经过修正的新古典经济增长理论对知识经济形态也是适用的。同样，在此基础上建立起的低代价经济增长理论，也不会因为知识经济时代的到来而失去生命力。"他还进一步指出："我曾经提出了低代价经济增长理论，即低代价经济增长理论，主要是在比较各种经济增长理论的基础上，选定索洛模型作为基础模型，并把经济增长的代价作为一个负变量纳入索洛模型。"对此，张卓元先生说得也是很明白的："在评析西方经济理论各流派的片面性和比较优势的基础上，提出了一种新的经济增长理论——低代价经济增长理论。"本书责任编辑郇中建先生进一步指出："他在更长的时间和更广的空间中对经济增长的理论和学派进行审视，指出他们的成果和不足，从而使自己的成果立足于一个扎实的理论基础上。"

大家知道，在索洛等新古典增长理论家看来，只有在外生的技术进步或外生的人口增长的外力推动下，经济才能实现持续增长。据此，我国一些学者认为，由索洛等人发展起来的新古典经济增长理论，一方面将技术进步看作经济增长的决定因素；另一方面又将它作为外生变量对待，使"对经济增长起决定作用的技术变化因素在新古典增长理论中不可避免地被排除在经济分析之外。因此，它并没有揭示出经济可持续增

① 梁言顺：《低代价经济增长论》，人民出版社2004年版，第233页、第59页、第188页、第251页。

长的内在机制。”[①] 这是索洛等人的新古典增长理论存在的一个尖锐矛盾。梁言顺博士看到这个问题，但没有从理论上解决这个矛盾，修补索洛增长理论。问题不在于此，而在于经过修正的索洛增长理论，仍然存在过去所有西方经济增长理论的根本缺陷，这就是仍然将生态环境作为经济增长或发展过程的外生变量对待，没有被假定为经济系统良性运行与健康发展的内生变量而纳入经济分析过程。或者说，对经济增长与发展起着决定性基础作用的生态环境变化因素在低代价经济增长理论中不可避免地被排除在经济分析之外。因此，低代价经济增长理论并没有揭示出经济可持续发展的内在机制。

对待索洛等人的新古典经济增长理论及模型，在西方学术界是存在着很大争议的，有的极力褒扬，认为“是理解经济增长的最好模式”，“经济学家应该继续运用它来研究经济增长问题”[②]。有的则认为存在不少缺陷，例如，美国学者艾尔斯指出：“新古典范式的基本思想，是认为经济增长的驱动力是劳动和资本。”“将劳动和资本看成要素的索洛的研究得出的结论是，增长主要是由自发的技术进步过程驱动的，被定义为残差。”他还强调指出：“标准新古典增长理论的另一个缺点是，该理论无法反映能源和自然资源的作用。”[③] 新古典经济理论及模型不仅把自然资源，而且把生态环境都看做经济增长的外生变量，将它排除在经济分析之外，否定生态环境是经济系统良性运行与健康发展的决定因素。这种严重缺陷也被低代价经济增长理论及模型继承下来了。这主要表现在：

一是《低论》在批评罗默等人把索洛余值完全归结为知识因素，指明索洛余值是由多种因素共同作用的结果时，引用他人论述这种多种因素是哪些生产要素，其中唯独没有生态环境要素，可见，《低论》所说的经济增长是多种因素共同作用的结果，是不包括生态环境要素的。正

① 焦必方：《环保型经济增长》，复旦大学出版社 2001 年版，第 11 页。

② 梁言顺：《低代价经济增长论》，人民出版社 2004 年版，第 50 页。

③ ［美］罗伯特·艾尔斯：《转折点——增长范式的终结》，上海译文出版社 2001 年版，第 301 页、第 312—313 页。

如《低论》一书指出："影响经济增长的诸要素：劳动、土地、资本、技术进步、人力资本以及寓意宽泛的知识因素。"[①] 因此，梁言顺构建的低代价经济增长理论与增长模式，仍然是生态环境外因论，生态外生增长模式。

二是《低论》指出知识积累和人力资本决定论的局限性时，认为"仅用劳动、有形资本、知识（包括技术水平和人力资本）三个要素解释经济增长，是片面的。"[②] 这种批评是正确的。但是，《低论》却没有指出在知识经济和可持续经济时代，知识积累和人力资本决定论的根本缺陷还在于没有用生态环境要素来解释经济增长与发展，这更是片面的。

三是《低论》说：在新的经济增长理论及其模型中，"代价与劳动、技术进步、资本、知识不同，是作为一个负变量出现的，故代价与经济增长率成反比。"[③] 可见，在《低论》的理论模型的生产要素中只有劳动、技术进步、资本（物质资本）、知识，而没有生态环境，它仍然被确定为是经济增长的外生变量而将其排除在考虑之外，这一假定使生态资产或自然资产，又叫自然资本或生态资本[④]在低经济增长理论及其模型中没有一席之地。

四是《低论》把代价作为一个负变量纳入它的理论模型中，这个负变量是指多种生产要素共同作用产生的负效应；而这种负效应的现实表现就是它的经济损失，故能折算为货币数量，使低代价增长理论及其模型在实践上有可操作性。这其实是十分片面的，因为经济增长与发展的生态成本或代价，不仅是生态环境破坏所带来的经济损失，而且更重要的是指生态环境和自然资源价值的耗损，即生态资本的耗损。过去，把生态环境资源作为经济系统良性运行与健康发展的外部因素即外生变量，

① 梁言顺：《低代价经济增长论》，人民出版社 2004 年版，第 187 页。

② 梁言顺：《低代价经济增长论》，人民出版社 2004 年版，第 49 页。

③ 梁言顺：《低代价经济增长论》，人民出版社 2004 年版，第 188 页。

④ 在国际学术界，把自然资产叫自然资本，在我国，刘思华教授把自然资产称之为生态资产、自然资本称之为生态资本（见《经济研究》1997 年第 3 期），这样我国学术界就使用生态资本这个新观念。

不仅生态环境遭到破坏，自然资源浪费造成的经济损失不计成本，而且更多生态资本的耗损也是不计成本。这是经济增长与发展带来资源耗竭、环境污染、生态恶化的制度原因，也是付出高昂成本和沉重社会代价的深刻根源。

《低论》的理论模型，只是计算环境污染、生态破坏、自然资源浪费造成的经济损失，作为负效应即代价纳入模型之中，这只是生态损失的一个小部分。经济学家杨帆曾在《中国经济快讯周刊》上发表的《中国经济增长的生态视角与环保产业》中估算，1997 年我国国民生产总值为 7.44 亿万元，而未计入成本的生态环境和自然资源耗损为：森林资源是 4.76 万亿元，淡水资源是 3.81 万亿元，土地资源是 3.73 万亿元，草原资源是 1.54 万亿元，自然灾害是 2.24 万亿元，环境污染为 5.46 万亿元，合计为 21.54 万亿元。总计生态成本超过 GDP 两倍多，即使我们扣掉许多项目，该生态损失相当于 GDP，应当不算夸张。现在，国际国内科学家们都已计算出地球生态系统的生态服务和生态功能价值即生态价值，全球生态系统每年所提供的生态服务和生态功能价值，折算为货币 33 万亿美元。中国学者侯元张等研究了森林生态系统三种主要公益价值，即涵养源、保护土壤、固定 CO_2 和供氧气价值，1995 年首次估算出中国森林资源总价值为 13×10^{12} 人民币。据杨帆提供的材料，福建省森林生态系统每年提供的生态服务和生态功能价值为 100 亿元，林业经济价值为 8.29 亿元，社会价值为 19 亿元，经济与生态、社会价值之比大约为 1: 14。这就是说，伐木所得 1 元国内生产总值，就造成 14 元的生态损失。虽然说，我国对生态系统服务与功能的价值评估研究因刚刚起步而落后于国际，如何具体计量生态价值即生态资本的损耗量，还没有切实可行的办法，但是，现在已经有学者提出了生态资本的变化及其价值存量的计量理论模型①，因此，无论从理论上，还是从实践上，都应当把生态资本纳入经济增长与发展理论及其模型中去。

---

① 杨文进：《可持续发展经济学教程》，中国环境科学出版社 2005 年版，第 329—330 页。

世界系统运行与发展已经进入了生态资本越来越稀缺的时代，不仅是学术界而且是国内外有关实际部门如农、林、环境等部门，都认为良好的生态环境已经成为高度短缺的生活要素和生态要素，生态环境从经济发展的外生变量转化为内生变量，并形成当今经济运行与发展内在因素和外在因素的有机结合与高度融合的新趋势，使生态资本成为制约经济增长与发展的内部要素与内在力量。这是当今世界也是当代中国的人、社会、自然复合生态系统的客观现实。最低代价生态内生经济发展理论正是这个客观现实的必然的理论解释。而《低论》一书没有克服西方经济增长理论及其模型关于生态环境外生假定的根本缺陷，仍然假定生态环境是外生变量，不作生态环境内生化分析，这就无疑使低价代价增长理论及其模型排除了制约当今经济系统良性运动与健康发展的决定因素，未能如实反映这一经济增长与发展的客观现实和最大实际，使它脱离了当今社会经济发展的现实生活。正因如此，《低论》难以根本性变革新古典经济增长理论，仍在此框架内兜圈子。因而，在构建可持续发展经济理论及其模式上很难取得实质性进展，这就使《低论》的理论解释力与影响力和实践指导意义都很有限。

本书以“最低代价发展的经济”即经济发展的生态代价和社会成本最低的经济新观念作为逻辑前提，以生态环境是经济发展的内生变量为核心理念，并贯穿于全书，形成了本书的基本框架。本书比较系统地论证了最低代价生态内生经济发展理论模式，并提出实现最低代价生态内生经济发展的基本思路，认识中国经济以绿色发展、低碳发展、循环发展、和谐发展、低代价发展为基本特征的科学发展的内在规律。

第二章
最高代价经济发展模式的形成过程与启示

最高代价经济发展是以牺牲生态环境和大多数人的利益为代价的工业化与现代化模式。它的共性就表现在生态环境被作为经济增长与经济发展的外在因素，排除在一国的生产要素体系即要素禀赋体系之外，从而在现实经济活动中集中表现为生态环境成本的外在化，使人与自然之间的物质交换过程严重损害了生态环境本身的良性循环。因此，最高代价经济发展所代表的传统工业化与现代化所出现的外部不经济，实际上是现代经济本身运行与发展不经济的重要表现，是生态环境成本外在化的不可持续发展经济模式的根本标志。而隐藏在这一恶性发展过程背后的是社会制度、生态伦理观、科技价值观、经济运行机制与思维范式等诸多因素被严重扭曲的事实，这种扭曲由来已久并已渗透进现代经济社会生活的方方面面，使人类的发展严重背离了生态学的真理。所以，有必要清晰地梳理出最高代价经济发展的形成过程，找寻出每个阶段的本质特征，进而对最高代价经济发展的原动力有一个深刻的认识，为最终探索出一条最低代价生态内生可持续经济发展道路提供一种全新的思路。

第一节　最高代价经济发展过程

马克思在《1844年经济学哲学手稿》中谈到人与自然的关系时曾指出："自然界、外部的感性世界是劳动者用来实现他的劳动，在其中展开他的劳动活动，用它并借助它来进行生产的材料。"① "因此，正是通过对对象世界的改造，人才实际上确证自己是类的存在物。这种生产是他的能动的、类的生活。通过这种生产，自然界才表现为他的创造物和他的现实性。"② 但是，在人类社会生存与延续的历史长河中，尤其是在工业文明时期，在与自然界的物质交换过程中，在人类实践所推动的主体对象化和客体非对象化的双向运动中，人类在相当长的时期内狭隘地估量着自身的需求，从而错误地使用了自身的自然力，在实践的主体和实践的客体相互作用的限制与超越关系中异化了实践的目的性、扭曲了实现目的的方法和夸大了实践的非理性因素，因此破坏了人与自然之间本质的联系。

需要指出的是，人类的生态需求作为人类生态本性的体现，源于人类作为自然生态系统的一个组成部分并受到它的限制，所以这种需求同物质需求、精神需求一样，从来都是人类生存与发展不可或缺的，而不是这种概念提出后才被我们意识到的。那么，在工业文明时代的最高代价经济发展过程中，必定存在着某些因素压抑了我们自身的生态需求，转而步入到一条靠掠夺自然来满足物质享乐的畸形道路上。明确地解答这一点非常重要，有助于梳理出人与自然关系中的一些关键问题："为什么人类会使用贪婪的、野蛮的生产方式对待自然？是哪些因素扭曲了人类对自然的伦理观念？选择这种破坏人与自然和谐的发展方式的内在动

① 马克思著：《1844年经济学哲学手稿》，刘丕坤译，人民出版社1979年版，第103页。
② 马克思著：《1844年经济学哲学手稿》，刘丕坤译，人民出版社1979年版，第103页。

力是什么？这种不良发展模式的运行机制又是如何形成的？”这些答案不仅有助于理清最高代价经济发展的历程与期间划分，而且对找寻出实践人与自然和谐的新发展模式也是大有裨益的。也正是基于此，马克思主义政治经济学与西方经济学等诸多流派都曾试图解答“人与自然冲突”的根源所在：在马克思看来，财产制度即私有制所产生的劳动异化是破坏人与自然关系的罪魁祸首，而当代西方马克思主义思潮则把批判的矛头指向了现代西方的社会意识形态，认为无度的消费文化与消极的科技伦理观是造成工业社会生态危机与精神失落的根源，特别是西方社会生态思潮更是如此。例如，美国著名社会生态学家默里·布钦民在《什么是社会生态学》一文中指出，“目前几乎我们所有的生态问题都是由于根深蒂固的社会问题而产生的。事实上，如果不彻底地处理社会内部的问题，我们就不可能清楚地理解目前的生态问题，更不可能解决生态问题。”西方经济学各分支则大多回避了社会制度与意识形态的问题，转而从经济运行机理与其中包含的各种要素之间的协调性入手，尝试一种“改进游戏规则”的渐进式革新。如新古典经济学就认为生态危机的主要根源在于没有把一些现象和过程包括在自由市场机制中，在环境保护中利用包含了生态环境折旧因素的“影子价格”，就可以在经济机制中实现最佳的生态、经济效果，促使企业转向可循环的或降低废物的工艺过程。微观经济计量学则关注于如何推导出一个使社会福利最大化的税收体系应该遵循的规则。宏观经济学与福利经济学则从更为宏观的角度重新估量了生态环境对福利水平的贡献及增长这种福利的政策选择。连劳动经济学也剖析了资源环境的良好程度对就业最终空间的决定性作用，并试图通过财产制度、产业分工与人力资本的创新来缓解环境资源恶化对劳动力市场的压力。制度经济学在同新古典经济学争论“公共福利”定义与标准的过程中则产生了一系列对市场经济体制“外部经济与不经济”的批判，并进而对产权分配、价格形成、价值判断、社会文化等一系列涉及公共政策的问题进行了思考。

鉴于最高代价经济发展在现代工业化进程中的主导作用，直至今天它事实上仍是人类实践活动的主要方式，并影响到经济社会进程的方方面面，所以对其根源、特征与解决之道存在争论并不足为奇。但是，马克思主义经济学在深刻剖析了劳动异化的社会制度与意识形态原因后，简单地认为社会制度的变革必然带来财产分配与积累、社会文化与认识体系及人们精神结构的根本改变，却忽视了这种财富运行机制与文化意识形态是根植于漫长的社会历史的，是最高代价经济发展社会中长期实践的产物，劳动的异化并不会随着资本主义的消亡而即刻消失，所以当他们面对前苏联、中国等一系列社会主义国家发展中普遍存在的环境破坏问题时就显得非常无奈。与此同时，西方经济学企图通过扩展“社会福利”的定义与范围，将自然生态环境等因素简单地纳入福利决策的过程中，从而在经济生活的各个层次中落实生态环境保护的努力也可能是徒劳的。因为认识到生态环境的福利贡献并不能自然地产生推动经济可持续发展的动力，正如马克思所预见的：“私有财产表现为外化了的劳动的根据和原因，实际上却毋宁是外化了的劳动的结果”[①]，即私有财产既是劳动异化的根源，更是异化劳动的结果，丹尼尔·贝尔对此曾精彩地指出：“资产阶级与众不同的特征是，它所要满足的不是需要，而是欲求。欲求超过了生理本能，进入心理层次，因而是无限的要求。”所以当代资本主义国家总是以这样或是那样的理由来回避自身的生态环境责任，即便政府与民众都认可的环保方针也会被企业用各种方式加以回避。更为重要的是，资本主义社会的自然资源利用控制体系是一种“国家与垄断组织就新的生态战略目标与任务达成的谈判结果”[②]，这毫无疑问地限定了生态政策的范围与程度，垄断资本认为，“自然保护应该与经济发展密切适应，特别是与工业发展相适应，而且即将采取的环境保护措施，也不会引起产品成本的提高，不会成为扩张和竞争的障碍（法国国内建

① 马克思著：《1844 年经济学哲学手稿》，刘丕坤译，人民出版社 1979 年版，第 82 页。
② ［苏］и. 库克利娜等著：《资本主义国家环境管理的理论与实践》，郑友敬、黄学译，“国外环境管理、经济与法学丛书”，中国环境科学出版社 1982 年版，第 17 页。

设总局的报告）"[①]，而那些能够得到大多数经济单位支持的国家生态干预制度，"只是因为在通常情况下，费用转嫁到了整个社会"，"并促成了对于生态商品与生态服务的需求市场的出现"[②]。可见，推动最高代价经济发展模式产生与继续存在的原动力是多方面的，这些因素在整个最高代价经济发展过程中不断变化与强化，映射出不同时期内最高代价经济发展的典型特征，并复合在一起构成最高代价经济发展模式的基础，它应该包含有财产制度、社会意识形态、生态伦理观、经济运行机制与科技价值观五个方面：财产制度限定了人类社会与自然之间的物质交换过程中所发生的人与人之间的利益关系，同时也决定了人与劳动成果、其他人和自然环境之间的关系，是影响人类生产方式的关键因素；社会意识形态代表了一个组织在某段时期内的"公共映像（Public Image）"，即一种共有的并占据主流的思想结构与思维范式，它使得组织内的个人能够接受相似的观念、行为与目标，社会意识形态不仅取决于生产关系，即是一定社会历史时期的体现统治阶级思想的精神产物，而且也受到产生它的社会经历的制约，即它又是社会实践的产物；而生态伦理观是关于人与自然关系的伦理，它确定的是人对自然界和自然存在物的道德义务、道德权利和道德关怀，是社会意识形态中涉及人与自然关系的部分向伦理领域扩展的产物；经济运行机制则代表了经济系统中物质转换与交换的制度安排，它决定着人与自然之间交换物质的效率，并影响了人与自然之间相互作用程度的大小；最后，科技水平无疑是推动生产力发展的重要力量，而科技研究的目标对人与自然关系的变化也意义重大，科技能否朝着协调人与自然关系的方向发展，关键在于财产制度、社会意识形态、生态伦理观与经济运行机制的变革。总之，财产制度决定了社会意识形态的变化，而社会意识形态的进步又存在一定的独立性，生

① ［苏］и. 库克利娜等著：《资本主义国家环境管理的理论与实践》，郑友敬、黄学译，"国外环境管理、经济与法学丛书"，中国环境科学出版社 1982 年版，第 18 页。
② ［苏］и. 库克利娜等著：《资本主义国家环境管理的理论与实践》，郑友敬、黄学译，"国外环境管理、经济与法学丛书"，中国环境科学出版社 1982 年版，第 34 页。

态伦理观则是社会意识形态在生态环境领域的集中体现，同时经济运行机制与科技水平也受到财产制度与意识形态的制约，五种因素合在一起决定了人类与外在自然之间进行物质交换的方式、效率与观念，更代表着人与自然关系的进化过程。因此，本书尝试从五种因素变化发展的轨迹出发，对最高代价经济发展的历程进行归纳，按照“资本主义阶段”、“前苏联——新中国成立初期阶段”、“改革开放后当代中国社会主义实践阶段”三种类型，研究各个时期内最高代价经济发展的形成过程与典型特征：

一、资本主义阶段的最高代价经济发展过程

资本主义创造了一种新的财富分配与积累方式，并通过市场化的交换机制赋予了经济系统强大的活力，再加上雇佣劳动力的出现，在金融体系、生产体系与科技发展的多重作用下开启了一个新的进化了的时代，同时也将人与自然的物质交换过程带入到一个新的疾速失衡的阶段。

（一）17—18世纪，重商主义阶段所经历的最高代价经济发展过程

从本质上讲，人与自然关系的恶化就表现为人类实践所产生的物质交换过程超出了自然可以承受的范围，而资本主义制度从它产生的那一天起，就具有无限地扩展这种交换的强烈欲望。在资本主义萌芽的重商主义阶段，尽管资本主义财产私有制还不完善，它仍然不停地遭受到贵族的侵犯，而且资本主义生产方式的核心——工厂也才刚刚出现，大批农民和手工业者仍未被投入雇佣工人的行列，但是，资本主义生产方式所天生的剥夺自然的本性已悄然成形，从荷兰东印度公司、阿姆斯特丹银行和商船队开始，金融资本、贸易商与先进的交通技术悄然结合，在新生的交换市场中向所有人展现掠夺自然的巨大利润，那些推动着资本主义经济最高代价发展的条件已经具备，并在其后的整个资本主义历史中不断地被强化和完善：（1）作为资本主义微观基础的贸易商所具有的对稀缺自然资源的贪婪需求与垄断欲望，迫使他们不断增强获取资源的

能力与独占资源的权力，并依赖强迫劳动的剩余价值（主要来自非洲的奴隶与劳工）、商品贸易、货币交换三大源泉汲取财富，同时资本主义的财产制度、意识形态和生产方式被“传教”到世界各地，对自然的异化劳动成为私有财富的源泉与结果；(2) 金融资本对经济过程的支持，及其在发展中的股票与债券市场中所确立的资本主义财产分配关系为瓜分自然资源价值提供了平台。也就是说，资本主义的市场公平既不是市场待遇的公平，也不是财产分配的公平，而是赋予了所有人掠夺自然资源的权利与机会的公平，任何具有“冒险精神”与“智慧头脑”的人都有机会使用金融资本提供的货币市场与资本市场来分割内化了的自然价值；(3) 科学技术的发展被固定在增加利润与垄断能力的轨道上，其目标就是增强一种将自然资源的外在价值内化进人类经济社会系统的能力，从而使科学技术被转化为自然界的对立面；(4) “资本主义是奢侈的产物”①，在这里对奢侈品的追求被巧妙地发展成一种社会潮流，衡量人的价值的标准既不是他的劳动贡献，也不再是所谓的贵族身份，而是财富的多少，由此社会地位的提升有赖于财富的积累，一种“拜物”式的意识形态产生了疯狂的“逐金”浪潮，整个社会推崇那些通过对自然“冒险”而获取利润、通过获取利润而消费奢侈品、通过奢靡生活而得到社会地位的人。正像平托（Pinto）的著作名称所言的那样——《奢侈的理论，本论文力图确立如下事实：奢侈对于国家的繁荣不仅是有益的，而且是不可或缺的》，即奢侈“多余，但很有必要”②；(5) 自然界被置于奴役的地位，“不过是人的对象，不过是有用物；它不再被认为是自为的力量；而对自然界的独立规律的理论认识本身不过表现为狡猾，其目的是使自然界（不管是作为消费品，还是作为生产资料）服从于人的需要。”③ 人类凸显于自然界与其他物种之上，生态需求被异化为富裕阶层

---

① ［德］桑巴特著：《奢侈与资本主义》，王燕平、侯小河译，上海人民出版社 2000 年版，第 150 页。

② ［德］桑巴特著：《奢侈与资本主义》，王燕平、侯小河译，上海人民出版社 2000 年版，第 151 页。

③ 《马克思恩格斯全集》第 46 卷上册，人民出版社 1979 年版，第 393 页。

在自然中游戏、狩猎与观赏的幽雅活动；（6）国家作为资产阶级利益的护卫者开始登上历史舞台，通过“特许状”的形式赋予某些公司垄断性的贸易权利，一些资本主义产权性质的公司开始转变为带有国家利益驱动的某种“国有实体”，商业成为推行国家利益的工具，任何其他国家参与商业竞争都可能成为引发战争的充足理由。总之，这种以资本主义财产私有制为基础的财富分配与积累体制，基于奢靡消费主义和拜金主义将剥削人与剥削自然的生产方式视为理所当然的意识形态，以及蔑视自然和凌驾于自然之上的生态伦理观，辅之以金融资本、产业资本与贸易商所构成的市场交换体制，再加上异化的科技发展与强权国家的支持，使得重商主义阶段的资本主义发展在掠夺稀缺自然资源与发展奢靡消费两个方向上同时飞速进展，“奢侈是所有财富增长的源泉，……既活跃了贸易，也因此养活了穷人。”① 由此，象牙、毛皮、丝绸、珍珠、宝石、香料、白银和黄金等贵重物品被源源不断地输入欧洲。1668—1784 年，英国通过东印度公司进口的茶叶数量从 100 磅增加到 86083 英担，而支付进口的手段则是使用每年贸易量超过 10 万人的奴隶从美洲开采的白银和黄金，再加上从欧洲销往世界各地的羊毛、亚麻、榨糖、漂白和印染纺织品、冶铁、煤炭、玻璃、产烟、制盐与光学仪器等工业品，借助银行提供的商业信用和新兴的股票市场，财富迅速地在资产阶级中膨胀起来，人们仿佛是在一夜间发现了自然环境所拥有的巨大财富源泉。也就是从此时开始，资本主义生产开始以前所未有的深度和广度介入到自然生态循环之中，将自然视作廉价和无限的资源加以利用，虎皮、海獭皮、象牙的风靡使这些物种遭到毁灭性的打击，而香料、印度茶和可可豆的流行更使得原产地大量的原始森林被砍伐，煤炭、漂白、印染与冶铁业的发展不仅污染了欧洲的环境，也使得欧洲的自然资源迅速枯竭。这种以奢侈消费品贸易为追求目标的经济发展方式显然无法支撑和满足资产阶级无限的财富欲望，而带有垄断性质的贸易市场环境更在资产阶级内

① ［英］丹尼尔·笛福著：《十足的英国商人》第五版，伦敦，1745 年，第 51 章。

部产生了冲突。所以，资本主义的膨胀很快就使得欧洲的资本家从商品贸易转向商品生产，并用国家暴力去俘获其他地区的资源和劳动力，同时将对自然的奴役扩展到本国劳动者的身上，一条人虐待自然与自然奴役人的最高代价工业化道路在资本主义制度的推动下开始在整个世界展开。

（二）1800—1914年，工业资本主义的自由市场阶段所经历的最高代价经济发展过程

在整个工业资本主义的自由市场阶段，人与自然关系的恶化是同资本主义制度的强化同步进行的，这种与人性和自然相矛盾的生产方式将劳动者同劳动成果和劳动过程异化开来，进而“从人那里（1）把自然界异化出去；（2）把类从人那里异化出去；（3）把人的身体从人那里异化出去；（4）人从人那里的异化。”[①] 让物质生产、精神生产和科技发展等诸因素走到了自然环境的对立面：（1）资本主义制度的全面法律化强化着人与自然之间的异化关系。资本主义立法的核心是围绕着财产、自由和价值展开的，正像马克思在研究了罗马法的财产制度之后所说的：“私有财产的真正基础，即占有”[②]，但资本主义的运行并不止满足于对“个人独占使用的物质的东西”进行保护，它不仅看重财产的使用价值更关心财产的交换价值，而实现这一点必须拥有进入市场的自由权、在市场自由选择和自由交换的权利，这种财产的行为性保证了“东西在能够或可能出卖的任何市场上所预期可以获得的市场价值。”[③] 在全面商品化的市场中，法律维护着“资本主义为了别人的使用而进行生产，为了本身的使用而实现占有”[④]，更为重要的是，在这种貌似自由与平等的异化生产与交换背后，人力资本所有者和有形资本所有者自愿交换关系的结果却是对劳动力的压迫、剩余价值的攫取和资本主义式的资本积累，

① 马克思著：《1844年经济学哲学手稿》，刘丕坤译，人民出版社1979年版，第49—51页。
② 《马克思恩格斯全集》第一卷，人民出版社1979年版，第382页。
③ ［美］康芒斯著：《资本主义的法律基础》，寿勉成译，商务印书馆2003年版，第25页。
④ ［美］康芒斯著：《资本主义的法律基础》，寿勉成译，商务印书馆2003年版，第28页。

是对于人与自然关系异化结果的全面法律化。所以，资本主义法律制度的强化保证了资本在剥削自然环境的过程中能够从市场中得到它需要的一切，包括最大化的利润、最低廉的劳动力、最充足的生产资料和最广泛的市场，从而强化着人与人、人与自然的不平等。（2）人的全面异化不断发展。财富的资本主义私有制及其存在形式——“资本”，使得人力资本商品与有形资本商品交换的结果是用一般物质形式的物品换来了具有特殊形式的劳动能力、用劳动本身的价值换来了支配劳动力的权力的价值、用劳动力再生产的成本换来了剩余价值，“因此，对于作为劳动者的工人来说，他与资本家反复交换的唯一结果，就是他的劳动能力的再生产。”[①] 而“劳动所生产的对象，即劳动产品，作为异己的东西，作为不依赖于劳动者的独立力量，是同劳动对立的。”[②] 进而“对劳动者来说，劳动是外在的东西，……是一种被迫的强制劳动。”[③] 劳动者既不能占有产品，对生产过程也不感兴趣，“人的类的本质——无论是自然界，还是他的精神的、类的能力——变成了与人异类的本质，变成了维持他的个人生存的手段。”[④] 劳动者用冷漠的态度对待自然、劳动产品、生产过程和他人。摆在每个人面前的只有两个选择，要么去争夺资本来剥削自然和人，要么在资本的奴役下来虐待自然，人的全面异化已经完全意识形态化，整个社会认同了这种对自然冷漠无情的生产方式，重商主义时期那种人类至上的优越感，对多数劳动者来说甚至已经无暇顾及了，人虐待自然与自然奴役人的现实对他们而言仅仅意味着生存的需要。（3）资本主义自由市场机制对自然环境的冲击不断加强。资本主义市场发展的初衷在于通过有效的价格传导机制鼓励资源的有效配置，虽然市场表面上以对人的尊重为先决条件，并且赋予市场各方决定自身利益的主权，“但是，这些尊重和主权仅仅属于有效需求。……尊重人意味的就

① N. 查特尔著：《避开还是不避开——对人力资本的批判》，“《资本论》研究译丛”，山东人民出版社 1992 年版，第 58 页。

② 马克思著：《1844 年经济学哲学手稿》，刘丕坤译，人民出版社 1979 年版，第 44 页。

③ 马克思著：《1844 年经济学哲学手稿》，刘丕坤译，人民出版社 1979 年版，第 47 页。

④ 马克思著：《1844 年经济学哲学手稿》，刘丕坤译，人民出版社 1979 年版，第 51 页。

是尊重需求关系"①，市场机制既然接受了这样的程序，自然就无法反对这样的结果。而产品销路的大小取决于周转速度和商品的交换价值，精细化和高度集成化可以增加单个商品的价值，进而这种富含价值的贵重物品能够以特制品的形式在有限销售的范围内供给特定的客户，但自由市场阶段的资本主义所蕴含的强大生长力和竞争性无法容纳在这种小容量的需求市场中，它需要创造出巨大的有效需求，并用更大的兴趣发展出一种可以超越这种需求的"廉价和大众化"的生产能力，用最小的支出生产出最大量的产品。所以，追求数量化的生产是资本主义自由市场的必然结果，市场机制所带来微观意义上的资源节省被宏观意义上的资源浪费所取代，自然环境成为这场游戏中最大的输家，重商主义阶段中许多源于自然环境的奢侈品被发展成为大众商品，或者自然环境无法满足的就用人造商品代替，新的商品源源不断地涌出，繁荣市场的背后是自然的破产。(4) 人性的扭曲发展成为一种社会心态。资本主义制度下人性的扭曲源自劳动者所面对的物质、精神和生态的贫穷，雇佣劳动使得劳动者在他创造的越来越丰富的商品面前越来越无力、对劳动的艺术性和美的追求越来越淡漠。无论是通过俭省还是剥削他人来积累财富，都只是物欲上的满足和精神与生态上的贫困。由于"资本主义强迫并奖励对自身利益的不懈追求……不断制造对财富和奢侈品的新的追求"②。所以，节俭、利他、诚实和克制被自私、奢侈、欺诈和贪婪所代替，通过勤奋和节省或许可以依靠工资来积累财产，但依靠剥削人和自然必定可以毫不费力地增加财富，对金钱和商品的奴性、对贫困和艰辛的恐惧驱使人们无情地"占有、消费和积累资本，最终成为片面满足感——只满足于占有财物——的牺牲品。"③ 无情和剥削成为一种社会心态，这种人性的扭曲使得人类对自然的态度变得贪婪与残暴，最终陷入一种"人

---

① ［英］大卫·雷斯曼著：《保守资本主义》，吴敏译，社会科学文献出版社 2003 年版，第 3 页。

② D. 凯诺著：《亚当·斯密与卡尔·马克思理论中的人性与资本主义》，"《资本论》研究译丛"，山东人民出版社 1992 年版，第 107 页。

③ 马克思著：《1844 年经济学哲学手稿》，刘丕坤译，人民出版社 1979 年版。

破坏自然，自然报复人类”的恶性循环中。(5) 科学技术的高度异化将资本主义的基本矛盾巧妙地转化为整个人类与自然环境之间的矛盾。可以说，是工业革命开启了资本主义自由市场阶段的入口，而科学技术的发展在其中扮演了重要的角色，对自然规律的认识被无形的市场引导向一条“机械主义”的发展道路：一方面，科技作为强化竞争能力的手段表现出对自然越来越强的征服力，在整个自由市场阶段的初期和末期爆发了两次工业革命，从第一次工业革命的纺纱机、蒸汽机、鼓风机到第二次工业革命的发电机、内燃机、电话、飞机和新兴的化学工业，人类发现了自然中更深刻的价值，劳动分工和产业类型被极大地复杂化，并最终推动自由市场向科技垄断的转变，那种普遍地、自由地使用低级技术向自然开战的生产模式让位于更残酷地使用高级技术掠夺自然的生产模式，但无论如何，科技发展使人类向自然索取的更多、对自然循环破坏的更重，这一现实依然没有改变。另一方面，雇佣工人作为新兴技术的一个辅助成分，被“系统和科学”地组织进工艺流程中，对自然掠夺的效率惊人的提升，同时更大的剩余价值也涌现出来，科学技术异化为更好地剥削自然和剥削人的工具，而且明显地，科学技术的发展使得劳动者更易于接受被剥削的现实，因为他们也能从更有效的掠夺自然中得到相对更多的补偿，资本主义的基本矛盾被科技发展巧妙地转化为整个人类与自然环境之间的矛盾。总之，这种法律化的资本主义私有财产制度和人性扭曲的意识形态，在极富原始冲动力的自由市场机制的作用下，借助于高度异化的科学技术，必然演化为一场无情的剥削自然的悲剧。在加拿大的西北海岸，北美印第安人在18世纪之前一直捕获海豹、海獭和鱼类，并使用他们的肉和毛皮。当时英国哈德逊湾公司独占着北美毛皮贸易的垄断权，印第安居民开始在英美贸易者的影响下参与到毛皮交易中，贸易给印第安人带来了烟草、烈酒、武器和传染病，同时伴随着宗教和资本主义的生活方式。1799年俄罗斯美洲毛皮公司、1812年美国的太平洋毛皮公司纷纷介入竞争。在其后短短的四十年间，西北海岸的海獭完全灭绝，海豹、海象等哺乳动物几乎灭绝，从最初的毛皮生产到鲸油、肉类，资本主义入侵者搜刮了所有可以被使用的自然财富，并在全世界扩展这些产品的销售。其结果是整个地区生态系统的崩溃，随着海獭的灭绝，海胆大量滋生，藻类（特别是褐藻）迅速减少，大量鱼类也一起消失。而印第安人在被雇佣充当猎手后，当作野蛮的低等民族而遭到大量屠杀，人口从1774年的188000人锐减到1874年的38000人，他们的文化也一起消失了。资本主义的这种剥削人和剥削自然的生产方式不仅灭绝了其他物种，也灭绝着劳动者本身。对劳动者而言杀死一只动物或灭绝一个物种与生产一颗螺钉或是一台机器没有什么本质的区别，有的只是劳动量的大小，而其目的只是生存并享用那些资本家提供给他们的“无用的和损害性的商品”。对资本家而言，灭绝既是竞争的需要与结果，也是财富的源泉与归宿。在物质生产的热浪背后是整个人类与自然的悲惨结局。

所以，资本主义自由市场阶段这种追求商品数量和企业规模的发展目标是自然界所无法承载的，资产阶级与其代表——“国家”开始意识到必须采取措施来限制这种自由主义的经济过程，以防止财富冲动引起更严重的经济与生态危机，于是资本主义的最高代价经济发展进入到一个新垄断主义的时代。

（三）1914年至今，垄断资本主义的不断演化所经历的最高代价经济发展过程

在垄断资本主义之前，“资本主义形成和发展的每个时期，民族资本主义都从国外吸取资源……而国家垄断主义的特征既非外国资源的存在，甚至亦非外国资源所占的重要程度。”由于庞大的工业资本与银行资本的联盟垄断着整个资本主义的生产，“原先物化的利润以新资本的形式发展，并获得国家外交、军备的支持……克服了地方和民族的界限，资本主义扩大再生产中所产生的矛盾从此就以全世界范围的格局发展下去。”① 这种新局面使资本主义的某些部分得到了生命，也暂时缓解了人

① ［法］米歇尔·博德著：《资本主义史1500—1980》，吴艾美等译，东方出版社1986年版，第185页。

与自然之间的矛盾，但从本质上讲却永远无法消除最高代价经济发展的根源：（1）异化的资本主义金融体系仍然恶化着穷人与自然之间的关系。金融资本的目标就是提供投资与分割利润，这一点在整个资本主义历史中从来没有改变过。所不同的是，在国家垄断主义中，国家和企业一起扮演了借钱者的角色，而资金提供者不仅是拥有储蓄的银行，还包括大量的股票和债券投资者，整个社会财富都被证券化了，而高度发展的金融体系也扮演着“经济调节”与“政策引导”的双重职能。而支撑金融市场受益水平的三大支柱则是投资者的热情、“价值生产”的水平与通货膨胀的情况。尽管现代资本主义的财富结构已经使劳动者部分拥有了股份或是债券，但截至1995年，整个美国只有28.8%的家庭持有超过最低限度的股票，最富的1%的家庭持有51.4%的股票，最不富裕的90%的家庭只持有11.6%的股票，此外最富裕的家庭持有的债券与股票的比例是2:1，而整个美国只有3%的家庭拥有债券，这意味着金融市场的繁荣有赖于最富裕的阶层并为他们服务。同时，现代资本主义从“数量生产”转向“价值生产”的垄断生产方式保证了产品充足的高附加值与利润水平，而全球化所引发的规模经济与范围经济又被强有力地控制在巨型跨国企业的手中，从而为金融市场提供了丰裕的财富。此外，通货膨胀的程度也能使这种财富的实际水平上下波动。坎特伯雷在《华尔街资本主义》一书中这样形容古典主义的货币方程 MV = PT，“在弥尔顿·弗里德曼的现代主义货币方程中，实际产量或实际 GNP 取代了 T。”[①]“富裕的财富持有者既害怕通货膨胀，那会对股票和债券造成伤害；又担心过低的投资会影响利润”[②]，所以消减政府的财政赤字，特别是面向福利、环保的支出最为必要，否则他们宁愿呆在低通胀高失业的不活跃经济状态中（事实上美联储也是这么做的）；而对于普通劳动者来说，投资就意味着工作机会，控制货币供给就只能带来失业。更有趣的是，即便宽松的货币政策带来了经济景气，劳动者也不会变得更富有，

① ［美］坎特伯雷著：《华尔街资本主义》，吴芹译，江西人民出版社2001年版，第98页。
② ［美］坎特伯雷著：《华尔街资本主义》，吴芹译，江西人民出版社2001年版，第37页。

因为“极大的财富不平等的最初来源是极大的收入不平等”[①]，那些富有的持有金融证券的人可以从资本利得和债券增值两个途径中获利，而无论它来自利润增长还是低通胀。所以，在货币政策和景气状况的起伏循环中，富人变得更富而穷人更穷。相对于穷人，富人对剥削自然的渴求并不强烈，而政府的环保支出只会使通胀更高、所有人“更穷”。资本主义垄断制度下的金融体制保证了少数富裕阶层可以从有限规模的剥削自然中得到最大的利益，从而进一步把资本主义的基本矛盾从“人与自然”推进到“穷人与自然”，普通劳动者的生存需求变成了推动国家追求 GNP 增长的动力，同时也成了阻碍国家增加环保支出的重要因素。

(2) 国家在遏制自然环境破坏中的作用依然受到很大的制约。在许多哲学和政治家的眼里“一个国家就是一份契约”，这意味着一个国家的公民对他们的经济福利负有责任，而国家就是管理这份契约并致力于使公众福利最大化的工具。所以，当资产阶级意识到像东印度公司那样的皇家垄断养肥了君主，却损害了英国整体资产阶级的利益时，他们发动了一场自由市场的神圣战争来反对这种垄断强权；而当自由市场的资本主义深陷在“生产过剩”和“自然破产”的泥潭中无法自拔时，资产阶级又反过来重拾起国家垄断主义的大旗。但是很明显地，在这种反复中，资本主义国家只是在很有限的程度内制止了对自然的残酷剥削，而所执行的自然资源利用控制体系更像是一种“国家与垄断组织就新的生态战略目标与任务达成的谈判结果”，其结果是垄断的资本主义经济不再单单追求数量的扩张，而是转向生产更高价值的产品并针对客户的特殊要求进行“柔性化”的生产，并在此基础上扩展出一种集约化的规模与范围经济，再加上国家使用税收所支持的环保发展，就在一定程度上缓解了资本主义发展中的人与自然之间的矛盾。但很不幸的是，资本主义国家从产生的那一天起，就无法真正将公众福利放在资产阶级利益的前面，所以它总是在一定程度上默许垄断企业对本国公民生态福利的破坏，进

① ［美］坎特伯雷著：《华尔街资本主义》，吴芹译，江西人民出版社 2001 年版，第 232 页。

而鼓励并支持垄断企业掠夺其他国家的生态资源、破坏其生态环境并转移其生态成本。同时，当阻挡外国商品输入的高关税和在世界上欠发达地区划分“势力范围”都已经无法适应资本全球化的趋势时，资本主义国家更是将生态环境标准转化为阻挡外国商品的重要技术性壁垒。此外，资本主义所拥有的无限地掠夺自然的本性也并未改变，因此资本追求全球化的投资与贸易扩展就成了垄断资本主义的必然结果，垄断生产的“全球网络趋势”正在使老式的跨国公司（由处于某国的总公司控制若干国外子公司的体系）向新型的跨国公司（产品在全世界生产并用有效的方式组合起来，智力资本和金融资本也取自世界各地，生产是国际性的过程）转变，这使得跨国公司逐渐同“国家”脱钩，“高价值全球性企业发展成为有技能的人的国际合作，……并同来自世界各地的熟练工人签订合同，以决定如何设计、生产和提供产品与服务。”“国家竞争力取决于一个国家的公民能够为世界经济作出贡献的技能和知识，及国家创造出这些条件的能力。”① 这意味着无论国家还是普通劳动者都已经无法用“国籍”来约束和辨认垄断资本，而取悦它的唯一手段就是提供出令它满意的“投资环境”，包括资源与环境政策。因此，垄断资本主义的发展正在逐渐将垄断力量的天平从“国家”向“垄断企业”的方向移动，为了保证充足的资本流入，国家不得不在自然资源与生态环境保护方面对垄断力量作出让步，从而使其对普通劳动者的生态要求越来越淡漠，对垄断企业进行资源和环保约束的能力不断下降。(3) 科学技术的意识形态化已经将其发展成为证明奴役合理性的工具。哈贝马思在《文化与批判》中强调技术和科学在当代资本主义中执行了意识形态的功能，科学技术不仅成为剩余价值增长的重要推动力，而且“科学技术的应用扩大了对自然的征服，极大地满足了人们日益增长的各种需要，造成了一种高标准的生活方式。”此外，“科学技术以及与其相应的生活方式又产生了一种思想和行为的方式，这种思想和行为方式作为意识形态证明

① ［美］罗伯特·赖克著：《国家的作用——21世纪的资本主义前景》，东方编译所译，上海译文出版社1998年版，第81、第83页。

了对人的统治是理所当然的。”① 即科学技术所附加的政治性和意识形态特征，已经使它成为证明奴役合理性的工具，资本主义奴役人与自然的特征被合理化了。普通劳动者被普遍运用的科学与技术编织进合理性的生产过程中，资本主义私有制不仅使得劳动者对于日益丰富的劳动产品越来越无力，而且对于强大的科学技术发展也越来越无力，他们只能接受科学技术“已经设计和促成了的这个世界，在这个世界中，对自然的统治和对人的统治是联系在一起的”②，科学技术理解和支配着自然，并将其价值内化进人类社会系统中，它既改善着普通劳动者的生活，又使他们不得不屈服于科学技术与资本的拥有者，人与自然、人与人之间不合理的等级制度通过科学技术被固定下来了。（4）资本主义的文化基础仍然阻碍着新自然观的扩展。资本主义所导致的人与自然的冲突引发了整个社会对自然伦理观的重新思考，从 20 世纪 80 年代开始，人们发动了一场世界范围的绿色运动，《世界自然资源保护大纲》（1980）、《我们共同的未来》（1987）、《北京宣言》（1991）等重要文件的发表是这一新纪元的历史见证。越来越多的人都抛弃了传统的人与自然相互对立的二元论，转而把追求公正和践行可持续发展的新生态伦理观作为对待整个人类、社会、生态生产和再生产过程的理论依据，从“人—自然—社会”三维复合系统中经济大循环的视野看待人与自然之间的物质交换过程。但令人遗憾的是，垄断资本主义或者说整个资本主义历史所铸造的文化内涵却与这种趋势背道而驰。一方面，与生态危机伴生着的是工业社会的精神失落，是人与自然、与社会、与上帝的疏离等“现代人的疏离”，“工业社会的价值观念是：‘消费更多的物资是好事’的美学意识和‘最大限度地满足人的物质欲望’的伦理观念的总和”③，消费主义的文化掩盖着人类的精神空虚，也日益加剧着人类的生存危机；另一方面，

① ［德］马尔库塞著：《单向度的人》，上海译文出版社 1989 年版，第 125、第 166 页。

② ［德］马尔库塞著：《单向度的人》，上海译文出版社 1989 年版，第 167 页。

③ 曾建平著：《自然之思：西方生态伦理思想探究》，中国社会科学出版社 2004 年版，第 73—74 页。

主导资本主义政策的所谓精英们在如何处理人与自然、富人与穷人的关系上也持有根深蒂固的偏见。正像乔治·吉尔德（大卫·洛克菲勒的养子）在《财富与繁荣》中所讲的："物质进步有不可避免的优势……并在消费它的大众中提拔极少数能生产财富的杰出人物"，"福利促使穷人选择懒惰而非工作，为了成功穷人需要他们的大部分穷困来支持。与穷人相反，富人需要的激励是更多的财富。"① 这种意识形态在整个资本主义的上层建筑中普遍地体现和弥漫着，构成了支持资本积累的奴役主义的思想基础。消费主义与奴役主义强有力的结合构成了资本主义文化的基础，压制着任何试图协调人与自然、人与人关系的新思想获得更大的扩展空间。总之，国家垄断虽然对资本主义所固有的人与自然、人与人之间的矛盾进行了某种程度的扬弃，但它的财产制度仍然是筑基于私有制与巨大的贫富不均，而整个经济运行中的金融市场、产品市场、资本市场与技术市场等机制还是鼓励那种奴役自然与奴役人的资本积累过程，从而不断地同"垄断国家"在保护自然环境方面发生着冲突，而科学技术的意识形态化和弥漫在社会文化中的消费主义与奴役主义的阴影，更压制着那些追求人与自然、人与人和谐的新思想获取更大的发展空间。以美国汽车行业为例，早在20世纪60年代美国最大的汽车垄断企业间就相互达成协议，拖延实行关于汽车排气的生态标准，许多应在1972年实行的标准一直延期到1981年才得以实施。而即便是环保标准得以实施，跨国公司也能通过各种途径加以回避，1990年美国环保局曾要求"美国制造的"或"进口的"汽车都应达到某种最低限度的平均燃料节约率，并且不允许美国汽车制造商把非常盈利的耗油量大的美国汽车同他们进口的、燃料利用率高的小型汽车加起来平均，目的是鼓励美国厂商保留在美国生产小型汽车。但福特公司却炮制了一个高明的做法来玩弄法规：它在其美制高耗油汽车中加入少量外国制造的部件，使其能作为"外国制造的"汽车同所有节油的福特进口车一起平均，而无需首先

① ［美］坎特伯雷著：《华尔街资本主义》，吴芹译，江西人民出版社2001年版，第64、第65页。

同福特在美国制造的（盈利少得多的）小型节能汽车加起来平均，进而为公司节约了大笔资金。更为离奇的是，这些环保标准在许多场合并非是为了保护环境，而更多的是为了筑起贸易壁垒，美国和欧盟就曾多次以对方的产品不符合本地区的绿色标签为托词来限制汽车的进口。所以，垄断资本主义的环保政策从来不是筑基于对“人—社会—自然”系统的最普遍的规律性的研究，它虽然建立了一整套自然资源利用管理的法律、经济和组织基础，拥有了包括环境管理的科学情报体系、生态技术和生态工艺资料的生产、生产废物和消费废物的收集与利用、生产性质和非生产性质的生态服务等诸多成就，但这仅限于那些能够开发出生态需求市场、增加资本积累和向消费者增加税收的领域，并且在许多情况下由于垄断资本各派别、大小商业和中央与地方之间的矛盾而陷入持久争论的境地。可以说，垄断资本主义的生态保护仍是为整个资产阶级的长远利益服务的，无论是生态利益还是物质利益都在向富人转移，1991 年税收形式的生态费用在美国贫穷家庭年度支出中所占的比例比富裕家庭高 60% 以上，而洛杉矶富人们居住的社区因为生态环境改善明显，其房价增长速度比处在“烟雾带”中的蓝领工人社区的高一倍以上，20 世纪 80 年代末至 90 年代初的十年间，美国虽然有七种致癌物质的环境标准生效，但也恰恰在这一时期工业部门使用了 2000 多种这类物质，影响到在业工人的 1/4，使得普通劳动者的污染致病率远高于富裕的白领阶层，普通劳动者和穷人在生态保护浪潮中成为遭受物质剥削和生态剥削的牺牲品。所以，资本主义垄断阶段的生态保护是保护垄断资本者的生态与经济利益，而普通劳动者依然面临着生态与物质剥削的窘境，从而使穷人与自然界对立了起来，经济发展的政策也只能在追求 GNP 增长与追求环境保护的矛盾中摇摆不定。

二、社会主义的最高代价经济发展过程

社会主义制度力图消灭资本主义的财产私有制度，从而在根源上消

除劳动的异化，但资本主义是“历史”的，即“是一个历史社会体系。”它的万物商品化、市场不平等交换、资本积累和所谓的理性是漫长的社会实践的产物，所以，只要一个社会中“一个人或一群人在任何时候都可以决定，他们可以为获得更多的资本而进行投资。……并且这个过程是不道德和非理性的不平等交换”，同时“无休止的资本积累追求的是一个物质至上的文明，并能使一部分人或一些小集团增加消费机会和场合，而不顾整体消费者的生活质量改善和长远的社会整体福利”，并且“当社会文化仍然是基于歧视性地划分劳动者的‘种族主义’和宣扬自我理性化的幸福标准”① 时，这种经济社会结构相对于资本主义而言，就不是完全进化的，而是在历史资本主义的阴影中，也就不可能完全消除人与自然、人与人之间异化的结果。所以，社会主义制度只是为消除最高代价经济发展提供了必要前提条件，如果离开了对历史资本主义影响的认知与消除，它就不可能充分地带领社会主义进入到一个“人—社会—自然”可持续发展的新时代，而这一点在过去近一个世纪的社会主义实践中得到了有力的证明。

（一）前苏联和我国改革开放前的最高代价经济发展过程

应该说，社会主义制度的建立就是针对资本主义生产力与生产关系的固有矛盾，力图通过生产资料的公有制在经济发展中避免资本主义式的经济、社会和文化危机，从而为建立一个人与自然、人与人和谐发展的新模式扫清障碍。但是“必须记住的最重要的一点是，世界社会主义运动以及社会主义国家，其本身都是历史资本主义的产物。它们不是存在于这个历史体系之外的结构，而是从它的内部过程中分泌出来的。因此，它们也反映着这个历史体系的一切矛盾和制约”②。所以，“它们的错误，它们的局限性，以及它们的消极后果，都是历史资本主义体系的

① ［美］伊曼努尔·华勒斯坦著：《历史资本主义》，路爱国等译，社会科学文献出版社 1999 年版，第 1、第 2、第 25 页。

② ［美］伊曼努尔·华勒斯坦著：《历史资本主义》，路爱国等译，社会科学文献出版社 1999 年版，第 47 页。

一个部分，而不属于那个尚不存在的、假定的历史体系，即社会主义世界秩序”①。也正因为这一点，社会主义运动从它产生的那一天起，就基于一个过去资本主义历史所造就的基础，即社会主义国家是建立在资本主义边缘或半边缘的地区，它们继承了过去历史中最严重的奴役人与自然的恶果，而改变这一切的发展过程又依赖于对资本主义先进部分的效仿与学习，从而就使渗透在资本主义生产力中的意识形态与社会主义发展的初衷不断产生着冲突，让社会主义也步入到一条最高代价经济发展的道路上来：(1) 简单化的生产资料公有制并未促成一种新型的增长模式。可以看到，无论是前苏联的“生产资料优先增长”或是“重工业化”的发展模式，还是我国改革开放前的“高指标、高积累”的工业化道路，都是一种传统的强制性积累的扩大再生产过程，而隐藏在其后的条件是市场垄断地位的国有经济、国家作为社会财富代表的强制性指导、普通劳动者的低工资与低消费水平。社会主义生产力的内涵被简单化了，追求生产资料数量的增长成了经济发展的首要任务；社会主义发展的目标也被扭曲了，国家作为公有财产的代言人热衷于“社会主义工业的高积累”，并认为只有拥有了强大的工业基础，社会主义国家经济发展的速度才能得到保证；同时，实现社会主义发展的手段被简单化了，强制性的指令计划和垄断市场的国有经济成为驱动经济的主力；与扭曲的发展目标相伴随的是扭曲的劳动者关系，农民和小农经济被作为资本主义残余加以对待，农业剩余通过“剪刀差”的价格体系向工业领域流动；此外，普通劳动者和自然之间的关系也发生着扭曲，自然资源内化的价值并未提升劳动者的生活水平，而变成了数量巨大的生产工具，和资本主义条件下的劳动者相似的是，他们都在自己生产的日益丰富的劳动产品面前变得更无力，从而对生产过程和产品变得麻木不仁。而造成这一切的根源在于社会主义公有制产权所派生出的权力被滥用了，国家和垄断的国有经济为了应对资本主义世界的威胁，选择了最有利于强化自己的

① ［美］伊曼努尔·华勒斯坦著：《历史资本主义》，路爱国等译，社会科学文献出版社 1999 年版，第 67 页。

方式，随意主宰着国民经济的发展方向，而交换和分配体系又因为缺乏必要的市场机制，使得社会财富的生产与分配没有效率，这就造成了自然资源的利用不是普遍地提高了整个社会的生活质量，而恰恰相反，是压抑了社会的消费需求，这种发展方式不仅不利于创造人与自然之间的和谐性，而且事实上也并未降低经济社会发展对自然的破坏程度。可以说，消费主义和奴役主义的资本主义积累引诱劳动者认同了对自然无限剥削的发展方式，是为了物质享受而走到了自然的对立面；而公有制垄断和国家强制的社会主义工业积累则强迫劳动者进行着对自然界剥削的发展方式，是因“为生产而生产”的低效率过程而走到了自然的对立面。社会主义公有制本身所具有的那种恢复人的“类”的特性、满足人的丰富需求、发展人并解放人的能力被它简单化的实现形式所抹杀和误导，进而无法赋予社会主义经济一种为了实现“高生态经济价值”而追求可持续发展的原动力。正像自由市场经济必然导致数量化的生产一样，社会主义简单化的公有制垄断带来的是一种更为粗放的数量化生产过程，并且因为它是一种“非消费取向”的工业化模式，所以它也不像垄断资本主义一样会发展出一种面向客户的“高价值、集约化”生产，从而提升社会整体的福利水平，而只是在低消费、高积累的道路上为维持普通民众的生活水平而反复恶化着人与自然之间的关系。（2）缺乏市场机制的经济体制降低了自然资源的利用效率。回顾整个资本主义最高代价经济发展历程，我们可以发现市场在其中起着“催化剂”的作用，正是有了市场，资本主义积累的活力才被最大化地发挥出来，从而产生了无限度地使用资源的欲望；但也正是有了市场，资本积累与财富分配才能在竞争的条件下实现更高效率的转化，资本主义利用自然环境的模式才能不断地发生着扬弃，进而在市场调控的支持下完成了从数量生产向价值生产、从原始积累向福利国家的转变，将资本主义制度中人与自然之间的矛盾控制在社会可以承受的范围内，这是一种微观效率加宏观调控的被动式地调整人与自然关系的发展方式。而反观前苏联和我国改革开放前的经济运行体制，则完全地排斥了自由开放的市场对经济发展的支持，这虽然可能避免市场机制所带来的无限剥削自然的强烈冲动，但另一方面也造成了微观领域的低效率，劳动产品的价值实现缺乏一个可以被多数人接受的讨价还价的市场过程，无论生产单位还是劳动者都无法控制自身生产行为的受益水平，也就缺乏了那种从资源利用、资源配置、价值实现和价值分配的循环链条中谋求自身利益的原动力，其结果只能是重复性的粗放的数量化生产，再加上宏观政策所追求的社会主义工业原始积累带来了另一种无限剥削自然的压力，社会主义经济可能从放弃市场机制中所得到的自然环境益处被完全抹杀了，这种微观无效加上宏观积累冲动的“为生产而生产”的发展方式不仅没有带来人与自然关系的协调，而且因为缺少了市场机制，劳动与产品、劳动类型与收入水平、生产与消费的矛盾被大大地激化了，普通劳动者被强迫用一种“生产”而不是“消费”的观点来看待自然资源的利用，从而使劳动的原动力、社会主义工业积累的原动力不断枯竭，无论是宏观还是微观领域都趋向于“惰性”和“低效率”，其结果不是社会财富的高效积累、高效配置而是高浪费、低效率，劳动者在可预期的生产过程中都缺乏机会从利用自然的资本积累中获取更大的经济和生态利益，当然也就缺乏意愿去变革自身利用自然的方式，经济社会可持续发展更是无从谈起。所以，这也是一种劳动的异化。（3）社会主义经济发展的理论建设仍然相当落后。从本质上讲，资本主义经济发展理论是根植于资本主义生产关系与资本主义文化之中的，无论是消费还是生产理论、市场或是行为研究都归结为一点：即源于奴役主义的资本积累如何实现增长，并由此发展出一系列关于效率、风险、竞争、行为和均衡的完备体系，以图尽可能地缓解这种剥削人与自然的积累方式所带来的矛盾。社会主义制度在建立之初就意识到资本主义意识形态与社会主义生产目的存在冲突，所以对于其宣扬的个人理性、消费至上等幸福标准进行了抵制，从弘扬奉献、集体主义与艰苦朴素等方面入手，试图从人性、社会心态和幸福标准等方面消除人与自然矛盾的根源。但需要指出的是，社会主义经济建设理论脱胎于整个资本主义历史的经验积累，并不可避免地受到其强大的影响，不论是源于W. 霍夫曼定理的前苏联重化工业化发展，还是受到前苏联经验影响的我国新中国成立之初的重工业化进程，都只是看到了资本主义经济发展的一种表象，而忽略了隐藏在这种表象下面的完整的支撑体系。它不仅来源于政治、经济、文化和社会意识的方方面面，而且与它们相互交错、不可分割。同时，更忽略了这种表象所代表的奴役主义的本质，及其给人与自然所带来的恶果，而这一切都是与社会主义制度相冲突的，所以不发展一种与社会主义制度相适应的经济理论，而简单地认为资本主义发展的物质成就可以在社会主义条件下更快地达到；不全面地分析增长资本主义生产力的复杂支撑体系，而简单地用“社会主义积累”来取代“资本主义积累”；不认真地评判资本主义奴役体系的运行机制与原理，而简单地从中抽取我们所喜好的部分，都被社会主义历史证明是行不通的，不仅无法实现增长社会主义生产力的初衷，而且还带来了资本主义积累所固有的那种奴役人与自然的消极后果。总之，这种基于单一公有制的社会主义财产制度和缺乏市场机制的经济体制，在社会主义发展之初的历史环境中，是无法与“简单化的社会主义积累”这种脱胎于资本主义物本理论的经济发展相适应的，它们的结合产生了一系列严重的问题：一方面，社会主义发展被误导向一条追求生产资料增长的道路，而公有制的属性与市场机制的缺失又顽固地阻碍着这种物质积累实现无限扩展的能力和效率，由此社会主义经济社会发展被一种内在的冲突左右着，不停地摇摆于物质追求与自然和谐的矛盾中，既没有体现出社会主义生产的优越性，也丧失了社会主义生产目的中所包含的那种人与人、人与自然和谐发展的天然能力；另一方面，社会主义发展的这种内在冲突更带来了意识形态与自然伦理的扭曲，劳动者用消极与悲观的态度看待自然和生产过程，丧失了主动地发展人与自然关系的动力，再加上外部资本主义世界强大的意识形态压力，最终必然导致这种内在冲突向相反的方向转化，即通过私有制和市场革命来解放那种无限剥削自然的冲动，社会主义制度中解放人与自然的美好属性由于其简单化的实现形式变成了桎梏生产力的因素、剥夺劳动者物质需求的枷锁与加深社会分配不公的根源。可以说，正是社会主义探索进程中这种错误发展理论与简单实现形式的结合使整个社会丧失了继续协调和发展人与人、人与自然公平的原动力。许多社会主义国家的发展不是逐渐探索出了一条能够全面消除劳动异化的可持续发展模式，而是最终转向了追求资本主义制度所谓的那种“赋予所有人掠夺自然资源的权利与机会的公平”。前苏联的社会主义建设与其后的瓦解过程很清晰地说明了这一点。在斯大林“积累是扩大再生产的唯一源泉”的思想以及“优先发展重工业”的工业化路线指导下，前苏联经济增长越来越依靠自然资源和物质资本的增加，到 1970 年以后全要素生产率急剧地跌落到负值，粗放型的经济增长方式的转变没有取得进展。同时，在长期的工业化积累过程中，前苏联的生态环境状况持续恶化，化肥、农药的大量使用导致土壤和水中的残留增加，到 20 世纪 80 年代末，前苏联 1000 万公顷耕地的滴滴涕残留量超标，造成大面积土壤污染和严重的清洁水缺乏问题，空气污染也因为工业生产、生活设施和机动车辆的高废气排放而变得非常严重。到计划经济后期，在 102 个城市中，空气污染浓度甚至经常超标 10 倍以上。而随着前苏联的解体，资本主义生产方式的引入不仅没有缓解这种趋势，反而在某种程度上制约了这些问题的解决。为了迅速医治“休克疗法”给俄罗斯经济社会带来的痛苦，国家加大了对自然资源的开发力度，并渴望外国投资者能进入俄罗斯市场，这都在无形中继续恶化着俄罗斯的环境问题。2003 年的官方报告称：“俄罗斯当前的环保经费只相当于前苏联最后几年的十分之一。”大约 60% 的俄罗斯人常年生活在空气污染超标 9 倍的环境中，大部分地区的饮用水也没有达到安全标准，环境因素导致每年有 30 万人死亡，而政府对此也没有采取紧急措施的能力与意愿。应该看到的是，在前苏联的社会主义制度中，社会主义原则中所蕴含的环保精神还能不时形成大规模的思想运动，如 20 世纪 60 年代减少贝加尔湖水质污染的行动，1987 年颁布《国有企业法》所展开的自然资源使用费、环境破坏补偿费、强制性的无工业废料技术推广和废弃物排放标准制度等。只是由于前苏联计划经济这种“政府指令下最大限度地积累资本以推动经济的极端做法”[1] 极大地增长着经济过程中的资本—劳动比率，从而带来很严重的投资报酬递减效应。而单一的公有制形式与市场机制的缺乏更加重着这种威胁，使前苏联的经济增长主要来源于资源投入的增加，而非效率的提高，是一种典型的外延增长型的发展。它不断地削弱着社会主义的经济与执政基础，并最终让前苏联丧失了继续探索新型发展道路的能力与机会。而资本主义的引入并不能天然地解决这种矛盾，相反的是，如果缺乏了国家强有力的市场干预与发展指导，自由市场经济只会加重而不是减缓人与人、人与自然之间的矛盾。前苏联时期通过增加科技投入和环保治理来实现经济从外延增长到内涵增长的努力虽然最终未能完成，但毕竟取得了相当的成果，而前苏联的解体使自由市场的力量极端地凌驾于国家之上，进而使整个社会继续保存和发展这些成果的能力也最终消失了，这不能不说是社会主义、人与自然的共同悲剧。所以，社会主义代表历史发展趋势的原动力在于其主动地发展人与人、人与自然之间关系的强大能力。社会主义最初的实践之所以走上了最高代价经济发展的道路，正是忽视与曲解了社会主义生产目的中所包含的那种人与人、人与自然和谐发展的要求。这不仅有赖于完善与发展社会主义的财产制度、经济体制与社会机制，更有赖于不断发展出一套先进的、完整的经济理论体系。它能够将社会主义生产目的强化到“社会主义积累”的过程中，从而指导这种积累更高效地促进人与人、人与自然之间的协调，进而实现一种基于“高生态经济价值”的高速生产力发展，而这一点也是决定世界社会主义运动前景与活力的关键。

（二）我国改革开放以来的最高代价经济增长过程

社会主义制度在我国建立以后，从国内外的实际出发，我国实行高度集中的计划经济体制。当时也只能如此，才能适应并服务于以优先发展重工业来带动整个经济建设。在这种情况下，理所当然就采用追求国

① ［日］速水佑次郎著：《发展经济学——从贫困到富裕》（1998），李周译，社会科学文献出版社 2003 年版，第 147—148 页。

民生产总值高速增长和数量扩张的粗放型的经济增长方式。这是实现我国初步工业化的一种现实选择。但随着我国经济发展、其弊端日益强化，以致严重阻碍着我国工业化、现代化建设事业的又好又快发展。因此，针对建国初期“高指标、高投入、低效率的外延增长道路”给经济社会发展带来的负面效应，我国从1979年开始实行改革开放的新经济方针，1979年提出了用三年时间对国民经济进行“调整、改革、整顿、提高”的工作部署，1981年又进一步提出，“走一条速度比较实在、经济效益比较好、人民可以得到更多实惠的新路子”的方针，1996年，根据改革开放前20年的经验，提出了《国民经济和社会发展的“九五”计划和2010年远景目标纲要》，把“实现经济增长方式从粗放型向集约型转变”规定为“九五”时期的一项基本工作任务。2002年党的“十六大”更进一步明确提出，“走出一条科技含量高、经济效益好、资源消耗低、环境污染少、人力资源优势得到充分发挥的新型工业化道路”的要求。应该肯定的是，经过30年的改革开放，我国经济结构的失衡状况得到了很大的改善，基础设施建设有了长足的发展，农业、轻工业和服务业发展较快，企业的效率更有了相当的提高。但经济发展中还是存在重大的不足，主要问题是只关注于如何解决过去社会主义建设中那种“高耗费、低效率”的强制积累所带来的“劳动的原动力、社会主义积累的原动力不断衰竭”的问题，而没有站在“恢复和发展社会主义所应具有的那种主动发展人与人、人与自然关系的原动力”这一高度来看待改革开放；只意识到了社会主义财产制度的多样化与市场机制的引入能够增强经济发展的活力、效率与后劲，而忽视了私有资本和自由市场对人与人、人与自然关系的破坏作用；只着力于消除那些阻碍企业效益自主提升的利益因素，而忽视了“高耗费、低效率经济增长”所依附的体制、政策与思维定式，进而完全寄希望于“无形的市场之手”和“产权转移”来回避传统增长模式的弊端，而不是配套以发展方针、政府职能、财税体制和要素价格的全新定义与全面革新；只着眼于人民收入水平的增长，而忽视了生态需求是同物质需求一样是人类基本需求、是生活品质的基础。所以，这就不可避免地在经济发展过程中出现了一种与资本主义自由市场阶段颇为类似的“高投资、高消耗、高增长、高污染、低价值”的现象。我们恢复了实现物质积累的原动力，却没有高效提升物质积累的效率，更没有从人与人、人与自然和谐的角度来看待这种积累，其结果只能是财富与竞争狂潮所推动的物质积累跨越出自然可以承受的范围，是社会的生态贫困与自然的破产，是经济社会发展与社会主义内涵之间不断出现的冲突。

1. 社会主义财产制度的完善与发展仍然任重道远。以公有制为主体、多种所有制共同发展的政策较好地发掘了社会主义生产力发展的内在驱动力，让那些拥有资本优势、经营能力、致富技术和冒险精神的个人率先启动财富的积累过程，从而更积极地参加到经济和社会建设中来，调动了生产者的积极性，解放了压抑已久的生产力，对改善社会主义初级阶段的经济社会状况具有明显的积极作用。当然社会主义的财富制度从来都是建立在公正、合法的按劳分配原则之上，社会主义的财产制度就是所有制形式与按劳分配原则的不断发展与统一。但是首先应当指出的是，社会主义财产制度的变化带来了生产关系的变化，从而不可避免地累积着负面的经济、社会和自然效应，并最终影响到人与人、人与自然之间的和谐。首先，出现了贫富差距不断增大以及经济和社会生活中的不公平现象，并非所有的民众都能够从经济发展中受益，困扰多数民众的涉及衣、食、住、行的尖锐矛盾也未得到根本解决，弱势群体的数量还有增加的趋势，同时社会财富分配与再分配过程的不公平也普遍存在，有悖公理与违法违纪的致富行为在某些地区和经济领域中还在扩大，通过不合理的经济交换过程掠夺他人的劳动成果也时有发生。如何缓解资源分配、经济交换和社会待遇中的不公平已经成为保持社会和谐的突出焦点。其次，私有制所具有的残酷剥削人与自然的副作用也相当严重，保护劳动者的劳动财富不受侵犯、尊重劳动者的社会地位、关注劳动者的待遇及协调不同劳动者之间分配关系的任务仍然相当艰巨，生态环境污染已经成为威胁群众生存状态的重要杀手，物质富裕所伴随的生态贫困事实上正在降低整个社会的生活品质。最后，私有财富的增长也带来了奢靡消费的文化，实现劳动与衡量劳动的标准被定义为报酬的高低、衡量人的价值与社会存在的依据就是他的财富多寡，整个社会心态逐渐向“拜金主义”靠拢，人与人、人与自然之间的伦理观正悄悄地向“自私、无情、贪婪与欺诈”的方向转移。

2. 市场机制的完善过程仍然没有完成。市场的作用在于通过有效的价格传导机制激励生态经济价值的生产和遏制生态环境破坏的出现，从而实现环境因素参与下的资源优化配置。但我国当前的市场环境中还存在普遍的市场失败与干预失败的现象。一方面，市场失败在消费环节扰乱了效用评价的信息系统，强化着“高消耗、高污染、低价值”的产品生产，进而使市场成为争夺生态经济利益和转嫁生态环境成本的工具，商品交换中充斥着价值剥削和生态剥削的行为。当这种扭曲被传递到生产领域时，我们就会发现“高生态经济价值”的创造要么因为无序的市场竞争环境而无法实现，要么被其他市场参与者掠走。市场本身所固有的弱点驱使各方参与者在衡量了收益与成本的关系后，普遍选择了最有利于回避生态环境成本负担与适应无序市场竞争的生产方式，价格机制和竞争手段被致力于如何转嫁环境成本与夺取经济利益，“高投资、高消耗、高污染、低价值”的生产模式成为市场生存的必然选择。另一方面，干预手段在协调市场中各参与方之间的“成本—收益”关系时还存在诸多缺陷。由于环境成本的流动性和复杂性，实际干预的结果不是减缓而是加剧了成本负担在某些行业的积聚，增大了环保执法的难度，并且如何统筹安排高生态环境破坏产业的发展，而不是简单地用惩罚性的高成本将其踢出市场也是一个难题。此外，对市场中存在的垄断和过度竞争现象，干预的力度则仍显不足，这两种市场行为在多数情况下构成了降低资源利用效率、增加生态环境污染的重要因素，是市场机制完善过程中阻挠环境效益与经济效益双赢的主因。

3. 社会主义市场经济的复杂性带来了利益冲突的复杂性。当前的整个经济运行中既包含私有制的成分，也有公有制的成分；既支持自由市场的机制，也保留着部分行政指令的存在；既秉承按劳分配的原则，也认可资本参与财富分配的方式。而这些内容在本质上并不能简单地糅合在一起，因为它们彼此间存在着竞争、矛盾与制约，忽略了对这种利益冲突的调解与和谐，就无法真正实现经济社会发展的可持续性。首先，私有制天生的那种无限剥削人与自然的贪婪性质驱使它不断侵蚀与强占公有制的财富成果，并基于原始积累的冲动尽可能地将市场机制拖入到一条过度竞争的道路中，在一种数量与规模无限扩展的竞赛中最大化地增长自身的市场份额，进而迫使公有制经济也必须加入到这场无限剥削人与自然的竞赛中，否则就只能是被踢出市场。更为严重的是，当私有财富无限积累的冲动与政府所保留的资源配置权力、对国有企业微观经济决策的干预权力相结合时，它们就会通过寻租行为来影响政府在土地、矿藏、贷款等重要资源上的配置过程，并尽可能地鼓励公有财富的变相流失与私有化式的侵占，从而通过弱化市场在一些资源配置中的作用及强化市场在其他资源配置上的作用，实现最有利于自身财富积累的经济环境与政策环境，将剥削公有财富、人与自然融合在了一起。其次，政府行政体制的改革还相当滞后，党政领导决策过程的合理、合法、公开与公平性得不到必要的规范与监督，其拥有的资源、财税、行政等强制权力不是更好地弥补与修正了市场机制本身固有的缺陷，而是在市场之外开辟了一个新的“行政命令与指令计划式”的“独立王国”，在这个空间里各级政府官员有动力和能力进行各种过度投资的“形象工程”与“政绩工程”，获取各种经济利益与个人财富，努力运用一切权力集中力量建设对自身局部利益最有利的高产值、高税收的短期项目。在这里地方、部门与小团体的利益得到了“持续性”的保证，但在整个市场经济、整个社会中“可持续发展”的基础却遭到了极大地破坏。

4. 上述两种不良倾向的膨胀必然带来“私有资本”和“个人权力”极度地凌驾于“社会劳动”与“自然环境”之上，劳动所创造的社会财富向拥有资本与权力优势的个人转移，而支撑这种转移、保证这种转移能得到劳动者认可的基础只有一个——“就是对自然的更残酷的剥削”。

只要自然资源枯竭的压力还在社会可承受的范围内，这种转移所带动的财富积累过程就必然追求一种粗放型的、数量化的物质生产方式，因为这样才能最普遍地、最快速地满足原始积累的欲望，绝大多数普通劳动者也才能在支付了“转移的贡款”后留下更多的收入，“公有制与政府权力”、“私有制与市场机制”的复杂组合在社会主义市场经济还未确立“高生态经济价值生产”的目标前，将缺乏自主地协调科技发展、生产关系发展、生产力发展与生态环境发展的内在动力，并会使普通劳动者与自然对立起来，劳动的异化、人的异化还将普遍存在。总之，我国当前多样化的所有制结构与市场经济体制的结合在很大程度上激活了物质积累的原动力，提升了整个社会的生产与生活水平，但也不可避免地引发了复杂的人与人、人与自然的冲突，私有财富与个人权力的结合通过市场化的或是行政指令式的途径加剧着社会的贫富差距，市场手段与干预手段的不成熟驱使经济活动选择了一种“急功近利式”的发展模式，盲目投资、低效生产与恶性竞争的现象并未得到根本解决，适合社会主义发展的经济理论还在摸索过程中，人、自然、资本、技术与发展观念的高度融合仍未完成，也就无法赋予社会主义一种真正内在的、高效地发展人与人、人与自然关系的生产力进程。自改革开放以来，特别是进入 20 世纪 90 年代后，中国经济发展面临着越来越严峻的资源压力。能源消费持续快速增长，万元国民生产总值能源消费量所代表的能源利用效率提升速度缓慢，国内一次能源生产量开始无法满足能源需求，环境状况急剧恶化特别是乡镇企业急速膨胀所带动的二氧化硫、烟尘和粉尘污染已到达失控状态。而与此相对应的是，我国主要高耗能产品（原煤耗电、发电厂供电标准耗煤、水泥综合能耗、乙烯综合能耗、吨钢能耗、合成氨综合能耗、运输耗油、发电厂自用电率）的单位能耗水平较之国际水平仍然存在巨大差距，不科学的投资体制依旧不断地把我国稀缺的耕地、淡水、森林、一次能源等短线资源投入到盈利性很低的生产活动中，一种过度投资和资源驱动的经济增长模式已经将中国经济带到了资源危机的边缘。同时，社会贫富差距也在不断增加。在 20 世纪 80 年代初改革开放刚刚起步的时候，中国的基尼系数是0.29，在全世界处于第二平均的位置。当时全世界贫富水平最平均的国家是还没有进行经济改革的东欧国家，其基尼系数是0.25。然而到了2003年，中国的基尼系数已到了0.47，是全世界不平均水平中第二梯队的国家之一，全世界最不平均的国家是拉丁美洲，基尼系数为0.50。也就是说，在过去的25年里，中国由全世界第二平均的国家变成全世界第二不平均的国家。这个变化速度在全世界处于首位，其不平均状况变化了40%，是全世界变化最快的国家，这种贫富差距急剧变化的趋势对一个发展中国家是灾难性的，带来了社会构成、价值观念和福利水平的剧烈冲突。此外，生态环境恶化状况也令人担忧，正如胡锦涛总书记所指出的："如果不从根本上转变经济增长方式，能源将无以为继，生态环境将不堪重负。……不仅无法向人民交待，也无法向历史、向子孙后代交待"①。中国的社会主义探索已经到了一个关键的时期，改革开放能否继续深化与胜利发展，就取决于我们是否能改变过去那种最高代价经济增长的模式，转而探索一条真正符合社会主义本质的最低代价的经济发展道路。需要强调的是，过去30多年的改革开放是我国社会主义可持续发展进程中必然要经历的一个历史阶段。它所具有的"公有制与政府权力"、"私有制与市场机制"的复杂组合既给我们带来了大量经济、社会与生态问题，但同时也给我们提供了宽广的空间来构建"人—自然—社会"和谐发展的未来，尽管这种体制在现实条件下引发了财富分配与再分配的不平衡、社会生活的不公平、大量的市场与干预失败以及复杂的利益冲突，但从根本上而言，是社会主义中国还没有找到一条符合历史发展趋势的经济模式来统一和协调这些纷繁复杂的经济社会因素，只要社会主义发展理论的探索找到了一条"具有主动发展人与人、人与自然关系原动力"的社会主义发展道路，就能够在实施与完善这条道路的过程中充分利用当前市场经济中所具有的丰富元素，在协调社会主义生产力与生产关系、微观效

① 胡锦涛：《健全环境保护法制，依法防治水污染——在全国人大环境与资源保护工作座谈会上的讲话》，《人民日报》2005年1月10日。

率与宏观效果、市场与权力的过程中有选择性地使用和优化“公有制”、“政府权力”、“私有财富”、“市场机制”等要素，社会主义市场经济中所包含的丰富内涵就会转化为实践和谐社会的优势条件，为“人—自然—社会”三维复合系统的全面、协调、可持续发展贡献力量。

第二节　经济增长理论的演变过程

一、西方经济增长理论发展的历史考查

（一）古典经济增长理论

从历史上看，经济增长的实践以及由此而来的理论，是伴随着现代经济的发生而出现，又伴随着这种经济的发展而发展的。古典的经济增长理论是人类历史上第一个成体系的经济增长理论。古典经济增长理论的起源可追溯到英国古典经济学的创建人亚当·斯密（Adam Smith），他的经济增长理论是以“社会财富的增长”为中心展开的。他把国民财富的源泉归结为劳动。斯密在《国民财富的性质和原因的研究》中一开始就论证道：一国公民每年的劳动，是最初供应他们每年消费的全部生活必需品和便利品的资源。正是由于他把生产劳动看做是财富的源泉，从而首创了劳动价值理论。他还分析了影响财富增长的诸多因素，其中最主要的取决于两个因素：一是劳动生产率的提高，二是生产性劳动者人数的增加。劳动者人数的增加有赖于全社会的人口增长，而人口增长是一个比较缓慢的发展过程。在这种情况下，斯密强调了分工导致劳动生产率的提高对经济增长的独特作用。应该说，斯密的经济理论对以后的经济增长理论的形成奠定了重要的基础。

大卫·李嘉图（David Ricardo）深受斯密的影响，并以批判的形式

发展了斯密的经济增长理论。李嘉图在1817年出版的《政治经济学及其赋税原理》与斯密的《国民财富的性质和原因的研究》有个共同点，就是强调资本积累和国民财富的增长。但不同的是，他将研究的重点从生产转向分配。在李嘉图的整个经济思想中分配学说占有中心地位。

李嘉图认为，在社会经济增长和发展中，资本家、工人和地主是三个重要的阶级集团。这三个阶级之间的关系是互相对立的。他反对提高工人的工资，因为这是有害的，会损害资本积累，资本积累不断下降，资本主义经济增长便受到抑制并出现停滞趋势。

亚当·斯密和大卫·李嘉图之后，1848年，英国著名的经济学家约翰·穆勒发表了他的经济学代表作《政治经济学原理》，讨论了经济增长过程中人口增长、资本积累和技术进步等问题，并注意到大规模生产可以促进经济增长。穆勒在分析经济增长的基础上，还深刻地阐述了“经济增长”和“社会进步”之间的关系。穆勒明确地提出单纯的经济增长并不等于社会进步。

1890年，英国经济学家马歇尔发表了他的经济学著作《经济学原理》，强调资本家延迟他的当前消费进行资本积累，在传统的生产三要素之后又加上“组织”，强调了企业组织的力量，并把企业家的组织管理活动都看成是财富增长的重要源泉。在此后的半个世纪里，对经济增长动态过程的研究处于沉寂状态。经济学家们主要致力于“静态经济学”的研究，直到1912年美籍奥地利经济学家约瑟夫·阿洛斯·熊彼特发表《经济发展理论》一书，又掀起了经济增长理论研究的高潮。

熊彼特摒弃了经济学静态与比较静态分析的理论模式，以动态的方式分析资本主义不断变化的存在方式。发展从根本上讲，不是基于人口、财富的累积性增加而造成的规模的扩大，而是来自内部自身创造性的关于经济生活的一种变动。这种变动就是“创新”，能带来发展的创新是建立一种新的生产函数，也就是说，把一种从来没有过的关于生产要素和生产条件的“新组合”引入经济体系。所谓创新，熊彼特认为包括五个方面：（1）采用一种新的产品或一种新产品的一种新的特性；（2）采用一种新的生产方法；（3）开辟一个新的市场；（4）掠取和控制原材料或半制成品的一种新的供应来源；（5）实现任何一种工业的新的组织。

熊彼特认为，创新的意义与作用只有在企业家出现以后才能够得到发挥。而那些按照自己的意志独立从事经营活动的经济主体，并不见得都是企业家。企业家必须是富于创新意识的人。他能果断地将科学技术上的发明创造应用于经济生活中，并敢于尝试他人所没有运用的新的方法。

总体上看，古典经济增长理论的一个基本特征是：突出土地、劳动力和资本的重要性，由于土地是固定的，而劳动力和资本是相对可变的，因而经济增长主要集中在劳动力和资本两要素上。也就是说，劳动力的投入和资本的投入也即资本积累的不断形成和增加，仍是经济增长的决定性因素。

（二）新古典经济增长理论

在新增长理论产生之前，西方经济学界长期占据主导地位的是新古典经济增长理论。它产生于对20世纪40年代的哈罗德—多马对经济增长模型的研究。英国经济学家哈罗德（R. Harrod）和美国经济学家多马（E. Domar）分别在1948年和1947年在他们的论文中提出了几乎完全相同的增长模型，也即所谓的哈罗德—多马经济增长模型。哈罗德—多马经济增长模型假定生产技术固定不变，即资本—劳动比率和资本—产量比率（C）是固定不变的。如果用G代表增长率，S代表储蓄率，由此可以得出哈罗德—多马的均衡增长模型：$G=S/C$ 或 $G\cdot C=S$。在这个模型中，由于资本—产出比被假定为不变，因而储蓄率即资本的积累率就成为决定经济增长的惟一因素。所以，哈罗德—多马模型也被称为资本决定论的经济增长模型。

当然，西方现代经济增长理论的基础应当是20世纪50年代索洛和斯旺所奠定的新古典经济增长理论。这是因为，最先意识到经济增长模式已经发生变化并提出自己关于经济增长的理论模型的经济学家，是诺贝尔经济学奖获得者索洛。他从1956年开始在多篇文章中根据美国的发展情况对哈罗德—多马增长模型提出了质疑。索洛指出，如果像哈罗德—多马增长模型所假设的，单纯靠增加资本投入实现增长，在其他因素不变的条件下，必然会引起投资报酬递减和增量资本产出率的提高，即投资效率的下降。这意味着保持一定的增长率的必要条件在于不断提高投资率。然而，投资率是不可能无限制地提高的。事实上19世纪后期以来美国的投资率也没有明显的提高。如果哈罗德—多马增长模型是正确的，美国的增长率应当趋向于下降。但事实并非如此。第二次产业革命发生以后美国的经济增长率较之19世纪前半期非但没有下降，还有较大提高。这说明经济增长除投资外，必定有其他的源泉。在这种分析的基础上，索洛和另一位美国经济学家T. 斯旺提出一个新的增长模型，即新古典外生增长模型。

新古典增长模型的表达式为：

$$Y = A \cdot K^{\beta} \cdot L^{1-\beta}$$

其中，Y代表产出增长，K代表资本投入，L代表劳动力投入，β、1 - β分别代表资本和劳动的生产弹性。索洛认为，增长的源泉除了资本K和劳动力L的投入之外，还有一个余值A。索洛把这个余值A定义为用全要素生产率提高表示的“技术进步”。这里所说的“技术进步”是一个很宽泛的宏观总量概念，不单指工艺改进，而是包括一切在资本、劳动投入不变的条件下引起产出增加的因素，是一般的效率提高，或者说，是A这个变量作用的结果，比如人力资本投资和用于研发的无形资本起作用的结果。

索洛还运用美国一百多年的数据对新古典外生增长模型进行了增长计算检验。检验结果证实了这一增长模型的可行性。

索洛提出新古典模型的目的是解释美国的现代经济增长，但却发现了投资并非现代经济增长的关键因素，从而纠正了在经济学界流行多年的“资本决定论”的谬误，在发展经济学的发展中具有里程碑的意义。

不过，新古典模型的问题在于把技术进步看做一个外生变量，因而无法解释为什么资本没有从富国流向穷国的趋势以及为什么某些发展中国家的效率并没有与发达国家趋同。而且既然技术是外生的，后发国家可以借用发达国家的发明，因而，在发达国家出现新的发明或创新的时候，发展中国家的增长率将会提高。而经常发生的情况，却是发达国家的创新并没有缩小发展差距，反而扩大了发达国家与发展中国家之间的鸿沟。

技术进步决定论主要是强调生产过程中“物”的因素，而忽视“人”的因素。为此，舒尔茨提出了人力资本理论补充和发展了技术进步决定论。他认为通过教育、卫生等方面的投资可以开发人的智力，使一般的人力资源转化为人力资本，产生“知识效应”和“非知识效应”，从而直接或间接地促进经济增长并产生“递增收益”。

20 世纪 70 年代，面对资本主义世界严重的“滞胀”危机，新古典经济增长模型相形失色，西方经济增长理论的研究热骤然降温，关于各种增长理论的文章也从各主要学术期刊上消失了，以至于贝克尔在 1987 年美国经济学会的主席报告中惊呼，学术界对经济增长理论丧失兴趣已经有整整 15 年了。直到 1986 年，罗默在《政治经济学杂志》上发表他的论文《收益递增经济增长模型》，开始探讨新古典经济增长理论存在的局限性及可能消除的途径之后，西方学术界才再次恢复对经济增长理论研究的兴趣，由此形成了新经济增长理论。

（三）新经济增长理论

20 世纪 80 年代中后期迅速发展起来的新经济增长理论，是对新古典增长理论的疏漏和缺陷的直接反映。新古典经济增长理论把技术当成经济增长的外生变量，而新经济增长理论则将技术视为经济增长的内生变量。

1. 技术内生化经济增长理论。罗默是美国 20 世纪 80 年代最有影响的经济学家之一，1986 年他出版了《收益递增经济增长模型》一书，针对索洛模型的局限性探讨了技术进步的内生化问题。在罗默看来，原先的经济增长模型只考虑两个内生变量，即资本和劳动力，而这种理论已很难解释今天的经济现实。在今天的经济现实中，一个突出的特点是，科学技术进步迅速，知识进展日新月异，在经济增长中起着越来越重要的作用，已成为经济增长的重要动力。因而，有必要将知识因素作为经济增长的内在变量加以考虑。罗默认为：（1）知识能提高投资效益，从而能够说明一定时期内投资率的现象和各国经济增长的非收敛性；（2）知识是一个生产要素，因而在经济活动中必须像投入其他生产要素一样地投入知识。罗默的经济增长模型中考虑了四个生产要素：即资本、非技术劳动力、人力资本和新思想。在这四个要素中，前两个要素是传统经济增长模型已经考虑的要素。人力资本要素是人力资本理论提出的，而“新思想”要素，在他看来，就是知识要素。罗默认为，知识不仅自身具有递增的效应，而且能够渗透于资本和劳动力等生产要素，使资本和劳动力等生产要素也产生递增收益，从而使整个经济规模收益递增。

对于技术内生化的经济增长理论的研究是沿着许多不同的研究思路展开的，除了以罗默为代表的知识积累模型外，还有以卢卡斯为代表的人力资本模型。卢卡斯在 1988 年用人力资本来解释持续的经济增长率，强调人力资本的重要性。卢卡斯认为，溢出效应来自于对人力资本的投资，而不是来自于对物质资本的投资，每一单位人力资本的增加除了引起产出的提高外，还同时引起社会平均人力资本水平的提高，而社会平均人力资本水平决定社会平均的运作效率，总体效率的提高又使每个企业和个人从中受益。对此，卢卡斯得出以下结论：（1）人力资本的生产比物质资本的生产更重要；（2）拥有大量人力资本的国家会取得较快的经济增长速度；（3）人力资本低下是欠发达国家经济增长速度较慢的原因所在。

2. 制度内生化经济增长模型。诺斯等人把制度因素引入了经济增长理论，把制度因素作为决定和影响经济增长的一个重要内生变量，考察了制度与经济增长的相互关系。诺斯认为，一是制度创新可以降低交易费用，从而提高要素的生产性和流动性，进而提高资源的配置效率；二是适宜的制度会产生对经济主体从事技术创新的激励，从而有利于技术进步；三是制度创新可以通过构建合理的组织结构实现规模效益。诺思等新制度经济学家把制度看成是继天赋要素、技术和偏好之后的经济理论的四大柱石。这就向人们表明，新制度经济学的最大理论贡献，就是“全方位论证了制度是经济运行和经济发展中的内生变量，探讨了制度变迁规律及其对经济运行和运行效率的影响”。[①] 当然，诺思也承认技术创新是经济增长的内在力量。因此，他得出了一个明确的结论：“技术变迁与制度变迁是社会演进的基本核心”。所以，西方经济学的制度创新内生化增长理论，用于发展中国家经济社会问题的研究是有着借鉴价值和经济意义的。但是，从总体上说，它是建立于私有制基础上的自由主义市场经济理论，也不是一个科学的理论。

二、对西方经济增长理论的简要评述

西方经济增长理论的演变过程和发展轨迹表明：各个学派的经济增长理论关注的是经济增长的源泉即决定因素。也就是依据生产函数着力寻找促进经济增长的核心因素。西方经济增长理论走过了一条从物的因素到人的因素，由外生增长到内生增长的演进道路，从中我们看到了劳动力、资本、技术、知识、制度等在经济增长中的地位和作用。可以说，经济增长理论的发展说到底是决定经济增长的核心要素的变化。

以斯密为代表的古典经济增长理论可以说是一种多因素决定论。他把劳动看做极其重要的生产要素，是价值的唯一源泉。在强调劳动的作用的同时，并不否认资本和土地在经济增长中的作用。斯密不仅重视劳动、资本、土地等要素投入量在经济增长中的作用，还指出技术进步、社会经济环境和制度也是影响经济增长的因素。

奠定了现代经济增长理论基本框架的哈罗德—多马增长模型，突出强调了“资本积累”在经济发展中的作用，把经济增长的源泉推向了“唯资本积累”的高度。与此理论相适应，许多国家在一个相当长的时

① 黄如今：《制度、行为与发展》，《光明日报》2009 年 12 月 22 日。

期中采取了突出资本积累的经济增长方式，试图以加大资本投入来推动经济增长。然而，经济增长的实践暴露了哈罗德—多马增长模型的缺陷。它无法解释在不同的国家，相同的资本积累水平，但存在相当大的经济增长差异的根本原因。

新古典经济增长理论强调技术进步的作用，意味着经济学家所关注的经济增长的核心要素开始转向各种投入要素的质量。他们认为，技术进步是对经济增长长期起作用的持续性要素，因此在增加资本投入推动经济增长时必须将资本积累与技术创新、技术改造与技术引进结合起来。但是，新古典增长理论并没有完全揭开经济增长之谜，因为该理论把技术进步假设为外生变量，从而放弃了对技术进步的源泉的探索。

新增长理论肯定了新古典增长理论关于技术进步是增长的决定要素的思想，但不同意新古典理论将技术进步看做是经济系统的外生变量的思想方法。他们从内生性技术进步出发，着重分析了技术进步的过程、源泉以及由此产生的经济增长效应。新增长理论将技术进步、人力资本等因素作为经济增长的内生变量，说明决定经济增长的物质因素、人力因素已经弱化，技术、知识、人力资本等因素的作用已经强化。有助于我们更清楚地认识到知识、技术在现代经济中所具有的至关重要的作用。

在新增长理论中，制度和个人偏好仍被看做是外生决定的因素。在新制度经济学的眼中，制度和技术同样都是经济增长的内生变量。但到目前为止，尚未有一个把制度很好地内生化的模型。这一方面是由于制度作为一个变量，其测度上存在着困难；另一方面是由于影响制度变迁的因素比制度更难以量化的表述。

我们从上面对西方经济增长理论发展史的简略考察中，可以看出西方经济增长理论走过了一条由物质资本到人力资本、由外生增长到内生增长的演进道路，肯定了劳动力、物质资本、技术、知识、制度等在经济增长中的决定作用，并把这些经济增长的决定因素作为内生变量纳入到经济增长的理论框架与模型。然而，纵观从古典经济增长理论到新经济增长理论，可以说，整个西方现代经济增长理论中存在着一个明显的缺陷，这就是它们无一例外地将生态环境即生态资本排除在经济分析之外，没有将作为经济增长的第一源泉的生态环境及资源的枯竭性与不可再生性纳入经济增长与发展的内生变量之中，只是孤立地在经济系统内部寻求经济增长与发展的内在源泉，从而导致现代西方经济增长理论及其模型的历史局限性。即使是新经济增长理论也是“未将环境及资源的约束有效地纳入其模型，也未与可持续发展的规范相结合，只在孤立的经济系统内寻求解释经济增长的最佳答案，导致其理论局限，无法解释在现行经济增长方式下日益严重的地球环境恶化问题。”①

西方经济增长理论是以生态与经济、经济与社会相分离为基本特征的传统经济学发展观。这种发展观是把经济看做是不依赖外部环境（包括自然和社会环境）的孤立的系统，交换价值也只是在经济体系这个封闭经济系统的内部进行。正如戴利所说的：在经济学家眼中“经济的运行没有与环境进行交换，含蓄地讲，经济是一个自我支撑的封闭系统，一台巨大的永动机器。”② 因而经济是可以不断地无限地增长的。这就决定了西方经济增长理论无法反映生态环境系统和经济社会系统作为有机整体的发展规律，很不适应当今“生态—经济—社会”有机整体发展的客观需要。

从总体上看，西方经济增长理论与模型的理论前提是自然资源环境容量是无限的。这种假定就表明，西方经济增长理论是将自然资源的供给能力看做是具有无限性，经济增长和物质财富增加所需的自然资源在数量上是不会枯竭的，因而对它的开发可以不受约束；自然环境的自净能力也是具有无限性，人类社会生活和生活的废弃物排放所需要的自然环境容量是不降低的，因而对它的利用可以不受约束的。这两个“无限性”的理论前提是不符合客观事实的，是不能成立的。因为“它完全忽视了现代经济社会的健康、稳定、持续发展的前提条件是要维持自然生

① 焦必方：《环保型经济增长》，复旦大学出版社2001年版，第6页。

② ［美］E. 戴利：《超越增长——可持续发展的经济学》，上海译文出版社2001年版，第47页。

态财富（生态资本存量）的非减性，完全否定了自然资源和自然环境的承载力即生态环境支撑能力的有限性，完全违背了经济不断增长和物质财富日益增加要以生态环境良性循环为基础这个铁的法则。”①

西方经济增长理论的各个流派有一个共同的片面性，就是忽视生产要素对经济增长的二重性作用，即只看到它的正效应，而看不到其负效应以及由此而引起的经济增长的代价。这是因为，无论是古典、新古典经济增长理论，还是新经济增长理论，都是把目光盯在促进经济增长、忽视了这种增长对自然生态环境的破坏作用，忽视了这种增长对人与社会的可持续发展的损害作用。正如有的学者指出的：“影响经济的诸要素：劳动、土地、资本、技术进步、人力资本以及寓意宽泛的知识因素，对经济增长的作用都不是单向的。它们既能增加物质财富，促进经济增长，又会产生一些负面效应，如浪费资源、破坏生态环境，造成大量的不良品损失，人为事故损失以及社会问题等。”②

第三节　最高代价经济发展模式形成的根源

自资本主义工业革命以来，世界工业文明是建立在掠夺资源、破坏环境、损害生态和牺牲多数人的利益的基础上发展起来的。这种最高代价经济发展主宰了工业文明发展几百年的历史进程。而现代经济社会发展过程中，人与自然、人与人之间的发展关系不和谐、生态环境与经济社会之间发展关系不协调的最基本的、最重要的深刻根源，就在于现存的以主要依靠消耗自然资源与牺牲生态环境与大多数人的利益为代价的工业文明发展模式，这就是最高代价生态外生经济发展模式。这种经济发展模式的形成根源于传统的发展观。

---

① 刘思华：《可持续发展经济学》，湖北人民出版社 1997 年版，第 5 页。

② 梁言顺：《低代价经济增长论》，人民出版社 2004 年版，第 187 页。

这里所说的传统发展观，是指包括西方经济学在内的过去所有的主流经济学发展观，尤其是西方经济学的经济增长理论和发展经济学的发展理论；这里说所说的传统发展道路，主要是指发达国家的传统工业化道路以及第二次世界大战后许多国家和地区继续沿袭西方发达国家走过的传统工业化的道路。传统发展观指导下的传统发展道路，形成的现实形态就是最高代价生态外生增长与发展模式。

一、传统经济学发展观是一种自我毁灭的经济

（一）工业文明史上的传统经济学发展观

从世界工业文明发展史来看，使工业文明社会发展付出沉重代价的，主要是片面追求经济增长的发展观及片面追求物质财富增加的发展观。这是经济发展付出高昂的生态代价，社会代价及人的代价的现实的、直接的原因。

传统经济学发展观的理论假设是地球生态系统的承载能力是无限的，这是不能成立的，也是不科学的。长期以来，传统经济学发展观认为，地球不存在极限，极力否定科学的地球有限论。以此指导下的片面追求经济增长的发展观，就把自然资源供给能力看做是无限的，自然环境消纳废物能力也是看做是无限的，并随着科技进步和经济发展水平提高，两者都是取之不尽、用之不竭的。卡恩等主流经济学家们认为，经济增长的有限制不是由供给而是由需求所决定的，所谓地球对经济增长的承载力是知识和技术状态的函数，是社会经济系统运行与发展的产物。卡恩等人针对资源枯竭论反驳说："论证对于未来的几代人来说也和现在这一代一样，将有充分原料，而且在经济技术上越发展，供给全人类的需要的原料也越多。"可见，在主流经济学的视野内，地球资源环境的无限性完全可以支撑经济增长的无限性，也是经济运行根本不存在地球的有限性与增长的无限性之间的尖锐矛盾。因此，经济的无限增长可以不受自然生态因素的制约，世界经济可以无限地增长，并能长期高速维持下

去。理论与实践证明，主流经济学的地球无限论，是完全不符合世界系统的客观事实的，是不能成立的，以此为理论前提建立的无限增长模型，是违反生态绝对法则的，也是极不科学的。

与此相反，生态学和生态经济学家们认为，世界经济增长的有限性来自于供给的有限性，而地球生态系统承载力存在极限，它决定了经济的无限增长的限制因素，主要不是社会经济因素，而是自然生态因素。因此，地球资源存量有限和地球容量有限，即是地球生态系统的承载力有限，这就是人类对地球存在极限的认识。

梅多斯等人是地球资源有限论的思想先驱，1972 年发表的他们撰写的惊世之作《增长的极限》的著名报告，一个基本思想就是探讨世界系统的极限问题。这个报告中首次提出的地球有限论即有限世界决定了增长的极限的著名论断，是报告设计的全球模型的理论基础和基本观点。梅多斯等人关于“地球之可利用的自然资源有限，或者受到生态系统净化能力的制约”的观点，即地球上的资源有限和环境容量有限的新观点，实质上是一种现代经济增长已临近自然生态极限的理论。这样，《增长的极限》在人类认识史上首先揭示了地球的有限性和经济增长无限性之间的矛盾。它在全世界范围内产生了巨大深远影响，深深地动摇了地球上的资源与环境取之不尽、用之不竭的传统观念及传统发展观的根基，为人类认识地球资源与环境有限性开辟了道路。

戴利在《超越增长——可持续发展的经济学》一书中反复论述地球资源环境的有限性，地球的承载力存在着极限。他强调指出：“1995 年 11 位重要的经济学家和生态学家签署了一个题为‘经济增长、承载能力和环境’的声明，并在《科学》杂志的政策论坛栏目中发表了。这些重要的思想家对于下列方面的问题存在着明显的一致：(1)（环境）资源的基础是有限的。(2) 地球的承载能力存在着极限。(3) 经济增长不是退化的环境质量的灵丹妙药。”[①] 他还用“空的世界”和“满的世界”的

① [美] E. 戴利：《超越增长——可持续发展的经济学》（中译本），上海译文出版社 2001 年版，第 15 页。

转变模型，有力批评了当今一些主流经济学家至今仍然坚持地球资源环境无限性，不承认地球承载能力存在着极限。戴利批评说："一旦他们承认了资源的有限性，他们将不得不承认经济的增长也面临极限。而这是难以想象的。"因而他很赞同库克对无限性的信仰的批评："重要的是主流经济学家从来没有放弃过这种信仰，他们拒绝接受热力学第二定律与经济过程的相关性；如果他们这样做，他们市场经济中高高在上的'神父'地位就会不复存在"[①]。布朗在《生态经济》一书中也是批评主流经济学不承认自然生态系统承载能力存在着极限的。认为"如果子系统经济的运作，不能与大系统——地球的生态系统相互协调，势必两败俱伤。相对于生态系统，经济规模发展越大，施加给地球自然极限的压力越多，这种不和谐造成的破坏就越严重"[②]。在我国，刘思华、曲格平、张坤民、余谋昌等经济学家、环境科学家、哲学家都承认地球资源有限性，地球生态系统的承载能力存在着极限，并强调经济社会发展必须保持在地球资源环境承载能力有限之内，尤其是刘思华教授在《理论生态经济学若干问题研究》、《可持续发展经济学》、《绿色经济论》、《刘思华文集》等重要著作中，从当今世界和当代中国发展的进程以及理论经济学发展的进程，不断探讨地球资源有限论及其现实表现，批判了传统经济学的发展观的理论前提是脱离当今世界系统实际的，因而是不科学的。他指出："传统经济学发展观的理论前提是自然资源的供给能力具有无限性，经济增长和物质财富增长所依赖的自然资源在数量上不会枯竭的，因而对它的开发可以不受约束；自然环境的自净能力具有无限性，人类生产和生活的废弃排放所需要的自然环境容量上也是不会降低的，因而对它的利用可以不受约束。"因此，传统发展观的根本缺陷就在于："它完全忽略了现代经济社会的健康、稳定、持续发展的前提条件是要维持自然生态财富（即生态资本存量）的非减性，完全否定了自然资源和自

① ［美］E. 戴利：《超越增长——可持续发展的经济学》（中译本），上海译文出版社2001年版，第49页。

② ［美］R. 布朗：《生态经济：有利于地球的经济构想》，东方出版社2002年版，第2页。

然环境的承载力即生态环境支撑能力的有限性，完全违背了经济不断增长和物质财富日益增加要以生态环境良性循环为基础的这个铁的法则。”①

（二）传统经济学发展观的主旨与基本指向的片面性，是不符合现代文明发展的理性本质的

国内生态经济学与可持续发展经济学者都普遍认为，传统经济学发展观是以物质财富的增长为核心，以经济增长为唯一目标，并认为经济增长必然带来社会财富增加和人类文明福利，而物质财富的无限增长就可以拯救人的一切陷于苦难之中的生灵。因此，追求经济的无限增长及追求物质财富的无限增加是至高无上的，这种增长至上和物质财富至上是经济发展观的主旨与取向，其本质是发展主义的意识形态。20 世纪 30 年代以来，凯恩斯主义经济学把国民生产总值作为国民经济统计体系的核心，成为评价经济福利的综合指标和衡量国民生活状况的根本标准，于是，现实经济生活中，传统发展观就表现为对 GDP、对经济高速增长目标的狂热追求，驱使着人们的发展行为和发展方式。因此，国际冷战结束以来，发展主义就演变成为一种全球化的潮流，它把“发展”简单地还原为经济增长，将经济增长又简单等同于 GDP 或人均收入的增长。可见，在发展主义的语境中，传统经济学发展观是一种唯物质主义、唯增长主义、基本是唯 GDP 主义，它在实质上是一种单纯的经济增长观。

很明显，传统经济学发展观作为一种单纯经济增长观，是西方发达国家工业化进程的产物，有其深刻的历史根源。在工业文明发展历史上，这种传统发展观长期占据统治地位（至今还深深地影响着当代中国的发展进程中），支配着现代人类的一切活动和现代经济社会的各个领域。它突出表现为在工业文明发展过程，人类经济社会活动无限制地追求经济高速增长，无限制地追求物质财富，无节制地消耗与浪费物资资源，无节制地追求高消费、高浪费的生活方式，则成为传统经济学发展观实践

① 刘思华：《可持续发展经济学》，湖北人民出版社 1997 年版，第 4—5 页。

导向。卡普拉说得好："现代经济学说的显著特点之一，是资本主义者和共产主义者都着迷增长。经济和工业技术的发展所引起的增长，被一切政治家和经济学家认为是必需的，即使此刻已完全清楚，在有限环境中的无限膨胀只能导致灾难。"① 刘思华教授进一步指出：在工业文明时代，"人类的一切经济活动，都以其对追逐物质财富的多少来判断其价值，并由此出发确定人们的发展行为和发展方式。这种价值观则把国民生产总值作为可以计量的价值标准，甚至以国民生产总值的无限增长作为经济社会发展的唯一尺度。在当今经济社会发展的历史条件下，传统经济学的发展观及其价值观违背了现代人类文明的理性本质。"②

（三）传统经济学发展观的基本理念与发展目标具有"反社会"和"反生态"的性质

我们在对西方经济增长理论及模型反思时，就指出过西方经济增长理论及模型在客观上都存在着假定经济是不依赖它存在的环境的孤立系统。这个根本缺陷正是包括西方经济学内在的所有传统（主流）经济学发展的根本缺陷的表现，这里包括两层含义：一是将经济视为一个孤立系统，是指经济增长与发展的内在力量和决定因素，只是在经济系统内部，不在生态经济社会有机整体内部，因而经济系统运行与发展不受自然环境即生态因素和社会环境即社会因素的制约，尤其生态环境不可能成为经济增长与发展的瓶颈。二是正如戴利所指出的，传统发展观的根本错误在于它的核心理论或分析理念是把经济看做不依赖生态环境的孤立系统，"而只把经济看成交换价值的一个孤立循环流程"，这意味着在主流经济学家视野内"经济的运行没有与环境进行交换"③。因此，长期以来，传统经济学发展的理论框架内，经济被视为一个孤立系统而与周围生态环境没有物质或能量交换，交换价值只是在经济这个封闭和经济

① 弗·卡普拉：《转折点：科学、社会、兴起中的新文化》（中译本），中国人民大学出版社1999年版，第129页。
② 刘思华：《可持续发展经济学》，湖北人民出版社1997年版，第3页。
③ 刘思华：《可持续发展经济学》，湖北人民出版社1997年版，第3页。

系统内部进行，当然也就不会有自然资源耗损、环境污染、生态恶化等问题。

美国著名科学家卡普拉曾经批评经济学家时说过：“经济学家通常认识不到经济只是生态和社会结构的一个方面，一个由人与人，以及人与自然之间持续的相互作用而组成的系统。他们的根本错误在于把系统肢解为各个部分，并假定它们各自孤立，在彼此隔离的学术部门进行研究。”① 因此，主流经济学家就把经济从“生态—经济—社会”的有机整体中分离出来，成为一个孤立的经济系统，使经济系统运行与发展排除对生态和社会的依赖性，并把经济增长作为发展经济的唯一目标，从而导致自然与社会，生态与经济的分离与对立，经济增长具有“反生态”和“反社会”的性质。因为，它把生态因素排除在经济系统运行与发展之外，不惜以牺牲生态环境资源为代价，使经济在掠夺资源、污染环境和破坏生态中增长，实现生产经营者获取最大限度的经济利益。它把社会因素排除在经济系统运行与发展之外，不惜以牺牲多数人的利益为代价，不惜以牺牲社会的良性循环和人的身心健康为代价，使经济在人与社会和人自身不和谐中增长，导致贫富差距扩大，社会不公，形成少数人最大限度占有社会财富，使社会的伦理、信任、亲情、团结、互助、和谐、协调等社会得以维护和延续的基础日益崩溃。

二、传统发展道路的深刻反思与理性批判

所谓传统发展道路，主要是指在传统经济发展观理论误导下的工业文明发展道路，它在本质上是工业文明的发展观和实现观。因此，我们可以说，传统经济发展观是工业文明的发展观和实现观在工业文明时代的必然的理论表现。而工业文明发展道路也就是传统工业化与现代化的发展道路，这是一条不惜以牺牲生态环境为代价和以牺牲多数人的利益

① ［美］弗·卡普拉：《转折点：科学、社会、兴起中的新文化》，中国人民出版社 1989 年版，第 149 页、第 160 页。

为代价，来实现工业化与现代化的经济发展道路，它突出表现为“先污染后治理”的传统工业化与现代化的经济发展道路。

（一）发达国家大都是以牺牲生态环境为代价和以世界上绝大多数人的贫困为代价实现工业化与现代化的发展道路

世界工业化发展的历史表明，无论是资本主义工业化还是社会主义工业化；无论是发达国家工业化，还是发展中国家工业化都是一种传统工业化与现代化的发展观与实现观，即是工业文明的发展观与实现观。它的根本弊端就是把传统工业化与现代化的实现过程，完全变成人类征服自然、掠夺自然，严重割裂经济与生态，社会与环境、人与社会之间有机联系，导致人、社会与自然的片面的，畸形发展的过程，在现实经济生活中突出表现为以实现经济高速增长为工业化与现代化的根本目标的经济发展战略；与此相适应的建立起依靠索取自然资源、消耗自然环境和剥夺人力资源来换取经济高速增长的经济发展模式，走过一条以牺牲生态环境和以牺牲绝大多数人利益为代价实现工业化与现代化的经济发展道路”。因此，以体现工业文明的发展观和实现观的经济发展战略、经济发展模式、经济运行机制等为主要内容的经济发展道路，有四个明显缺陷：一是以单纯经济增长伤害经济社会与生态环境的协调发展；二是以当代人的发展危害后代人的发展能力；三是以少数人的富裕，损害绝大多数人的生存与发展；四是以某些国家或地区的局部发展损害全人类的共同发展。

从18世纪工业革命以来，工业文明的发展观和实现观统治了人类几个世纪，于是，发达国家工业化的实现，以及现代化的发展，就给现代人类发展带来了三个严重的恶果：一是自然资源衰竭与短缺；二是生态环境污染与破坏；三是世界上贫富国和贫富人的两极严重分化，导致生态环境恶化和贫富悬殊日益扩大，成为现代经济社会发展面临的全球性的尖锐问题。因而，传统工业化与现代化道路确实是一条不可持续发展的道路。这条经济不可持续发展的道路，使人类文明发展付出了高昂的生态代价和惨痛的人的代价与社会的代价。尤其是20世纪下半叶以来，世界工业化与现代发展达到其鼎盛时期，使传统工业化与现代化发展道路走向了恶性发展的困境，正像布朗所说的，使得“我们从20世纪接受下来的经济是在21世纪无法持续发展的经济。”① 有的学者警告说：“如果按照传统的工业化模式继续加速发展，单是不可再生的矿物资源的耗竭，就会在几十年内把人类逼入绝境，更不用说其他种种因素之间的相互加强所造成的威胁了。”所以，“人类文明如果按照现在这样的工业模式发展下去，必然会走上自我毁灭的道路”。这绝非危言耸听！而是当今现代经济发展过程中一个无法回避的客观现实。当代人类再也不能继续沿着这条“黑色文明道路走下去了，必须彻底抛弃传统的工业化与现代化的经济发展道路，探索生态经济协调可持续发展的科学发展道路”②。

（二）发展中国家工业化都是以西方工业文明模式为蓝本，基本上沿袭了发达国家工业化的“先污染后治理”的老路

这条发展道路有几个显著特点。

1. 传统经济学的发展观是一种单纯的经济增长观，从单纯经济增长来看发展，从而把经济发展问题归结为单纯的经济增长，以此为理论依据建立了经济增长与发展模式，无一不以西方先进国家工业化发展模式为蓝本，走了一条严重浪费资源和“先污染后治理”的发展道路，付出的生态代价和人的代价与社会的代价是极其巨大的。20世纪60年代以前，工业黑化，公害污染及其生态破坏等生态环境问题，主要发生在发达国家，尤其是发达地区的工业城市，是区域性的环境污染和破坏即第一代生态环境问题。20世纪40年代以后，一方面由于发达国家治理污染、保护环境，使一些发达国家内的工业黑化现象有所减少，发达国家第一代生态环境问题有所好转的情况下，第二代生态环境问题日益严重③；另一方面发展中国家地区大力推进工业化过程中导致经济贫困，收

① ［美］R. 布朗：《生态经济：有利于地球的经济构想》，东方出版社2002年版，第4页。

② 刘思华：《可持续发展经济学》，湖北人民出版社1997年版，第228—229页。

③ 所谓第二代生态环境问题，主要是全球性生态环境问题，诸如全球气候变暖，臭氧层破坏，酸雨等。

入不均和生态环境恶化等系列“有增长无发展”的现象，其中，工业黑化与发展污染也就主要发生在发展中国家的地区，使环境污染和生态破坏迅速从发达国家向发展中国家扩展，并且第二代生态环境问题开始严重化，因而，发展中国家的生态环境问题和社会经济发展问题，就成为全人类发展问题的一个中心问题。

2. 发展中国家实行工业化的发展战略，多数是以损害农业和农村经济发展与生态发展为代价，尤其以绝大多数农民贫困为代价。大多数发展中国家为了尽快摆脱经济落后的面貌，推行单一城市型工业化发展战略，采取忽视甚至掠夺农业和农村的工业化政策，极大损害了农民的利益，使农业、农村、农民没有或者很少分享工业化的成果，必然出现农业和工业发展严重不协调，农村和城市发展极端不平衡。在亚洲，以印度和菲律宾为代表走的工业化道路，单纯强调工业发展，忽视农业发展，以牺牲农业来推进工业化，其结果农业拖了工业的后腿，不仅农业落后，农村日益贫困化，而且使整个国民经济陷入困境。在拉丁美洲，一些发展中国家实行工业化，却很少考虑工业化所必需的农业基础，推行“重工轻农”的片面强调工业发展和单纯追求经济高增长的发展战略，从而导致这些发展中国家长期忽视农业，农业发展滞后，国民经济的脆弱性，城乡经济差距扩大，农村贫困加重，生态环境恶化，社会问题严重。在非洲，多数国家实施进口替代工业化战略的过程中，忽视甚至牺牲农业，尤其长期忽视甚至牺牲粮食生产，而片面追求工业化的增长。其结果是非洲发展被农业危机所困扰，非洲经济陷入困境。这里所说的农业危机，既是农业经济危机，又是农业生态危机，使非洲经济陷入生态与经济恶性的困境，长期以来，传统经济学只是从纯经济学观念来认识发展中国家工业化以牺牲农业和农村发展为代价，缺乏生态观念，无法全面认识农业在工业化发展中的基础地位和重大作用。上述发展中国家早期工业化的历史的教训告诉我们，它不仅表现在削弱和损害农业经济基础，而且还表现在削弱和损害农业生态基础。农业是国民经济的基础，应该是农业的生态基础和经济基础的统一体，何况农业是国民经济的基础，而生态是农业发展的基础。所以，农业发展不仅能为工业化提供要素、产品、市场、就业、收入、外汇等经济贡献，而且能为工业化以及整体国民经济发展创造良好生态环境条件，提供生态贡献。全面加强农业基础，不仅要扶持和增强农业经济基础，而且要保护和改善农业生态基础，尤其是努力防止工业黑化损伤农业生态基础。这个历史教训，是值得发展中国家工业化和工业现代化永远吸取的。

3. 发展中国家工业化发展大都以牺牲资源环境为代价。这主要表现在两个方面：一是发展中国家多数是在贫困和债务的双重枷锁下推进工业化，迫使它们不仅因贫困要主动依靠开发自然资源来发展工业，而且因债务加剧了环境资源的过度开发。因此，发展中国家工业化进程中就采取强制出口的政策，而出口产品主要是农业产品、林产品和原材料，这些占发展中国家总出口的 3/4 以上。这样，不仅导致发展中国家资源环境破坏，而且使其收入下降，陷入生态与经济恶性循环的怪圈中。二是发展中国家工业发展，因沿袭传统的工业化模式，工业黑化日趋严重。如印度、巴西、东南亚各国随着工业化的推进，工业迅速发展而形成的工业污染，使工业黑化成为许多快速发展地区的主要生态环境问题。到目前为止，发展中国家仍然存在着两类突出的生态环境问题与工业黑化有关。一类是因工业不发达和贫困而产生的资源环境破坏，一类是工业化发展而产生的生态环境污染。而工业文明在发展中国家，在一些发展中国家的部分地区正处于生命力旺盛的发展阶段，有的甚至还在处于起步阶段，因而，21 世纪上半叶的发展中国家的基本任务是实现工业化使工业文明得到高度发展。但是，当今发展中国家正面临着全球生态危机的严重威胁。同时面临着自身生态环境与发展经济的巨大压力和尖锐矛盾。因此，“发展中国家进入 21 世纪存在实现工业化和推进生态化的双重压力。就生态文明建设来说，又承担两个双重任务：一是既要遏制第一代生态环境问题继续恶化的趋势，又要防止第二代生态环境问题成为主要危机的双重任务；二是既要解决发展污染，又要对待‘贫穷污染’

的双重任务。”[①]

（三）中国工业化也是以西方工业化（即工业文明）模式为参照的

中国走了一条严重浪费资源和“先污染后治理、边治理边破坏”的发展道路。中国社会主义工业化到2002年为止，已经历20世纪50年代中期到70年代末期和20世纪80年代至90年代的两个时期。半个世纪的中国工业化与现代化建设确实取得了辉煌的、巨大的成就，创造了世界经济发展史上的奇迹。尤其是第二个时期的20年，是中国工业化与现代化进程最快的20年，“从根本上改变了长期困扰我国经济发展的短缺经济的局面，这是我国工业化与现代化进程和经济发展具有重大意义的历史性转折。这个转折的重要标志，就是中国工业化初级阶段的任务基本完成，21世纪中国工业化发展正在进入一个新的发展阶段。”[②] 然而，我国工业化与现代化建设，在创造巨大的物质财富的同时，却出现了生态财富迅速减少，生态赤字不断增加的“二律背反”的现象，人们所向往追求的工业化与现代化的种种弊端不断暴露和日益凸显。其中，最根本的就是中国工业化与现代化发展付出了高昂的生态环境代价和惨痛的人与社会的代价，造成中国经济发展的不可持续性。

从我国经济发展的实践来看，过去60年的工业化与现代化进程，使我国由贫穷向富裕转变，已成为仅次于美国的全球第二大经济体，是世界上最大的实物经济体，是近20多年来对全球经济增长与发展贡献最大的国家之一。但是，中国经济崛起的正面与负面影响是同时存在的。这是因为，过去50年的工业化与现代化建设，从主导方面来看，我国走的是一条优先发展重工业的工业化与现代化的道路。无论是过去几十年间，还是今后若干年内，重工业是我国产业结构的主导产业部门。而重工业中，大多数是高投入、高能耗、高物耗、高污染的污染产业，它们又叫污染工业或肮脏工业即黑色工业。在发展黑色工业过程中，如果不采取防治工业污染与工业经济绿化的强有力的有效措施，国民经济增长1倍，

① 刘思华：《绿色经济论》，中国财政经济出版社2001年版，第62页。
② 刘思华：《绿色经济论》，中国财政经济出版社2001年版，第391页。

污染会增长20倍至30倍。我国工业化从20世纪50年代初到80年代中期的30多年间，社会总产值增加了15倍，向大气中排放污染物却增加100多倍。可见，过去我国工业化的推进，主要是通过加快发展黑色工业而形成黑色产业结构，来带动和实现经济的高增长、完成工业化的历史任务的。

中国工业化的发展模式有两个基本特征：一是中国工业化推进所形成的是低资源成本、低附加值、低科技含量、低效益以及产业链低端的经济发展模式。刘思华教授称之为“低端经济模式”，辜胜阻教授把它说成是“低价工业化模式”。二是中国工业化发展所形成的如李克强副总理说的“过于依赖投资和出口的发展模式”，实质上是一种外生性、外源性的经济模式。因此，改革开放30年以来，我国工业化与现代化建设基本上走了一条主要依靠要素驱动、外生增长、黑色增长的经济发展道路，尤其是走上了外贸主导型、外源型的出口导向工业化发展道路，外企拿走了巨额利润，给我们留下了资源短缺、生态环境恶化、贫富两极分化等经济社会问题和紧张的国际贸易关系。这由此导致了中国诸多的“类发展困境”，如“差距困境、环境困境、公平困境、腐败困境、弱势群体困境”等等。这是中国整体发展顺境中的局部逆境。这就使得我国经济发展出现生态、经济、社会片面、畸形发展——文化失重、结构失衡、生态失调、资源流失、对外依赖以及过分依赖外在政府推动，经济发展的内生动力和潜在后劲严重不足等等。因此，我国经济发展正处于一个历史的转折点上，坚持中国特色社会主义道路，必须创新发展模式，寻求新的经济发展道路。

在此，我们应该认真总结我国改革开放30年的第二轮工业化与现代化建设的经验教训，有利于正确认识和真正把握科学发展观指导下的我国第三轮的新型工业化与现代化建设的发展道路。前面已说过，20世纪80年代至90年代的中国第二轮工业化与现代化建设，实现了我国工业化进程和经济发展具有重大意义的历史性转折。然而，正如著名青年经济学家胡鞍钢所分析的那样，这个时期中国工业化与现代化发展战略

"仍然是以物为中心，追求经济高增长为最重要、最优先的目标"，"就像邓小平所指出的'不管白猫黑猫，抓住老鼠就是好猫'"，因为"邓小平提出的主题就是'加快发展'、'不平衡发展'战略，'先富论'如让一部分地区、一部分人先富裕起来"。所以，"这个时期中国的发展战略并没有摆脱弊端，尽管在一定程度上是符合当时中国国情的。我们将这一发展战略称为黑色发展，它在一定程度上导致了中国目前存在的严峻挑战，尤其是自然资源供给的严重不足、生态环境的严重破坏、自然资本的严重损失"，"也出现了城乡收入差距扩大、地区间发展差距扩大以及居民收入不平等（基尼系数）在世界上上升幅度最大。"① 著名经济学家纪宝成、杨瑞龙主编的《中国经济发展研究报告 2006》的报告中认为，中国第二轮工业化与现代化建设创造了"堪称世界经济奇迹，并获得了举世公认。但是，国内外经济学家在分析中国经济增长的过程中，逐步认识到这种增长实际上是一种不平衡的增长，其代价是不断扩大的资源损耗、地区经济差距和居民收入差距。"② 研究报告列举了大量的数据论证了这种昂贵的代价是：目前我国生态环境质量恶化相当严重，国民收入分配的两极分化现象越来越严重，城乡差距逐步扩大，地区差距仍在不断扩大。因此，研究报告强调指出："我国的地区经济差距和收入差距的确在扩大，并且这种差距的扩大所产生的不平等带来了诸多社会经济问题，可能影响到未来的经济增长。尽管经济增长弱化了贫困，但不平等促使贫富差距扩大，并且越富有的人从经济增长中获益越大。同时，在这种增长模式下，教育资源配置日益扭曲，人力资本量的区际分布严重不平衡阻碍了落后地区的经济增长，加大了落后地区的贫困。"③

---

① 胡鞍钢等：《绿色发展与绿色崛起》，《中共天津市委党校报》2005 年第 1 期。

② 纪宝成等主编：《中国经济发展研究报告 2006》，中国人民大学出版社 2006 年版，第 2 页、第 63 页。

③ 纪宝成等主编：《中国经济发展研究报告 2006》，中国人民大学出版社 2006 年版，第 2 页、第 63 页。

三、传统经济学发展观与发展道路的要害是传统经济发展模式的“反生态”和“反社会”的性质

（一）工业文明的发展道路之所以付出高昂的生态代价和沉重的人与社会的代价，其经济根源就在于工业文明发展模式是一种“高投入、高消耗、高消费、高污染”的发展模式

传统经济学的发展观与发展道路，就是工业文明的发展观和传统工业化与现代化的发展道路，其核心与要害问题是工业文明发展模式即传统经济增长与发展模式。它在本质上是一种最高代价生态外生经济增长与发展模式。在世界工业化的进程中，先是发达国家工业化，后是发展中国家工业化，其工业化发展模式，都基本上是将经济增长与发展建立在贪婪地索取自然资源，大量地消耗化石能源的基础之上，使工业文明发展建立在对不可再生资源的大规模开发和自然环境容量的毫无顾忌地利用的基础上的。同时，传统发展观与发展战略又是片面地强调增长的速度和发展的数量，并严重忽视对资源的节约使用和保护增殖，对污染的认真防治，忽视自觉地调整人口、经济、社会与资源、环境、生态的协调和谐关系，这就使得人们的发展行为和发展方式越来越脱离人、社会与自然界的协调发展和全面进步的良性循环。

历史事实告诉我们，工业革命以来的几百年间，先是西方发达资本主义国家工业化，形成了资源高消耗的生产模式和生活高消费的生活模式，我们称之为“高消耗、高消费、高污染”的工业文明发展模式。后是发展中国家，基本上沿袭发达国家的工业文明发展模式，形成了资本高投入、资源高消耗、生活高消费、环境高污染的生产、流通、消费模式。尤其是20世纪下半叶以来，人类坚持和追求“高投放、高消耗、高消费、高污染”的“四高”工业文明发展模式，实现经济无限增长和物质财富无限增加，达到登峰造极的地步！理论和实践都证明，“四高”的工业文明经济发展模式不仅是资源环境配置效率很低，而且是资源环

境利用效率极低，既加速资源枯竭和环境污染，又加剧国际社会的资源分配和财富占有不公。然而，值得重视的是，在目前世界经济发展进程中，“四高”的工业文明经济发展模式仍然处于主导地位。这种模式排除了生态环境因素，使经济与生态环境分离和对立，以牺牲生态环境为代价，以公共环境和大多数人的生活质量的恶化为代价；这种模式排除了社会因素，使经济与社会分离和对立，经济高速增长以大多数人贫困化为代价①。因此，“四高”的工业文明经济发展模式是全球生态环境危机和世界贫富两极分化加剧的现实的、直接原因，也是现代经济增长与发展付出高昂的生态代价和沉重的社会与人的代价的现实的、直接原因。

（二）“四高”的工业文明经济发展模式，在我国现实经济生活中，主要表现为粗放型经济增长方式，这也是最高代价生态外生经济发展模式的现实形态

目前我国经济增长与发展从总体上看，还是一种“高开采、高投入、高消耗、高排放、低利用、低产出、低质量、低效益”的粗放型经济增长方式，这是我国最高代价生态外生经济发展模式的基本实现形态，也是中国工业文明发展模式的基本内容。这就是说，“四高四低”是我国最高代价生态外生经济发展模式的基本特点，现着重说明几点。

1. 高开采与高投入。改革开放以来，我国经济的快速高速增长年均增长率高达9.6%，主要是依靠资金、劳动力和自然资源的高开采与粗放投入实现的。在我国第二轮工业化期间，采矿业发展迅猛，年采矿石总量约60万亿吨，与此同时，因矿山开采不当给矿山及周围的生态环境带来了严重的破坏。中国社会科学院某研究中心指出：“与日本用20亿吨自然资源创造出近5万亿美元的国内生产总值相比，我国用50亿吨自然资源创造出了1.6万多亿美元的国内生产总值。”② 中国经济的高增长是以资本高投入为代价的。我国资本形成占GDP的比重，1980年为

① 纪宝成等主编：《中国经济发展研究报告2006》，中国人民大学出版社2006年版，第6页。

② 中国社会科学院邓小平理论和“三个代表”重要思想研究中心：《把科学发展观贯穿到改革开放和现代化的全过程》，《光明日报》2006年1月17日第9版。

34.9%，1995年为40.8%；2006年上半年采矿业投资比2005年同期增长45.6%。可见，我国经济的快速高速增长在相当程度上是靠资本高投入来支撑的。

2. 高消耗与高浪费。我国经济的快速高速增长是建立在自然资源巨大消耗之上的，是一种资源高消耗型的经济发展模式。在1953—1986年的33年间，我国国民收入增长4.83倍（按可比价计算），同期的能源消耗增长14.1倍，生铁消耗增长23.4倍，四种有色金属消耗增长35倍，化肥消耗增长246.5倍。以1990年为例，我国每生产1亿美元GDP，能源消耗为26.68万吨，钢1.41万吨，铜197.08万吨，铅63.8万吨，锌94.89万吨，铝195.73万吨；而世界平均水平分别为5.57万吨、0.39万吨、53.97万吨、26.71万吨、34.91万吨、89.20万吨；美国分别为5.08万吨、0.17万吨、39.64万吨、23.51万吨、18.25万吨、79.85万吨。这表明矿产资源的消耗强度比发达国家和世界市场平均水平高很多。改革开放的30多年来，我国经济的快速高速增长伴随着资源高消耗，不仅加剧了我国资源的消耗与短缺，而且导致大量宝贵资源的浪费惊人，形成我国资源短缺和严重浪费并存的状况。我国农业灌溉用水利用系数是国外先进水平的一半左右，工业万元产值用水量是国外先进水平的10倍左右，有些单位产品耗水量是国外先进水平的12倍、几十倍甚至100倍以上（见表2-1）。2003年我国原油、原煤、铁矿石、钢材、氧化铝、水泥的消耗量分别约为世界消耗量的7.4%、31%、30%、27%、25%、40%。据统计，我国社会最终产品仅占原料总投入量的20%—30%。这就是说，70%—80%的宝贵资源，直接作为污染废弃物进入生态环境之中，大量损耗了生态资本，极大污染了环境。我国成为世界上生态资本损失最大的国家之一，是世界耗水量第一大国（占世界用水总量的15.4%），污水排放量居世界第一位（相当于美国的3倍），能源消耗和CO_2排放居世界第二位，到2020年可能超过美国，居世界第一位。可见，资源高消耗必然伴随资源高浪费和废弃物高排放的高污染。

表 2－1　中国部分行业单位产品耗水量与国外先进水平比较

工业类型	中国	国外先进水平
炼吨钢耗水量（立方米）	60—100	3—4
炼吨油耗水量（立方米）	2—30	0.2—1.2
造吨纸耗水量（立方米）	400—600	50—200
合成吨氨耗水量（立方米）	500—1000	12
生产吨啤酒耗水量（立方米）	20—60	<10

资料来源：王伟中主编：《中国可持续发展态势分析》，商务印书馆 1999 年版，第 340 页。

3. 高排放与高污染。上面的结论以及前面所叙述的我国环境污染的状况，足以说明我国最高代价生态外生经济发展模式的高排放与高污染特点。在此，只是要强调几个问题：

（1）我国污水排放量居世界第一位，2004 年全国废水排放总量 460 亿吨，其中化学需氧量 1334 万吨，大量未经处理或不达标的污水直接排入江河湖库。

（2）2004 年全国烟尘排放总量近 1000 万吨，二氧化硫排放量为 2159 万吨，居世界第一位，大大超过环境容量，使全国酸雨污染面积已占国土面积的 1/3。

（3）我国目前工业固体废弃物每年有 8 亿吨，堆存量达 80 亿吨，占用和损毁土地 200 万亩以上。

（4）我国目前城乡生活垃圾年产生量约 2.7 亿吨，垃圾无害化处理率不足 20%。

（5）我国土地污染也相当严重，废旧电子产品污染日益严重。

总之，在我国粗放型经济增长方式没有根本转变的情况下，中国经济的快速高速增长，就使中国加入了世界环境污染最严重的国家之列，正如有的学者所说的，中国有可能成为世界最大的废弃物排放国和环境污染“超级大国”。

4. 低利用与低产出。我国资源利用效率很低。马凯同志在 2004 年全国循环经济工作会议上的讲话中，用大量数据把它概括为“四低”，即资源产出率低、资源利用率低、资源综合利用水平低、再生资源回收循环利用率低。目前，我国主要耗能设备能源效率低下，综合能源利用率约为33%，工业用水重复利用率不足60%，比国外先进水平低15%—25%，农业灌溉用水利用系数为世界先进水平的一半；矿产资源利用率为40%—50%，煤矿利用率只有23%，目前每年采煤2.7亿吨，消耗的资源达13.5亿吨；化工原料的利用率仅33%，木材利用率为40%—50%，冶金行业有色金属冶炼中的综合利用率不到50%，重点钢铁厂可用余热的利用率不到25%，含铁尘泥利用率仅15%；我国共伴生矿资源综合利用率不到20%，矿产资源总回收率只有30%，而国外先进水平平均在50%以上，我国铜、铅、锌伴生金属冶炼回收率为50%左右，而发达国家的平均水平在80%以上。由于资源利用率很低，必然就使资源产出率低下，按现行汇率计算，2003年至2005年，我国GDP占世界经济总量的4%或略高于4%，但重要资源消耗量占世界资源消耗总量的比重很高：水为13.5%、原煤31%、钢铁27%、氧化铝25%、水泥40%，但资源产出率仅为日本的1/6。正因为资源利用效率低下，浪费大，产出率很低，必然是废物排放量约为世界平均值的数倍，使我国经济增长与发展的效益极差，如发达国家工业生产成本物耗占产出的40%—50%，而我国则高达80%。我国单位资源能源所产出的数量低下，例如我国单位能源每千克油使用所产生的GDP为0.7美元，而美国为3.4美元，德国为7美元，日本为10.5美元。

以上说明我国以高开采、高投入、高消耗、高排放、低利用、低产出、低质量、低效益为主要特点的粗放型经济增长方式，使中国经济主要依靠牺牲生态环境和人、社会的代价的发展模式与发展道路已经走到了尽头。这就表明，“我们原先走在黑色发展和崛起的征途上，正因为我们是在这样的征途上，所以尽管我们即使是按西方工业文明的标准还远未达到发展与崛起的程度，但是黑色发展和崛起的一切代价和后果我们都已尝到了。”“如果中国坚持走黑色发展的道路，那么当今西方世界的一些人一再鼓噪的所谓‘中国威胁论’和‘黄祸论’确实并不是空穴来风。全世界确实无法承受一个黑色发展的中国。”① 因此，中国必须坚定不移地走绿色发展与崛起之路，其根本问题就是要彻底改变这种最高代价生态外生经济发展模式，与工业文明的经济发展模式决裂，建立生态经济协调可持续发展模式。对于一个人口数量庞大，资源相对稀缺、生态基础脆弱的发展中社会主义国家来说，确实是个生死攸关的大事。可以说，中国现代化建设、建设和谐社会和改革发展能否取得最佳成功，在一定程度上取决于我们能否成功地实现两个根本转变，一是经济增长方式从粗放型向集约型转变；二是要素驱动向创新驱动转变，从而建立起作为生态经济协调可持续发展模式的核心内容的最低代价生态内生经济发展模式，推动中国经济发展真正走向创新驱动、内生增长的轨道。

第四节　最高代价经济发展历程对重构当代中国经济发展模式的启示

纵观整个最高代价经济发展的历程，其对我们的思想的启迪，给我们的启示至少有以下几点：

一、最高代价经济发展是工业革命的必然产物，是工业文明的集中表现

无论是资本主义工业化、还是社会主义工业化，在西方经济增长理论与经济发展理论的误导下，建立起来的工业化发展模式即工业文明发展模式，都是单纯的经济增长模式。“它是以经济增长的总量来衡量工业化成就大小和衡量经济社会发展的唯一尺度，从而把一个国家的工业化

① 陈学明：《生态文明论》，重庆出版社2008年版，第22页。

（包括农业和农村工业化）和由此创建的工业文明当作经济社会发展和现代化实现的最高标志。”[①] 长期以来，至少是第二次世界大战以后，世界工业文明发展模式，实际上是单一的物质文明发展模式，尤其是发展中国家更是如此。迄今为止，从总体上看，当今中国现代文明发展模式在实践中还没有根本扭转单一的物质文明发展模式，仍然处于主导战略与基本模式，其缺陷与弊端日益呈现。

（一）人类现代文明认识的单一性和片面性

长期以来，人们把人类现代文明看成就是物质文明，将社会主义现代文明建设仅仅局限在物质文明建设领域，忽视精神文明和政治文明建设，不认识生态文明是现代人类文明的最基本的组成部分。

（二）忽视了社会文明和生态文明的建设

现代文明建设的实践活动中，全党全民大力进行物质文明建设，并把物质文明建设成就作为衡量工业化、现代化建设的唯一尺度和最高标志，不仅淡化了精神文明和政治文明建设，而且严重忽视了生态文明建设，导致人、社会和自然界的不协调甚至出现许多畸形发展的状况。

（三）现代文明建设的破坏性与高代价性

工业文明发展所取得的进步与付出的代价同步增长，甚至于所付出的代价要比所取得的进步还要大得多。工业文明发展代价付出的表现形态，除了存在与农业文明时代的“大多数人的个人幸福因少数人个人的幸福而牺牲了”的情况外，还出现了人的物质上的繁荣是以精神道德的堕落为代价的现象，特别是出现了两个新情况：一是人类的进步是以生态的衰败贫困为代价的新情况。正如科尔伯恩等所指出的：“在人类出现在地球上几百万年的绝大多数时间内，我们只是局部性地给环境带来破坏性地影响……空前巨大的科学技术力量，迅速增长的人口已经把我们对环境的影响从局部和区域扩展到整个星球。在这个变化过程中，人类

① 刘思华：《可持续发展经济学》，湖北人民出版社1997年版，第4页。

从根本上改变了整个地球的生命系统。”[①] 这就使这个曾经是生命乐园的地球生态系统，“如今被人类糟蹋得满目疮痍，破败不堪！”当今人类确实面临着“无家可归”的危险。二是工业文明的发展是以危害人的身心健康和生命安全为代价的新情况。对此，马克思恩格斯在他们的一些重要论著中作了深刻揭露和血的控诉。我们仅仅摘引几段恩格斯的描述就足以证明，他愤怒地指出：工人们“从小就被剥夺了在新鲜空气里活动的机会”，“工厂工人对一切疾病的抵抗力都特别弱，生活力普遍减低，整个智力和体力都不断在衰退”。[②] 工人们“几乎全都身体衰弱，骨瘦如柴，面色苍白”，“他们的衰弱的身体无力抵抗疾病，因而随时会病倒。因此，他们老得快，死得早。”[③] 所以，恩格斯作出结论说：“资产阶级的这种令人厌恶的贪婪造成了这样一大串疾病！妇女不能生育，孩子畸形发育，男人虚弱无力，四肢残缺不全，整代整代的人都毁灭了，他们疲惫而且衰弱——而所有这些都不过是要填满资产阶级的钱袋！”[④] 这些论述是资本主义工业文明和市场经济发展是以人的身心健康与生命安全为代价的真实写照，它充分说明，生产资料占有者为了他们的经济利益，最大限度地获取利润，填满资本家的钱袋，不仅要牺牲自然生态，而且要牺牲人体生态即毁坏人的自身的自然，过早毁灭人体生态，必然导致市场经济内在矛盾的必然表现，是资本主义工业文明时代生态经济关系对抗性矛盾的现实形式。

（四）导致社会出现各种不和谐的现象

过去我国以西方发达国家的工业文明发展模式为蓝本，形成了我国最高代价生态外生经济发展模式，虽然强调了经济发展要满足人民的物质需求，但却忽视和压抑了人民的精神和政治需求，特别是忽视了人民的生态需求，导致人性、社会和自然界都呈现出种种病态，不仅是对中

---

① ［美］科尔伯恩：《我们被偷走的未来》（中译本），湖南科学技术出版社 2001 年版，第 14 页。

② 《马克思恩格斯全集》第二卷，人民出版社 1957 年版，第 442 页。

③ 《马克思恩格斯全集》第二卷，人民出版社 1957 年版，第 390 页。

④ 《马克思恩格斯全集》第二卷，人民出版社 1957 年版，第 453 页。

华民族赖以生存发展的生态基础的根本性破坏，而且使当今中国社会出现许多不和谐、不协调的因素。因此，我们完全可以说，过去我们用巨大的惨重的生态恶果和社会代价换取物质文明建设的巨大成就，实现国民经济快速高速增长，但却使我国经济基本上仍然沿着以大量消耗资源、破坏生态与粗放经营和以损害多数人的利益为特征的工业文明发展模式，这种传统经济发展模式，不仅会造成对生态环境和大多数人民利益的极大损害，而且使经济发展本身难以持久。

二、工业文明发展模式在现实经济生活中表现在各个方面

在此要强调指出的是，工业文明发展模式的实现形态既然是最高代价生态外生经济发展模式，它就具有国际性。纵观已经或者基本实现工业化的资本主义国家的传统发展道路，与传统市场经济相适应的传统发展模式具有两个基本特点：一是对资源（特别是不可再生资源）的高消耗来支撑经济的高速增长，形成资源高消耗的生产体系；二是对生活资料的高消费来刺激经济的高速增长，形成生活高消费的生活体系，这两个突出的特点构成了资本主义工业化国家经济模式的基本内容。不难看出，这种模式是以高投入、高消耗为其发展的基本途径，以高消费、高享受为其发展的目标与动力。实践证明，它是一种利用资源的不合理和消费资源的不合理的发展模式。一方面，它给人类社会创造了巨大的物质财富；另一方面，它又给人类社会造成生存与发展的多重危机。就集中表现在资源的大量消耗和极大浪费，导致资源枯竭、环境污染、生态破坏，从而损害了现代人类生存与发展的条件、制约了现代经济社会的发展。正如巴西环境与发展大会通过的《21 世纪议程》所指出的那样："地球所面临的最严重的问题之一，就是不适当的消费和生产模式，导致环境恶化，贫困加剧和各国发展的失衡"。美国世界观察研究所发表的报告也指出：如果仍按原来的模式发展，世界环境将继续恶化，从而带来更多的经济衰退和社会动乱。这些表明当代人类已看到现代发展如果继

续沿着西方发达国家“高投入、高消耗、高消费”的传统发展模式走下去，将会导致毁灭人类的生存与发展的严重后果。多年来，我国经济发展主要是通过高投入、高消耗、高污染实现经济较高速度的增长。这种加快经济增长速度依靠大量增加资源、能源、资金投入来推动，生产技术和经营管理处于落后状态，经济结构失调，必然走了一条投入多、消耗高、产出少、质量差、浪费大、污染重、效益低的路子。经济效率低，物质消耗高，商品质量差就成了我国工业文明发展模式的突出弱点与不治之症。因此，我国工业文明发展模式的主要特点是：(1) 盲目追求经济增长高速度，大量投入和消耗资源，必然表现为速度消耗型特征；(2) 盲目追求总产值数量扩张，质量提高缓慢，必然表现出数量粗放型特征；(3) 盲目追求扩大经济增长规模，科技进步缓慢，必然表现为外延扩大再生产特征；(4) 盲目追求开发自然资源、资源利用率低，必然表现为资源浪费型特征。这些就集中表现为高开发、高投入、高消耗、高污染、低利用、低产出、低效率、低效益，这是粗放经营经济增长方式的不治之症，是最高代价生态外生经济发展模式的致命痼疾。

三、正确认识转变经济增长方式，建立与发展相适应的、符合中国国情的可持续经济发展模式的艰难性

原苏共中央在1971年就正式提出以集约化为主的经济发展方针，在实践中推进粗放型经济增长方式转变，直到1991年苏联解体的20年间，并没有取得成效。在我国党的十四届五中全会上，时任中共中央总书记的江泽民同志就指出：转变经济增长方式，早在改革开放之初就已经明确提出，虽然取得一定进展，但总体效果还不明显。进入21世纪以来的几年间，粗放型经济增长方式的功能在某些方面还进一步强化。应当说，其原因是复杂的，多方面的，当然，其中一个重要原因是经济体制和运行机制问题。但是，从近10年间中国经济增长与发展的实际来看，正如当年江泽民同志所指出的，从粗放型向集约型转变的过程不顺利：“最大

的问题是根深蒂固的速度偏好，致使增长的粗放型特征无法从根本上得到扭转。”这个看法抓住了问题的要害，这是我国经济增长方式没有实质性转变，难以建立起与科学发展相适应的可持续发展模式的最直接、最现实的原因。仅仅这样看问题，还是很不够的。因此，工业文明发展模式的现实形式，即最高代价生态外生经济发展模式具有本性继承性和功能延续性，这是妨碍经济增长方式的根本转变和新的经济发展模式形成的生产力原因。当然，更重要的还在于，近10多年来，我们推进经济增长方式转变，采取了诸多实际行动，尤其是党的十七大提出建设生态文明的战略思想和要求后，但这些经济实践活动更多地被人们视作走出传统经济增长与发展的误区，克服工业文明本身弊端的一种增长方式和发展模式，在本质上还被限定为服务于工业化的、建设发达的工业文明的服务目标。这就是说，推动经济增长方式转变，建立可持续发展经济模式所推动的社会变革仅仅被理解为工业文明自身的变革，而不是要超越工业文明向生态文明变迁。即没有上升到从工业文明向生态文明转型的时代变迁的高度。显然，如果仅仅停留于这个层次去定位和实践经济增长方式的转变和建立新的经济发展模式，那么，尽管我国经济快速高速增长，粗放型的经济增长方式即使有所转变，但由于其深层内涵被遮蔽，指导我们经济实践的根本观念未转变，那么，21世纪中国将仍然无法摆脱工业文明发展模式陷阱的困扰。

工业文明发展到今天，从当今世界总体上看，它基本上完成其历史使命，已经陷入难以自拔的重重危机之中，正在从兴盛走向衰落。当今人类及发展正在进入生态时代。生态文明是人类社会文明发展史上的一种崭新的文明形态，将逐渐取代工业文明形态。因此，我们必须站在人类现代文明发展的转型的高度，来推进经济增长方式的转变和建立与科学发展相适应的现代经济发展模式，这就是最低代价生态内生经济发展模式，使它成为生态文明发展模式的实现形态。只有这样，才能与工业文明发展模式决裂，才能真正实现经济增长方式转变，使我国经济发展逐步转移到科学发展的轨道上来。

四、以西方经济学的增长理论为理论依据建立的工业文明发展模式，既是工业文明发展的产物，又是工业文明发展的理论表现

这种理论及模型以经济增长为唯一目标，并把经济增长从“人—社会—自然”有机整体中分离出来，把社会因素和生态环境因素排除在经济增长模型之外，导致自然与社会、生态与经济的尖锐矛盾和严重对立，必然会使经济增长与发展目标具有“反生态”和“反社会”的性质。卡普拉指出：“通行的经济理论对社会问题的选择，与经济学家们明显无力采纳生态学观点密切相关，当代经济思想的主体，天生是反生态的。经济学家们忽视社会和生态的相互依赖……全部价值被缩减到私人利润生产的唯一目标上。”① 我国生态经济学家和生态哲学家都十分赞同卡普拉的这个观点，余谋昌先生指出：“在‘自然—经济—社会’统一系统的三大要素中，经济主义只追求一个目标——经济增长。经济主义模式按照还原论方法，只关注一个变量——经济增长，排除也是十分重要的——社会（公平）和自然（环境与资源）这两个变量。这样就形成它的反社会和反自然的性质。”② 因此，我们完全可以说，以西方经济学理论为理论依据建立的工业文明发展模式是具有反社会和反自然性质的。这也正是最高代价生态外生经济发展模式产生高昂的生态代价和人与社会代价的思想理论根源。对此，我们要有足够的认识。理论和现实告诉我们，西方经济学增长理论曾在西方工业文明与市场经济发展史上起过不同的重要作用，但是，这远远不能解决发展中国家经济社会发展的实际问题，尤其是它使工业文明发展只注重把蛋糕做大，不关注把蛋糕分好，不关注伴随财富增长越来越严重的两极分化；只注重从自然中拿走，不关注返还给自然，更不关注伴随经济增长越来越严重的生态赤字。这就

① ［美］弗·卡普拉：《转折点：科学、社会、兴起中的新文化》，中国人民大学出版社 1998 年版，第 160 页。

② 余谋昌：《生态哲学》，陕西人民教育出版社 2000 年版，第 105 页。

是说，西方经济学理论只是在西方工业文明时代特定的历史条件下的一种生成，是对西方发达国家建设工业文明、发展市场经济的经验总结，把它直接拿到中国虽然会在一定范围和条件下有一定的积极作用，但一味套用下去往往会发生水土不服式的病变，或者如学界所说的“范式移植性灾难”。因此，我们必须以科学发展观为指导，以中国特色社会主义理论为理论基础，重构符合中国国情的、实现最低代价的、科学发展的经济发展模式，首先需要对现存的自然与社会、生态与经济相分离和对立为主要特征的经济发展理论进行扬弃，着力创新经济发展模式，倡导和实施最低代价生态内生经济发展，这是历史的必然，也是时代的要求，将是人类文明进步和中华文明发展范式的一次革命性变革。

第三章 马克思的代价批判理论与中国经济发展的巨大代价

以工业文明发展模式为蓝本建立起来的经济发展模式，无论是在发达国家还是在发展中国家，无论是资本主义国家还是社会主义国家，都无一例外地形成了最高代价生态外生经济发展模式，给人类文明既带来了经济的快速高速增长与高度的物质文明，又带来了积重难返的“人—社会—自然”有机整体发展的沉重代价。20 世纪 50 年代以来，我国经济得到了迅速发展，到了 20 世纪 90 年代中期，我国经济进入快速高速增长的鼎盛时期，现已发展成为仅次于美国的世界经济大国，创造了世界经济奇迹，并获得了举世公认。然而，我国与其他一些发展中国家一样，基本上是仿效了发达国家的工业文明发展模式，走的是最高代价生态外生的传统经济发展道路，使发达国家发展的历史悲剧在我国重演，付出了“人—社会—自然”的高昂代价。

第一节　马克思恩格斯对资本主义工业文明发展沉重代价的批判及其现实意义

一、资本主义私有制既剥削劳动者又盘剥自然界，使资本主义工业文明发展付出了沉重代价

在马克思、恩格斯生活的时代，资本主义工业文明极大地促进了社会生产力的发展，尤其是物质生产力的发展，但同时也付出了积重难返的代价。因此，马克思、恩格斯在批判继承以往社会历史观研究的成果、深入剖析资本主义社会发展现实的基础上，进一步从唯物史观的视角全面而深刻地分析与研究了资本主义工业文明发展所付出的沉重代价。他们在《1844 年经济学哲学手稿》、《共产党宣言》、《1857—1858 年经济学手稿》、《资本论》、《英国工人阶级状况》、《反杜林论》、《自然辩证法》、《路德维希·费尔巴哈和德国古典哲学的终结》等重要著作中，全面而深入地分析与研究了资本主义工业文明发展所付出的沉重代价及其与人的发展、社会发展、自然发展的辩证关系。这对当今中国多种所有制并存条件下，社会主义工业化发展具有特别重要的启迪意义。

马克思、恩格斯从揭露资本主义社会的基本矛盾和剥削本质入手，深刻地揭示了资本主义私有制条件下工业文明产生和发展所付出的高昂代价。他们认为，资本主义私有制的确立，使劳动者从封建束缚和行会控制下解放出来，大大解放了劳动生产力，促进了工业文明的发展，体现了人类文明与社会历史的巨大发展和进步。“但是这种进步是对抗性

的，它同时又是一种退步。”[①] 因为资本主义私有制的建立和资本主义工业文明的产生与发展，是用血与火的文字写入人类编年史的。它不仅使工人阶级和广大劳动者沦为新的剥削制度下的被剥削者、被奴役者，而且资本主义生产发展“同时破坏了一切财富的源泉——土地和工人。”[②] 使工人阶级陷入“贫困、劳动折磨、受奴役、无知、粗野和道德堕落的积累”，并把整个社会变成了金钱统治的社会，使道德、良心、爱情、信任、友谊等等一切人类高尚的社会情感异化为“金钱的交换物”，人与人（社会）之间的关系完全变成金钱关系。因此，马克思深刻地指出：“在我们这个时代，每一种事物好像都包含有自己的反面……技术的胜利，似乎是以道德的败坏为代价换来的。随着人类愈益控制自然，个人都似乎愈益成为别人的奴隶或自身的卑劣行为的奴隶。甚至科学的纯洁光辉仿佛也只能在愚昧无知的黑暗背景上闪耀。”[③] 恩格斯也指出：“文明每前进一步，不平等也同时前进一步。随着文明而产生的社会为自己所建立的一切机构，都转变为它们原来的目的的反面。”[④]

马克思的《1844 年经济学哲学手稿》可以说是一部集中地全面地阐述资本主义工业文明“发展与代价”的著作。在这部著作中，马克思通过“异化劳动”（即雇佣工人为资本家创造财富而使自己“肉体遭受损害、精神遭受摧残”的异己活动）的普遍化，来揭示资本主义工业文明社会的基本特征：是物的世界的增值和人的世界的贬值与自然世界的衰败。异化劳动使人同自然界、同人的本质相异化，工人在利用自然的劳动中创造了财富，但却不属于他们，仍然过着赤贫、恶劣、丑陋、非自然与非人的生活。马克思尖锐地指出：“工人生产得越多，他能够消费的越少；他创造价值越多，他自己越没有价值、越低贱；工人的产品越完美，工人自己越畸形；工人创造的对象越文明，工人自己越野蛮；劳动

① 《马克思恩格斯选集》第 3 卷，人民出版社 1995 年版，第 482 页。
② 《马克思恩格斯全集》第 23 卷，人民出版社 1972 年版，第 553 页。
③ 《马克思恩格斯全集》第 12 卷，人民出版社 1962 年版，第 4 页。
④ 《马克思恩格斯选集》第 3 卷，人民出版社 1995 年版，第 482 页。

越有力量，工人越无力；劳动越机巧，工人越愚钝，越成为自然界的奴隶。”因此，工人在自己的劳动中不是肯定自己，而是否定自己，不是感到幸福，而是感到不幸，不是自由地发挥自己的体力和智力，而是使自己的肉体受折磨、精神遭摧残。[①] 不仅如此，在资本主义私有制下，资本主义工业文明的发展，对于广大劳动者来说，“阳光、空气等等，甚至动物的最简单的爱清洁习性，都不再成为人的需要了，肮脏，人的这种腐化堕落，文明的阴沟（就这个词的本意而言），成了工人的生活要素。完全违反自然的荒芜，日益腐败的自然界，成了他的生活要素。”[②] 这些论述明白无误地告诉我们，资本主义工业文明发展，确实是“物”的世界大大发展了，但却是“人”的世界的贬值和自然的世界的衰败，即它们做出了极大牺牲。这就是说资本主义工业文明发展是以人和自然的牺牲为代价来换取社会物质财富极大增加的，“人”虽然是贬值了，自然生态虽然是恶化了，却换来了物质世界的极大发展，传统资本主义发展是这样，当今经济全球化进程中现代资本主义发展也是这样。

马克思恩格斯认为，在资本主义私有制下人与自然的关系是一种异化关系。这是因为，在资本主义工业文明的历史时代，人类通过劳动活动，是通过大工业而形成的现实的、人化的自然界，是以一种异化的形式出现的。这种异化关系，实质上体现了在资本主义私有制下由资本的意志来调节的人与自然的物质变换，是以牺牲生态环境及自然界的日益衰退为代价，来创建资本主义工业文明的。“在这里，社会上一部分人向另一部分人要求一种贡赋，作为后者在地球上居住的权利的代价，因为土地所有权本来就包含土地所有者剥削地球的躯体、内脏、空气，从而剥削生命的维持和发展的权利。”[③] 因此，资本主义工业文明发展，不仅要掠夺、牺牲自然生态环境，而且要以剥夺、榨取劳动者，即以牺牲劳动者起码的生存条件和维持与发展生命的权利为代价，来创建资本主义

① 《马克思恩格斯全集》第42卷，人民出版社1979年版，第92—93页，第133—134页。
② 《马克思恩格斯全集》第42卷，人民出版社1979年版，第92—93页，第133—134页。
③ 《马克思恩格斯全集》第46卷，人民出版社2003年版，第875页。

工业文明。马克思在有关资本主义的论述中明确指出："在现代农业中，也和在城市工业中一样，劳动生产率的提高和劳动量的增大是以劳动力本身的破坏和衰退为代价的。"① 因此，马克思恩格斯特别强调，在资本主义私有制下，以资本的意志调节人与自然之间的物质变换，是一种异化劳动。必然造成劳动者的体力和智力受到摧残，使他们片面畸形地发展，以致人的自然生命加速毁灭，这是资本主义生产方式存在的客观现实，也是资本主义工业文明发展的基本保障。在这里，马克思、恩格斯从人类生态角度揭露了资本主义工业文明所遵循的发展观是把物质生产力的发展和人自身生产力的发展对立起来，对人的生命安全和身心健康的破坏与摧残，即是对人类生产力的破坏与摧残，从而抨击了资本主义私有制的反人性，反社会与反自然的本性，必然导致资本主义经济发展同整个人类与整个自然界处于对立与对抗之中，这是资本主义生产方式内在矛盾的必然表现，是资本主义条件下生态经济关系对抗性矛盾的现实形式。

马克思恩格斯在他们的著作中，从资本主义工业文明发展的现实出发，分析了资本主义私有制下人与自然异化的阶级根源。马克思曾经尖锐指出，资本家是资本的化身，他们的贪婪和唯利是图的阶级本性，决定了他们像狼一般无限度地盲目追求剩余劳动，使资本家及资本主义工业文明的发展观，是以拼命地追求利润的最大化，最大限度地获取超额利润为出发点和归宿的发展观。恩格斯一针见血地指出："支配着生产和交换的一个个资本家所能关心的，只是他们的行为的最直接的效益……销售时可获得的利润成了唯一的动力。"② 在资本家看来，"世界上没有一样东西不是为了金钱而存在的，连他们本身也不例外，因为他们活着就是为了赚钱，除了快快发财，他们不知道还有别的幸福，除了金钱的损失，也不知道还有别的痛苦。"③ 资本家为了赚钱，获取利润最大化，

① 《马克思恩格斯全集》第23卷，人民出版社1972年版，第552页。
② 《马克思恩格斯选集》第4卷，人民出版社1995年版，第385页。
③ 《马克思恩格斯全集》第2卷，人民出版社1956年版，第564页。

他们的眼睛只是死死盯在经济效益上，甚至置工人的死活于不顾，置其行为的自然影响与社会后果于不顾，去追逐眼前经济收益和高额利润；而对于环境污染和工人生存的生态环境恶化不屑于拿钱来治理，更谈不上建设和改善劳动人民生存与发展的生态环境。正因为如此，当今西方生态学马克思主义者坚持马克思、恩格斯的这种思想，着重阐述了“资本主义追求利润的动机与生态环境保护是相冲突的，企业都是自然资本、生产工具和劳动力等要素的联合体，为了获取利润，资本家最大限度地控制自然资源、增加投资，以使自己作为强者存在于世界市场上。资本主义企业管理首先关注的并不是实现生产与自然相平衡、生产与人的生活相协调，确保产品仅仅服务于公众自己选择的目标，使劳动变得更加愉快，而是花最小的成本生产最大限度的交换价值。”①

二、马克思恩格斯对资本主义工业文明发展代价批判理论的现实意义

通过上面的分析，我们可以清楚地看到，马克思、恩格斯对资本主义工业文明高度发展所付出的沉重代价进行批判的理论，是他们工业文明理论的一个基本内容，其中包含着马克思恩格斯对资本主义的生态批判理论，从而构成他们对整个资本主义工业社会批判理论的一个重要组成部分，对当今我国社会主义工业化、现代化建设尤其是树立与落实科学发展观，探索中国经济的科学发展道路具有重要的指导意义。

马克思、恩格斯阐明资本主义工业社会的“发展与代价”时，所概括的“物”的世界的增值和“人”的世界的贬值与“自然”的世界的衰败成正比。这个资本主义工业文明发展的历史现象，也正在中国社会主义工业化、现代化建设尤其是改革开放以来发展市场经济进程中重演。只不过它同资本主义工业文明具有根本不同的性质和情况罢了。我国建

① 吴宁：《高兹的生态学马克思主义》，《马克思主义研究》2006年第8期。

立起社会主义市场经济体制、发展现代市场经济和社会主义工业化、现代化建设取得了巨大发展与进步，但也为此付出了昂贵代价，正如有的同志所说的主要是因为发展市场经济和创建工业文明在把人的积极性、主动性、创造性释放和发展出来的同时，也把人的利欲、物欲、贪欲和自我膨胀欲释放出来了；它们在促进人的独立人格和个性解放的同时，也把个人主义、利己主义给诱发出来了；它们在注重发财致富和经济建设的同时，也把享乐主义、拜金主义给滋生出来了。这就使得“物”的世界大大发展了，但“人”的世界和“自然”的世界却做出了极大牺牲，从而换取经济高速增长和经济迅速发展。这些经济发展代价，既有历史原因也有现实原因，既有客观因素也有主观因素①。因此，我们应当全面地、客观地、发展地、辩证地、批判地看待我国经济发展所付出的高昂代价，更新发展观念，转变发展模式，选择新的发展道路，寻求经济发展的科学发展之路。

在社会主义社会里，以生产资料公有制为基础的社会主义经济，应当说它不仅使人与人的剥削和奴役的关系失去了存在的基础，而且人与自然的剥夺和奴役关系也失去了存在的基础。因此，社会主义经济及其发展，按照它的本质来说，是不存在像马克思恩格斯所说的资本主义工业文明发展中的异化劳动所形成的人与自然和人与人的异化关系。然而，现实的社会主义工业文明发展进程中，异化劳动没有完全消除，人与自然、人与人的异化关系仍然不同程度地存在着。这是因为，社会主义公有制只是为我们建立起人、社会、自然和谐统一与协调发展提供了社会条件，为我们消除人与自然、人与人的异化关系奠定了客观基础，但不能认为这些可以自发实现，也不能认为社会主义公有制尤其是在社会主义初级阶段中可以避免人、社会与自然界发展的不协调、不和谐，甚至在社会主义工业化与现代化进程中不存在人、社会与自然的矛盾和对立。事实上，创建社会主义工业文明、发展市场经济，在工业文明的价值观

① 韩庆祥：《发展与代价》，人民出版社2002年版，第27—30页。

与发展观，即把追求经济高速增长作为经济发展的唯一目的的发展观的误导下，就会在对经济高速增长的狂热追逐与机制驱动下，把自然生态环境作为实现经济高速增长的手段和工具，使人与自然的关系变成工具关系，把自然生态环境当作稀缺资源而工具化，造成对自然界的最普遍的占有和掠夺，造成“自然的荒芜”和“日益衰败的自然界”。同时，在对经济高速增长的狂热追逐与机制驱动下，把劳动者作为实现经济高速增长的手段和工具，使人与人的关系变成金钱关系，甚至把人仅仅当作劳动工具而工具化，造成对劳动者占有和掠夺，甚至对劳动者生存条件的剥夺，对劳动者维持和发展生命健康的权利的掠夺。因此，深入挖掘与阐发马克思恩格斯对资本主义工业文明发展与代价批判理论，有助于我们全面理解科学发展观的本质与核心。正如刘思华教授指出的：科学发展观下的可持续发展，不仅人的可持续发展是发展的终极目的，而且自然的可持续发展也是发展的终极目的。只有确立了人与自然可持续发展的双重价值目标，才是最终实现了真正合理的科学的发展。当然，自然的可持续发展，既是为了人的可持续发展与全面发展，又是为了自然自身的健康生存与可持续发展，所以相对人的发展，它既是手段又是目的。传统发展观把经济增长本身看成发展的目的与唯一价值尺度，不仅把人只是作为发展手段，而且也是把自然只是作为发展的手段，使人与自然这两大发展目的双重丧失。而科学发展观……使人与自然都是发展目的的价值取向获得双重确立，并使自然的可持续发展对人的可持续发展是手段和目的达到了完美的统一。

马克思恩格斯的生态经济学说，不仅揭示了在资本主义私有制下资本家剥削工人发财致富的秘诀，而且阐明了资本家剥夺自然，破坏生态环境的逻辑，还指明了资本主义文明片面畸形发展的根源。这些集中到一点，就是在资本主义私有制下，工业文明的价值观与发展观，是“以物为本”，是一种物质至上的价值观，它实质上是“以钱为本”，即“以利润为本”，是一种以利润的最大化，拼命追求超额利润为出发点和归宿的发展观。在我国社会主义制度下，虽然公有制占主导地位，但它与私有制并存，私有经济作为社会主义经济体系中一支重要组成部分，是发展国民经济的一支重要力量。到目前为止，民间资本、私人资本等私营企业占中国法人企业的60%以上，其资产总量约6万亿元。如今私营企业创造了我国GDP的约40%，是GDP增量的约60%，在整个国民经济总量的比重较大，它提供了我国的税收的约1/5和地县税收的50%以上。因此，民间资本、民营经济、外资企业经济等形式的私有制经济，对我国物质生产力发展，经济实力增强发挥了重要的积极作用，这是要首先肯定的。同时，我们必须清楚认识到无论在资本主义条件下还是在社会主义条件下，私有制经济及企业主的价值观和发展观，一般来说，基本上是"以物为本"、"以钱为本"，是以利润的最大化，拼命追求高额利润为出发点和归宿的价值观与发展观。在民间资本、民营经济、外资企业经济运行中，企业主的眼睛只是盯在经济效益上，眼前的经济利益和高额利润是驱动他们的唯一动力。目前我国许多私人企业不仅掠夺自然，以牺牲生态环境为代价换取经济高增长，而且剥削劳动者，有些甚至残酷地剥削劳动[1]。正像马克思当年所揭露的那样："把浪费工人的生命和健康、压低工人的生存条件本身，看作不变资本使用上的节约，从而看作提高利润率的手段。"[2] 这种情况，在一些外资企业在华的跨国公司表现得尤为突出。据调查表明，这些企业是"将生命作为可牺牲成本"，有意识地提高淘汰率，靠高频的新血液维持经济高增长，不顾惜员工的生命价值；这些企业的员工出现焦虑、失眠、记忆力衰退等症状，身体健康被严重透支。这就说明，在我国社会主义工业化与现代化建设中，在发展私有制经济时，如何全面树立和认真落实科学发展观，实现以人为本和以生态为本的有机统一，走企业利润最大化、生态效益最大化和社会效益最大化的最佳结合与协调发展的科学发展道路，不仅要引起我们高度重视，而且要在实践中努力探索，科学地总结经验教训，认真加以解决。

---

① 参阅李强：《玩具血汗工厂调查》，《中国青年报》2005年10月12日。

② 《马克思恩格斯全集》第25卷，人民出版社1974年版，第102页。

第二节　中国经济高速增长的高昂代价及其主要表现

在西方经济增长理论的误导下，以经济增长作为发展经济唯一目标的传统工业文明模式，天生具有反生态、反人性及反社会的性质，它在发展中国家的工业化与现代化建设中更是充分表现出来了。这是发展中国家经济增长与发展产生高昂的生态环境代价和人与社会代价的直接的重要的现实原因。在过去的半个世纪中，中国经济增长方式与经济发展模式，从主导方面来说，确实是以西方发达国家的传统工业化与现代化发展模式即工业文明模式为蓝本。这就使得我国工业化与现代化建设经济快速高速增长，在创建迅速发展的物质文明的同时，不得不付出极高的自然生态代价和人与社会代价，导致今日我国“人—社会—自然”有机整体发展面临着不少突出矛盾和积重难返的严重问题。

一、中国经济快速高速增长的高昂的自然生态环境代价

这主要是指环境污染与恶化、生态破坏与失调、自然资源浪费与枯竭、生态系统整体生态服务功能退化与丧失等。发达国家上百年工业化过程中分阶段出现的生态环境问题，在我国近30年来集中出现，使我国成为当今全球第一号污染排放大国，是世界上生态环境危机最严重的国家之一。

（一）环境污染与恶化

2006年8月全国人大常委会的环境执法检查报告，以大量引人注目的数字和触目惊心的事实，向人们描绘了一幅中国生态环境危机的“警世图”，它声称当今我国是“有水皆污”、“逢雨必酸”、“污染之重”、“触目惊心”、“企业偷排废水、弄虚作假的现象十分严重”……大量直

面现实的词汇和语句见诸报告，令人震惊，让人警醒。我们还要指出的是，在我国农村，许多乡村尤其是乡镇企业发达地区和开发项目较多的地区的农村，很难找到“一块净土、一方净水”，也是令人震惊，使人担忧。

1. 大气污染非常严重。根据 IEA 的最新报告，2004 年中国与能源相关的二氧化碳排放量已经超过欧盟，2007 年又超过美国，已居世界第一位，占世界总量的 32.9%；氮氧化物排放量占世界的 20.7%，居世界第一位；颗粒物排放量占世界总量的 33.5%，也是世界第一位。这些指标都不同程度地超过中国人口占世界的比重（19.7%）和经济总量占世界的比重（16.1%，按 PPP 计算）。一些大城市的颗粒物和二氧化硫浓度已超过世界卫生组织及国家标准的 2—5 倍，使 2/3 的城市人口生活在中度和严重的大气污染环境中，4 亿多个城市居民呼吸着严重污染的空气，这是人身生态安全的重大隐患。

据国家环保总局 1988 年的环境公报资料显示，我国酸雨污染面积已占国土面积的 30%，目前有学者认为已占国土面积的 40%，有些省市甚至超过 50%，如湖北省酸雨污染面积已占全省国土面积的 60%。2005 年监测的 696 个市县中，有一半以上都出现了酸雨，个别地方酸雨频率达 100%，已经到了逢雨必酸的地步。

2. 水污染日益严重，水质恶化形势极为严峻。据水利部调查资料表明，目前我国废污水排放量已超过 20 世纪 80 年代初的一倍以上，年排放废污水达 600 亿吨，80% 以上未经处理直接排入江河湖库。中国环境监测站通过对全国七大水系，19 条河流的 400 个监测站的测算表明，Ⅰ—Ⅲ类水质占 13%，Ⅳ—Ⅴ类水质占 32.5%，严重污染的劣Ⅴ类水质占 25.5%，即全国 58% 的河流水质处于中度和严重的污染。2005 年全国人民代表大会水污染防治法执法检查组检查发现，中国七大水系中劣Ⅴ类水质占 30% 左右，水体已经失去使用功能，成为有害的脏水，连农业灌溉都不行。据中国环境监测总站 2006 年 6 月发布的《113 个环境保护重点城市集中式饮用水源地表水质月报》表明，全国饮用水源地环境污染严重。尤其是我国城镇供水环境污染日益加重，根据最新资料，流经城市的河段90%受到严重污染。中国地下水污染也是日益严重，据报道，对118个大中城市地下监测显示，重污染的城市占64%，轻污染的城市占33%，这就是说全国90%以上的城市地下水不同程度遭受有机和无机有毒有害污染物的污染，并已呈现出由点向面的扩展趋势。我国水污染问题的严重性，还表现在2002年世界银行的调查数据所显示的，全国不能持续获得改善水源的人口占总人口的比重为23%，这一比例不仅高于印度，而且与美国和日本等发达国家相比更为严重，因为这些发达国家不存在这类人口。

水质恶化形势严峻还表现在我国湖泊污染和海洋污染日益加剧。根据水利部水文局公布调查报告，2003年对52个湖泊水质评价，中营养状态和富营养状态湖泊各占50%，几乎看不到贫营养的湖泊，在我国东部地区很难发现水质清澈的天然湖泊。尤其有75%的湖泊出现富营养化，并且主要湖泊富营养化严重，使湖泊水环境恶化。据中国工程院院士刘鸿亮研究员提供的数据：过去30年，我国被污染湖泊面积已从135平方公里激增至1.4万平方公里，相当于424个东湖。近岸海域海水污染加剧，国家海洋局发布的《2005年中国海洋环境质量公报》显示，84%的入海排污口超标排放污染物，其中，在广西、河北、山东、浙江、天津五地90%以上的入海排污口超标排放污染物。海洋水环境质量恶化主要表现为：污染范围不断扩大，大部分河口、海湾以及大中城市邻近海域污染日趋严重；近岸海域主要受到营养盐污染和有机污染，并逐年加重；近岸海洋生物污染损害日趋显著，赤潮等灾害事件频繁，2003年沿海赤潮发生次数比20世纪80年代增加了3倍；近岸珊瑚礁80%受到不同程度的破坏等。例如，我国经济最发达地区的环渤海经济圈，数十年来源源不断将工业废水、城市污水和其他污染物以“奔流到海不复还”的势头倾泻入海，使渤海从天然优良的养鱼池变成了藏污纳垢的臭水坑。从2001年起实施一个规划总投资555亿元的《渤海碧海行动计划》到至今已5年多了，但渤海的污染状况却有增无减，引起高层人士担忧。2006

年8月4日召开的国务院渤海环境保护工作现场会上，曾培炎副总理描述中国海洋污染现状时指出：随着沿海地区经济迅速发展，海洋开发和海洋运输日益活跃，污染物入海总量居高不下，渤海污染面积扩大，赤潮灾害频繁出现，重大污染事故时有发生……。

3. 固体废弃物和垃圾污染十分严重。2004年全国工业固体废弃物排放量1941万吨，其中3000吨的危险废物未经任何处置排入环境。目前我国固体废物堆存量累积已近80亿吨，占用和损毁土地200万亩以上，对土壤和水体造成了严重污染，并危害着人民群众的身体健康。随着城市居民生活水平的提高，城市生活垃圾每年以10%的速度增长，现在生活垃圾产生量每年达1.5亿吨之多，其无害化处理率较低，65%的城市生活垃圾未得到无害化处理，使全国垃圾堆放累积总量已高达70亿吨，占地5亿多平方米。历年累积的生活垃圾已将668座城市中的大多数包围，连北京也受到"垃圾包围城市"的困扰。北京年产生活垃圾500万吨，如将它按5米高×1米宽的规格沿北京三环路堆放，全长48公里的三环路将被这些垃圾整整围绕20多圈。据统计，散布在北京城郊的面积50万平方米以上的各种新旧垃圾填埋场已达4000余座，它们正在北京四周形成"垃圾包围城市"的阵势。我国现有建筑总面积400多亿平方米，至少产生20亿吨建筑废渣，这些建筑垃圾绝大部分填埋处理；每年有1.2亿吨农村垃圾露天堆放，这些都造成严重的环境污染。

在这里，我们要强调指出的是，我国走新型工业化道路，用信息化带动工业化，信息产业快速高速发展的同时，电子垃圾泛滥成灾，信息产业污染问题已经到了不容忽视的地步。从2003年开始，我国进入到电子产品报废的高峰期，每年至少400万台电脑、500万台电视机、400万台冰箱、600万台洗衣机，还有7000万部手机被淘汰。如何处理这些新兴的电子垃圾，已成为中国新型工业化建设和发展循环经济的一个新课题。

4. 土壤污染日益严重，许多农村难找"一块净土"。目前我国受镉、砷、铬、铅等重金属污染耕地面积近2000万公顷，约占耕地总面积的

1/5，其中工业“三废”污染耕地1000万公顷，污水灌溉的农田面积已达330多万公顷。在珠江三角洲经济发达的地区，居然找不到一块各项指标均达标的土壤；在江苏公路沿途土壤受污染率达到80%—90%，其中沪宁高速沿途的30个监测点中，蔬菜中的铅含量最高超标竟达6倍，土壤污染极为严重，目前我国农村化肥、农药、除草剂、农膜的大量使用，已经造成严重的土壤污染，有害元素含量超标，全国目前至少有1300万—1600万公顷耕地受到化肥、农药的污染。据报道，因农民过度使用化肥，使我国几乎所有类型的土地PH值都降低了0.13—0.80，下降幅度这么大通常需要几十万年，在我国仅用了30年时间。[①] 每年1.2亿吨的农村生活垃圾露天堆放，农村环保设施几乎为零。全国农村每年产出生活污水约80多亿吨，猪、牛、鸡三大类畜禽粪便总排放量达27亿多吨，其COD排放量是工业和生活污水COD排放量的5倍以上。全国固体废弃物堆存而被占用和毁损的农田面积已超过200万亩，尤其是农村有3亿多人喝不上干净的水等。还要指出的是，一些新型的环境问题，如持久性有机污染物（POPS）污染、农业生态系统的外来有害物种入侵、农村地区深层地下污染、农村水—土—气复合污染，农村快速城镇化引起的环境问题；农村工业企业的点源污染与农村地区面源污染相互交织问题，以及工矿污染与城市污染向农村转移问题，使我国城乡生态环境问题出现新特点，正如一位青年学者所概括的：随着农村城市化、农业工业化、农民居民化进程的加速，环境污染和生态破坏已呈现由城市、工业、居民向农村、农业、农民快速转移的态势，呈现出日益加剧的“逐步改善的城市环境与逐步恶化的农村生态”的城乡二元生态环境结构。

上述大量事实表明：过去中国工业化与现代化建设，确实是以牺牲自然环境质量为其昂贵代价来换取经济快速高速增长的。从目前我国自然环境损耗的实际情况来看，这一沉重代价远比我们所估计的要高得多。

---

① 胡德良译：《化肥正在威胁中国的土壤》，《光明日报》，2010年3月2日。

对此，一些国际舆论值得我们思考与重视。美国哥伦比亚广播公司网站2005年11月23日发表题为“中国被污染的繁荣”的文章。次日，路透社北京站也认为，十多年几乎不惜任何代价的经济发展已经导致环境状况在生活水平提高的同时急剧恶化。美国外交学会亚洲研究中心主任易明还指出：“我们已经开始看到，受到污染的环境已经开始对中国经济发展产生不利影响。过去20年至25年，中国基本上走的是一条污染繁荣的道路”。这就是中国学者所说的黑色发展道路，是一种不合理、不科学的、非持续发展的道路。

（二）生态破坏与失调

1. 三大生态形势仍然严峻。国家环保总局公布的《2004年中国环境状况公报》中显示，我国水土流失面积为356.92万平方公里，占国土面积37.1%。其中水力侵蚀面积161.22万平方公里，风力侵蚀面积195.07万平方公里，每年流失的土壤总量达45.2亿吨。水土流失面积大，分布范围广，流失呈现出强度大，侵蚀严重区比例高，流失成因复杂、区域差异明显三大特点。几乎所有的省、市、自治区都不同程度存在水土流失生态问题。全国耕地面积的1/2以及2/3的草原也受到不同程度水土流失的威胁。荒漠化面积达262.2万平方公里，占国土总面积的27.3%，并以每年6700平方公里的速度扩展，其中沙化土地每年净增2460平方公里。草原退化、沙化和碱化面积逐年增加，全国已有“三化”草地面积9000万公顷，占草地总面积的1/3。使目前全国牧区33.8亿亩可利用草原90%出现不同程度的“三化”，其中1/2的草地生态已经严重退化。

2. 沙尘暴生态灾害愈演愈烈。在我国，大规模、高频率的沙尘暴成为一种新的生态灾害，应该说是20世纪90年代的事。从1990年开始，我国进入沙尘暴高发期。它的标志是1993年5月5日，我国西北地区突然刮起了“黑风”，罕见的黑风给毫无防备的人们造成极大损害：伤亡380多人，农作物受灾面积达37.3万公顷，死亡和丢失牲畜12万头，受灾牲畜 73 万头[①]。此后，随着荒漠化进程加剧，沙尘暴频频光顾我国北方地区，每年都在 10 次以上，有几次还刮到长江中下游地区，一次一次吹痛了国人神经。2006 年 4 月，发生了近年来我国遭遇的最为强劲的一次特大沙尘暴生态灾害。当时的第六次全国环保大会正是在漫天的浮尘中召开的。从黄色沙尘中走来的国务院总理温家宝在开幕式上作了这样的开场白："同志们，我们不能闭门开会。会场外，北京正出现严重的降尘天气。北京扬尘天气已经持续 10 多天了。"这次的特大沙尘暴可以说又一次吹痛包括中国领导人在内的国人的神经。沙尘暴和扬沙天气的生态灾害表明，干旱和沙漠化已成为中华民族生存与发展的最大生态灾害（难），是全国人民的心头大患。

3. 地下水源涵养生态功能日益退化，诱发一系列地质生态灾害不断加重。我国地下水资源约占水资源总量的三分之一。随着我国经济快速增长和人民生活水平提高，地下水资源开发利用迅速增加，不合理的超量过度开采已成为常态，使我国地下水源涵养生态功能日益退化。

其主要表现为：一是地下水超采，超采区已从 20 世纪 80 年代初的 56 个增加到目前的 164 个，超采面积从 8.7 万平方公里扩展到 18 万平方公里，形成地下漏斗区面积达 19 万平方公里。例如，目前海河全流域地下水超采范围已达 9 万平方公里，大大小小 21 个地下水漏斗区勾连成片，形成了世界上最大的漏斗群。北京地下水平均每年超采达 1 亿立方米，由于长期超量过度开采，导致形成以朝阳区为中心，西到石景山、东至顺义、南至南苑、北到昌平山前约 1600 平方公里的漏斗区，引起地面沉降。目前北京平原已经形成 5 个地面沉降区，直接威胁着城市建设布局规划和居住安全。二是地下水位不断下降，井越打越深，泵越换越大，形成恶性循环，使人民群众尤其是农民的用水负担越来越重。据报道，近年来，北京地区地下水平均深度为 18.23 米，与 1980 年年初相比，下降了 11.78 米，地下水储量累计减少 60.31 亿立方米。

① 高平：《除了 65 亿美元，沙尘暴还吹走了什么》，《光明日报》2006 年 4 月 17 日。

过度开采地下水引起一系列地质生态灾害：海河水利委员会在河北平原地区已发现 482 条地裂带，影响到近 70 个县市。他们作出最终结论："华北地区裂缝是由于过度开采地下水引起的土质干裂和地面不均匀沉降造成的，与地震无关。"近年来，我国沿海地区由于过量开采地下水，造成地下水位下降，海水倒灌，入侵毁掉大面积耕地的现象屡屡发生，从北向南涉及辽宁、河北、山东、广西、海南等多个省份。其中环渤海地区海水入侵尤为迅速。目前，全国有近 70 个城市出现了地面沉降，沉降范围 6.4 万平方千米，沉降中心最大沉降量超过 2 米的有上海、天津、太原、西安、苏州、无锡、常州等城市。近年来我国城镇和矿山频繁发生地面塌陷生态灾害，也是由于超量开采岩溶地下水引发的。

4. 有害外来入侵生物增加，生物多样性正在加速锐减。所谓有害外来入侵生物，是指从其他自然分布地区，通过有意或无意的人类活动而被引入的，对当地生态系统、生物栖息环境及物种带来威胁的生物。外来入侵物种增加，对我国各地环境、生物和生态安全构成极大威胁，这是近 10 年来我国面临的新的生态问题。到目前，入侵我国的外来生物约 400 多种，已对我国生物多样性和生态环境造成了严重危害。其中 70% 以上的野生稻生境已遭到破坏，已查明外来入侵物种 283 个，每年已对我国造成的总经济损失高达 1200 亿元左右，我国生态系统的生物多样性遭受严重破坏，生物种类正在加速减少和消亡，濒危或接近濒危的高等植物达 4000—5000 种，占总数的 15%—20%，高于世界 10%—15% 的平均水平。

中国濒危哺乳动物和鸟类比重分别为 18.8% 和 15.4%，大大高于美国的 5.1% 和 6%，也大大高于日本的 12.8% 和 5.3%。联合国《濒危野生动植物种国际贸易公约》列出的 740 种世界性濒危物种中，我国占 189 种，为总数的四分之一。据估计，目前我国的野生生物物种正以每天一个种的速度走向濒危甚至导致物种灭绝，已有一批珍贵的野生动植物在国土上绝迹。农作物栽培品种数量正以每年 15% 的速度递减，还有大量生物物种通过各种途径流失海外，造成生物物种资源丧失，使我国生物物种资源锐减与破坏形势非常严峻。

5. 我国森林生态系统的生态功能仍在退化，人均森林覆盖率仍然很低。近10多年来，我国森林覆盖率虽然逐步增加，根据《2003年中国环境状况公报》，我国森林覆盖率达到16.55%，相当于世界平均水平的61%。但是，我国有林地单位面积蓄积量却在下降，生态功能较好的近熟林、成熟林、过熟林不足30%，人均森林覆盖率仍然很低，只有大约0.1公顷，相当于世界平均水平的1/5，美国人均水平的1/10，人均森林蓄积量只有世界人均水平的1/8等。还要指出的是，我国原始森林所剩无几，未被人类侵扰的原始森林只占我国森林总面积的20%，约为55448平方公里。因此，保护森林，防止森林生态系统生态功能继续衰退，仍然是维持国家生态安全的重要任务。

上述大量事实说明，过去中国工业化与现代化建设，确实是以破坏我国生态基础，用生态的失调与退化为昂贵代价，来换取经济快速高速增长的。从目前我国生态系统衰退的实际情况来看，这一沉重代价远比我们所估计的严重得多。

（三）自然资源浪费与耗竭

1. 淡水资源短缺与浪费已成为我国经济发展的第一瓶颈。众所周知我国是世界上13个贫水国家之一，饮水资源日益匮乏，甚至面临淡水资源枯竭。据水利部提供的信息，“十五”期间，农田受旱面积平均每年达到3.85亿亩，平均每年因旱减少粮食250亿至300亿千克，占各种自然灾害损失总量的60%。目前，全国669座城市中400多座城市供水不足，110座严重缺水，32座百万人口以上的特大城市中，有30个长期受缺水困扰；全国城市缺水总量为60亿立方米，农业年缺水量达300亿立方米。据预测，到2025年，我国人口的约1/3生活在将被划分为绝对缺水的地区，到那时全国实际可利用水资源量将要接近合理利用水量上限，遭受严重经济缺水的人口会比现在大大增加，水资源短缺会更加严峻。2007年3月20日，世界自然基金会发布的《世界面临最严重危险的10条河流》报告中，有我国长江面临干涸危险之说。我国水资源耗竭不仅表现在社会生产和生活用水十分短缺，还表现在生态用水非常短缺。国际上通常认为，一条河流用水不能超过常年流量的40%，否则，河流量生态就会失调，生态功能就会衰退。而目前主要河流水资源开发利用率都很高，淮河为60%、辽河为65%、黄河为62%、海河用水已超过经流量的95%，远远超过国际上规定的40%的水资源利用合理限度的警戒线，严重挤占生态用水。然而，我国现今水资源浪费现象极为严重，不管是社会生产用水，还是居民生活用水，都是如此，以至于人均综合用水量比欧洲国家高1倍以上。我国多数城市水资源漏失率超过20%，综合估计实际漏失率全国平均数应在30%以上。据《大众日报》报道，我国城镇供水网漏失率在20%左右，每年因此损失自来水近100亿立方米，甚至高于南水北调中线的输水量。

2. 耕地资源严重不足，土壤质量恶化，人地矛盾日趋尖锐。中国虽然是一个陆地国土面积达960万平方公里的大国，但其中的可耕地面积却不足10%；中国是用世界7%的可耕地养活了世界20%的人口。随着人口的不断增长，工业化、城市化的推进，经济快速高速增长，不仅土地尤其是耕地污染的面积不断增加，程度加深，而且非农业用地面积不断扩大，使耕地越来越紧张。从1996年到2003年间，我国耕地净减少1亿多亩，其中建设用地高达2240万亩。粮食从1958年的高峰5.1亿吨，下降到2003年4.3亿吨，其中一个重要原因就是耕地大规模减少。根据国土资源部公布的2004年全国土地利用变更调查结果显示，全国耕地面积已由1996年10月底的19.5亿亩，减少为2004年10月底的18.37亿亩，耕地净减少1.14亿亩，人均耕地由1.59亩降为1.41亩。截至2005年10月31日，全国耕地面积为18.31亿亩，人均耕地继续下降。在如此严峻的人均耕地形势面前，更严重的还在于我国耕地质量与肥力的下降正在加速，有机质含量大减，全国平均耕地有机质含量不足1.5%。据有关专家介绍，目前我国土壤质量趋向恶化主要体现在两个方面：一是整体质量偏低；二是土壤退化现象较严重。我国的耕地中低产田占37.3%，中产田占41.2%，二者合计占78.5%；高产田仅占21.5%，即占全部耕地的1/5①。因此，我国土壤不仅现有已退化面积较大，而且土壤污染、水土流失、土壤沙化、酸化和盐渍化等还在继续扩展，使土壤质量正呈恶化和扩大恶化的趋势。在这种趋势下在土壤养分失调方面，氮和磷的缺乏虽已初步缓解，但钾和某些微量元素的缺乏仍在扩大。对于我国耕地不断减少，土壤质量低而退化严重的问题，千万不可掉以轻心，否则我们要犯永远无法弥补的历史错误。

3. 矿物资源破坏与浪费，使不可再生资源日益短缺，供给严重不足。我国人均矿物资源占有量低，矿藏分布不均，主要矿藏品位低，质量差，采选难度大。但是，最根本的原因还是我国经济快速高速增长和人民生活水平提高对矿物资源需求量增大，而粗放经营方式使资源利用效率太低，浪费太大，使矿物资源供给不足变得越来越尖锐。我国的煤矿、钢铁、铜、钨等矿业行业，占据储量世界第一，生产量世界第一，贸易量世界第一，消费量世界第一，这四项世界第一的几项甚至全部。例如，目前我国能源供应的92%来自矿物能源，制造业原材料的80%来自矿产品，建筑业对矿产品的依赖程度也不低于制造业。我国几种主要的原材料，如钢铁、水泥、有色金属、化纤等的产品已连续几年居世界第一。我国钨储量占世界总储量的35.5%，居世界第一，而中国消费量占全球总消费量的37%也居世界第一。我们可以说，我国既是原材料生产大国，又是消费大国。我国是化石能源紧缺的国家，煤、石油、天然气只占世界可开采资源量的12%、3%和20%，在经济快速高速增长的带动下，我国能源需求和能源生产增长迅猛。2003年能源生产总量为16.03亿吨标准煤，但这种高增长仍然不能满足需要，2003年我国已成为世界第一煤炭消费大国和第二石油大国、电力消费大国；虽然我煤产量居世界第一，但仍然十分紧缺，供不应求。

由于我国矿物资源消费量居世界第一，使我国陷入了不可再生资源过度开采濒临枯竭的境地。我国是世界第一大煤炭消费国、第一大建筑

① 胡其峰：《我国土壤质量趋向恶化》，《光明日报》2004年12月24日。

消费国，第二大电力消费国和原油进口国，2009 年我国汽车消费将突破 1000 万辆，超过号称“汽车王国”的美国，很快成为第一大汽车消费国。再如，2002 年我国铜消费 250 万吨，超过美国居世界第一位。但 2004 年我国自产量只有 158 万吨，近 10 年来我国铜消费平均增长率是世界平均增长率的 2.4 倍。目前国内可利用铜储量只有 280 处，开采程度已超过 50%，新储量增加极为有限。又如钨是不可再生的紧缺战略能源，多年盲目开采，使我国钨资源储量下降，如不加以控制，我国现有的钨储量和基础储量的静态保证开采年限仅有 12 年和 23 年。据预测，我国的铁矿石、锰矿、铜矿等许多矿产资源的开采年限，如按现有消耗量计算只有一二十年，是不能支持我国的经济可持续发展的。我国 45 种主要矿产可供利用储量对消费要求的最新的研究表明：2010 年可以保证需要的矿产为 21 种，其他 24 种矿产难以保证需求；2020 年可以保证需求的矿产仅有 9 种。其中，煤炭、石油和天然气的可采年限分别只有 80 年、15 年和 30 年，而世界平均水平分别是 230 年、45 年和 61 年。特别是铁、锰、铜、铝铁矿、钾等关系国家经济和生态安全的大宗矿石将严重短缺。

在矿物资源与能源短缺的同时，对它们的破坏与浪费是非常突出的。我国矿业生产的资源产出率，回收率和综合利用率都很低，生产和流通、生活消费的浪费惊人，滥采滥挖的现象非常普遍，尤其发展民营采矿，私人老板为了追求利润把矿山挖得千疮百孔，面目全非，使绝大部分矿产资源被破坏浪费掉了。还有管理不严而造成乱开乱采或大量污染，开采无序和使用不合理等，直接导致矿物资源的严重破坏和大量浪费，所有这些进一步加剧了矿物资源的耗竭和不能满足需要的矛盾。

上述大量事实说明，过去中国工业化与现代化建设，确实是以大量过度消耗资源能源，用自然资源的短缺与枯竭为其巨大代价，来换取经济快速高速增长的。按照现存的粗放型经济增长方式与极高代价生态外生经济发展模式，对资源能源的消耗速度，现有的大部分不可再生资源将会在很短的时间内消耗殆尽，可再生资源因生态环境恶化和存量锐减还会继续退化，使我国自然资源日益枯竭。从目前我国自然资源系统耗竭的实际情况来看，这一沉重代价远比我们所估计的要高得多。

二、中国经济快速高速增长惨痛的人的代价

（一）人的代价实质上是以牺牲人自身发展与全面发展来换取经济高速增长与物质财富迅速增加的

马克思恩格斯资本主义社会批判理论告诉我们，资本主义工业社会是以“人”的牺牲为代价换取社会生产力发展与物质财富增长的。在这里，表现出社会生产力的发展和人自身生产力发展的尖锐对立。马克思在《资本论》草稿和《资本论》中明确提出了“个人生产力”的概念，他在谈到资本主义社会制度下，人的发展是片面的畸形的是以压抑摧残个人生产力的办法来换取社会生产力的发展时指出：“总体工人从而资本在社会生产力上的富有是以工人在个人生产力上的贫乏为条件的。”[①] 如前所说，在马克思恩格斯的视野内，资本主义工业文明发展，不仅要以掠夺、牺牲人的身外的自然即外部自然为必要条件，而且要以掠夺、榨取劳动者即以牺牲人的自身自然为基本保障。正如马克思在《资本论》中所说的：“在现代农业中也和在城市中一样，劳动生产力的提高和劳动量的增大是以劳动力本身的破坏和衰退为代价的。”因此，“资本主义生产发展了社会生产过程的技术和结果，只是由于它同时破坏了一切财富的源泉——土地和工人。”[②] 在这里，马克思恩格斯无情地揭露了资本主义生产发展对劳动者身心健康和生命安全的破坏与摧残，为了社会生产力的发展与物质财富的增长不惜牺牲人自身的发展即个人生产力的发展，甚至不惜以牺牲劳动者群体即人类生产力的发展为代价，从而抨击了资本主义工业文明发展的反人性与反社会性。

按照马克思恩格斯所设想的社会主义（共产主义）制度，应该是消

① 《马克思恩格斯全集》第23卷，人民出版社1972年出版，第400页。
② 《马克思恩格斯全集》第23卷，人民出版社1972年出版，第552—553页。

灭了资本主义社会中生产力的发展和人自身发展的尖锐对立，不会出现以牺牲人的发展来换取经济增长与物质财富增长的情况，而是实现社会生产力发展和个人生产力及人类生产力发展的内在统一。然而，现实的社会主义文明发展大大突破了马克思恩格斯当年的预测。这是因为，长期以来，社会主义社会的发展，仍然是以西方资本主义国家的工业文明模式为蓝本，即采取极高代价生态外生经济发展模式，并沿袭西方资本主义传统工业化与现代化所走过的“先污染后治理”的老路，不仅是以生态环境为代价，直接危害着劳动者身心健康与生命安全，而且是以人的牺牲为代价，来换取经济高速增长与物质财富迅速增加。中国改革开放的30年来，社会主义工业文明发展明显地呈现出这种状态。当然，我们还要看到，当今中国社会主义经济，在质量上，虽然是社会主义公有制居于主导地位，但民营企业与私人经济在数量上所占的比重很大，已经超过公有制经济。无论在资本主义条件下，还是在社会主义条件下，私有制经济及私有资本的天性，就是快快赚钱，实现利润最大化发财致富。为此，私营企业主就会既要不惜牺牲生态环境，又要不惜牺牲人自身的发展。可是，这些年来，不要说新自由主义经济学者“忘却了人”和“忘却了自然”，一些著名经济学家受“以物为本”的现代西方经济学影响，也把经济学说成是只研究资源有效配置的学问，否认了人的发展是经济学的最高价值目标；大肆宣扬“以物为本”、“以利润为本”、“以金钱为本”的经济学。在这种错误的经济理论的误导下，在最高代价生态外生经济发展模式中，盛行着对“物”的拼命的孜孜的追求，“人”成为经济发展的工具或手段，这种见物不见人的经济发展就成为最高代价生态外生经济发展模式的一种根本性的表征，“造成了对人的遮蔽和排斥，导致了人的异化和边缘化，这是一种最大、最痛心的代价。”[1] 因此，从人的发展的视角来判断经济发展是否为最高代价或最低代价，其经济发展模式及其理论基础，则是以物为本还是以人为本的经

① 邱耕田：《低代价发展论》，人民出版社2006年版，第221页。

济发展模式及其经济学理论。以人为本的经济学，是为了人的生存与发展的经济学，是要解决人与人和人与自然之间的和谐协调发展关系。这必须研究我国经济快速增长所付出的惨痛的人的代价。这个落实科学发展观的核心问题，构建社会主义和谐社会的根本问题，因种种原因，基本没有经济学者研究，收集思想资料和实际数据很少，只能是就现有材料提出一些问题。

（二）经济快速高速增长以生态环境为代价，直接危害着人民群众的身心健康，使生态健康水平下降

刘思华教授早就提出："人类现代文明的发展过程中生态条件恶化，环境质量下降，使人自身的生态需求得不到应有的满足，危害着人们的身心健康。这是当代"生态饥渴症"的实质所在和集中表现。"① 全国每天有 4 亿人呼吸着受污染的空气，大气污染与呼吸道疾病的发病率与死亡率之间存在正相关关系。因此，我国生态环境恶化，与之密切的各种疾病率上升。据估计，我国每年空气污染引起 1500 万例支气管炎，550 万人患慢性支气管炎，2000 万人患呼吸道疾病等，每年有 40 万人死于废气引发的疾病，每年因室内空气污染死亡的人达 10 多万人。我国每天有 6 亿人喝着受污染的水，水污染与霍乱、腹泻等肠道病的发病率与死亡率之间存在正相关关系。据世界卫生组织调查，80% 的疾病和 50% 的儿童死亡都与饮水水质不良有关，尤其地下水污染对人体引发的病变包括胃癌、结直肠癌、淋巴癌、食道癌、膀胱癌等。据经济合作与发展组织在 2008 年 7 月 17 日公布的《中国环境绩效评估》报告，我国每年有 1.9 亿人受到与水污染有关的疾病的折磨，水污染每年导致我国 3 万亿名儿童死于腹泻。联合国环境规划署认为，80% 以上的癌症都与环境因素有关。我国城市环境污染严重，癌症已成为城市居民"头号杀手"，其中肺癌居男性癌症死因的第一位、女性的第二位，成为我国第一大癌症。吸烟和室内氡气污染是肺癌的"推手"。据卫生部门公布的数据显示，

① 刘思华：《理论生态经济学若干问题研究》，广西人民出版社 1989 年版，第 265 页。

恶性肿瘤，脑血管病，心脏病等成为2005年城市居民前十位死因，合计占死亡总数的92%。在上海每百人中有一个癌症患者。据相关数据显示，近几年来我国中小企业尤其民营私人企业的污染物排放总量增长较快，伴随着环境污染加重，直接导致了癌症和其他疾病的高发病率，加剧了看病难。

近几年来，各地为了追求GDP增长，一些企业以牺牲生态环境为代价，直接危害着人民群众的身心健康，付出了悲惨的人的代价。“八百里秦川、一千里污染”，淮河流域的严重污染等，都使当地人民群众的生活条件和健康状况变得十分恶劣。例如河南平西成片的癌症村，地处淮河上游的河南项城的王沟村，因受某味精集团的污染影响，20%的村民都患上了肿瘤病。在沙颍河沈丘段，因地下水严重污染，癌症患者增多的村庄至少有20个，涉及村民近5万人。据中国工程院郝希院士的一项报告显示，59种恶性肿瘤的发病率在20年来上升了大约50%，恶性肿瘤也由20世纪50年代定位的罕见病、疑难病，成为21世纪的癌症高发的常见病、多发病和慢性病。与沙颍河相连的黄孟营村是一个“癌症高发村”，该村得结肠炎、直肠癌、食道癌的人更多。整个淮河流域到底有多少人被污染而夺去健康和生命，目前还缺乏统计数据，但不难想像，上述情况是非常惊人的。据青年生态经济学家沈满洪调查，目前全国有200多个癌症村。中山大学杨中艺教授的研究认为，“人类癌症的90%以上是环境因素引起的”。又如，贵州西部的砷中毒，贵州的氟中毒事件，直至前不久揭露的发生在甘肃省、湖南省两件环境污染事件，危害着人身健康事件，都触动了人们一直紧绷的脆弱神经。甘肃徽县有色金属冶炼公司是10多年前被批准上马的，污染物长期未实现达标排放，大量含铅烟尘常年超标排放，超出最高允许排放浓度的800多倍，不仅使周围土壤受不同程度的污染，而且使人身受到严重的血铅超标污染，中毒人数近1000人。到2006年9月7日为止，发现了368人血铅超标，截至9月11日，住院人数为179人，其中儿童171人，成人8人。湖南的浩源化工公司，铅锌矿化工厂等长期排放高浓度含砷废水，砷浓度超标达

4000 多倍，使岳阳县城饮用水源地新墙河发生污染事件，砷超标 10 倍左右，8 万居民的饮用水安全受到威胁，危害着当地居民的心身健康。

人身健康问题的产生与生态环境的恶化密不可分。目前我国有 4.25 亿人口生活在缺碘地区，30 个省区市 1230 个县市的 2 亿多人口受地氟病威胁，15 个省区市 321 个县市 5000 万人口受克山病威胁；14 个省区市，315 个县市 3400 万人口受大骨节病的威胁；霍乱、病毒性肝炎、钩体病、腹泻病、血吸虫病、痢疾出血病、乙型脑炎等传染病仍在危害着人民群众的肉体和精神的健康，使我国人民的生态健康水平下降。[①]

从生态环境污染与人体衰老的相关性来看，有关专家指出，人体的衰老，年纪因素只占 20%，而 80% 是生态环境污染引起的各种疾病所致。环境污染与生态恶化，不仅损害当代人的健康，而且影响后代人的健康。大气污染对新生婴儿患病率与死亡率的影响很大，我国城市儿童铅中毒相当严重，超过国际公认的儿童铅中毒诊断标准（100 ug/L）以上，即每升含铅量为 100ug 的比例较高。如太原为 89.8%、北京为 68.8%、成都为 60.3%、扬州为 55.6%、合肥为 50%、宁波为 47.1%、沈阳为 40%，使我国城市儿童铅中毒流行率达 51.6%，主要城市的工业区内，儿童血铅水平在 200—679ug/L，而血铅达到国际标准公认的标准水平，就会造成神经行为毒性作用[②]。据《联合时报》2005 年 8 月 19 日报道，光辐射增至到一定量时将会对生产和生活环境以及人体健康产生不良影响。在这种光成为光污染的环境下，人的视网膜和虹膜都会受到程度不同的损害，视力下降，白内障的发病率升高，以至于发生神经衰弱的症状，由此成为我国 60% 以上的高中生近视的主要原因。

由于大城市生存的自然环境和社会环境的变化，加之营养状况不良等，使城市半数中学生体质不佳。2005 年北京市学生体质健康调查表明：中学生血压偏高的比重超过一半，高中生超过了 60%。学生肥胖率

① 张建中：《传染病预警预测与中国生态健康》，《光明日报》2004 年 12 月 9 日。

② 谭绿贵：《城市环境铅污染对儿童健康的影响及防治对策》，《皖西学院学报》2005 年第 2 期。

比5年前增长了50%，中学生视力低下检出率为52%，其中小学六年级超过40%，初三接近70%，高中超过60%。据报道，近两年来，我国青少年近视发病率居世界第二，人数居世界第一，且渐趋低龄化，中小学近视检出率为53.8%。有关资料统计，导致胎儿畸形的因素占10%—15%。而生态环境因素中，先天的遗传因素占10%—20%，目前我国一些城市的新生婴儿畸形率呈上升趋势，农村污水灌溉地区先天畸形婴儿比清洁灌溉地区高1倍。

（三）生态环境恶化使人体生态损害而导致人的自然生命过早死亡

在我国主要城市，估计每年因空气污染过早死亡的有17.8万人，2000年因空气污染导致了60万人夭折。中央电视台新闻频道的“共同关注”栏目连续播出了题为“10年治污看淮河”的特别报道说，安徽宿州的杨庄乡，5年里患癌症死亡的接近300人。越是靠近淮河支流污染严重的村民，患癌症和因此过早死亡的比例就越高。云南个旧是著名的“锡都”，也是世界上肺癌发病率最高的地区之一。这些年来，个旧锡矿肺癌病患者越来越多，死亡数字越来越惊人，已经到了令人恐怖的地步。从近5年来的恶性肿瘤登记资料来看，死亡率从1998年的5710/10万，上升到2002到7213/10万。这表明个旧地区恶性肿瘤死亡率仍呈上升趋势，尤以肺癌为甚。此外，全国每年因室内装修污染引起的死亡人数已达11.1万人，每天大约是304人，这个数恰好相当于全国每天因车祸死亡的人数。

（四）一些私营企业和外资企业为了获得最大限度的利润，将劳动者的身心健康与生命作为可牺牲的成本

凡是学过政治经济学的人都知道，在资本主义条件下，为了攫取更多的剩余价值，资本家采取绝对剩余价值生产，总是要尽量地延长工作日，因此，资本家不顾雇佣工人的心身健康和生命安全，他们唯一关心的是从工人身上榨取最大限度的剩余劳动。马克思指出：“资本由于无限的盲目地追求剩余劳动，像狼一般的贪求剩余劳动，不仅突破了工作日

的道德极限，并且突破了工作日的纯粹的身体极限。”[①] 依靠千方百计的延长劳动日，增加生产，让工人生产更多的剩余价值，这是资本主义发展初期资本家提高剥削程度的基本方法。马克思在《资本论》中还以英国为例，用大量的事实揭露了资本家如何拼命延长劳动日，极大的残害了工人身心健康与生命安全。因此，马克思作出结论说：“资本主义生产——实质上就是剩余劳动的吸取——通过延长工作日，不仅使人的劳动力由于被夺去了道德上和身体上的正常发展和活动的条件而处于萎缩状态，而且使劳动力本身未老先衰和死亡。”[②] 当年马克思揭露资本主义发展以人的牺牲为代价的情形，一个半世纪以后的今天，在我国社会主义条件下都有不同程度重演，这突出表现在私营企业尤其是外资企业中，一些企业主及私人老板，为了攫取最大限度的利润，也是采用绝对剩余价值生产，从劳动者身上获取最大限度的劳动，拼命地延长工作日，极大损害了劳动者的身心健康和生命安全。据《中国青年报》2005 年 10 月 12 日报道，经对广东省东莞市的 11 家玩具制造工厂进行随机调查发现，这些工厂大多是港资企业，就有 10 家工厂违反劳动法，工人每天实际工作时间都超过 11 个小时，其中 7 家工厂的工人甚至每天要工作 14.5 个小时。另外，超过半数以上工厂的工人每周工作 7 天，其余工厂每周工作 6 天，或者每月休息两天。这样，很多工人每周要工作 80—90 个小时，超过法定每周工作 40 个小时的 1 倍以上。如遇到生产旺季或者工厂赶货的时间，工人的工作时间还会更长。除了强调工人超时工作以及支付低于最低工资标准的工资以外，还有一些违反劳动法规的情况，如绝大多数工厂没有给工人买医疗工伤以及养老保险；对工人非法搜身、辱骂甚至殴打工人；工人的住宿条件恶劣，十几甚至二十几个工人住在拥挤的宿舍里；有的工厂实行半军事化管理，不允许工人随意出入工厂，限制工人的人身自由等。

我国噪声污染也是十分严重。由于工业噪声、汽车噪声以及其他噪

① 《马克思恩格斯全集》第 23 卷，人民出版社 1972 年版，第 295 页。
② 《马克思恩格斯全集》第 23 卷，人民出版社 1972 年版，第 295 页。

声，对人的听力损害远超过以前。2006 年一项调查显示，中国有 2780 万人有听力障碍症。

2006 年 6 月 12 日的《经济参考报》刊登记者来稿说，一项最新的调查显示：外资企业 42% 的劳动者处于超时工作状态。“朝九晚五，成了朝九晚无”。翰德人力资源公司最新调查显示：某市目前有 42% 的员工每周工作时间超过 50 小时，与此同时，有 40% 的员工对工作表示倦怠。有关专家指出，西方人对休息权很看重，但是他们中一些人进入中国后，为了榨取剩余价值，大为推行所谓“加班文化”。这在一些外资企业表现得尤为突出。这些企业主不怜惜员工的休息权，健康权及生命价值，而“将生命作为可牺牲成本”，有意识地提高淘汰率，靠高频率的新血液维持生产高增长，残害员工的心身健康和自然生命。这样，近年来，越来越多的企业员工出现焦虑、失眠、记忆力衰退等症状，身体健康被严重透支。一位 IT 人士说，国内 IT 行业被列为“过劳死”的高发区，员工加班已成常态。不仅是私营企业，外资企业，其他所有制企业也存在着许多的“过劳而不死”的加班族，尤其在科研人员中存在着“过劳而不死”即“过劳死”的边缘人群。据中国人才蓝皮书显示，中国人才不仅是严重浪费，而且中国人才总量的 70% 的人走在“过劳死”的边缘，这个数字是多么惊人啊！仅以 2003 年为例，中国疾病经济负担达到 1.2 万亿元，占 GDP 的 10.30%，增长速度高于当年 GDP 的增长速度。2009 年 12 月，《中国城市白领健康白皮书》披露：内地城市白领中有 76% 处于亚健康，接近 60% 处于过劳状态，35—50 岁高收入人群中，生物年龄平均比实际年龄提前衰老 10 年，健康状况明显不佳。因此，有的学者指出：“一个健康危机时代正在向中国人走来”。

（五）随着经济快速高速增长，各类伤亡事故迅速增加，呈现出与 GDP 同步增长的趋势

据 2005 年 9 月 21 日《经济参考报》报道，2004 年我国发生各类事故 80.36 万起，死亡 13.67 万人，伤残约 70 万人，经济损失 2500 亿元，约占国内生产总值的 2%，大约每亿元国内生产总值死亡 1 人，每万人中

有1人在事故中死亡。进入21世纪以来，我国汽车生产发展极为迅速，2009年已成为第一汽车生产大国，引起交通死亡事故已超过全球的15%。近几年来，我国道路交通，水上交通、采矿、危险化学品，烟花爆竹等行业是伤亡事故的高发区。2008年我国仅道路交通事故就有7.35万人死亡，伤残30多万人，数量之多居世界前列。中国交通事故死亡人数已经连续10多年居世界第一。近几年来我国采矿业矿难频繁，触目惊心的伤亡人数，令百姓痛心，高层震动！仅2004年就有6000多位矿工在采矿业的爆炸透水、塌方和其他事故中丧生，占世界矿难死亡总数的80%。

现在，我们以煤矿的矿难为例进一步说明之。仅就2005年第1季度发生的煤矿矿难来看：2月14日，辽宁阜新矿业集团公司孙家湾煤矿海洲主井发生特大瓦斯爆炸事故，死亡达到210人以上；2月15日，云南富源县竹园镇松林村一非法小煤矿发生瓦斯爆炸，共死亡27人，受伤14人；3月14日，黑龙江省七台河精煤集团公司新富煤矿发生瓦斯爆炸事故，死亡18人；3月19日，山西朔州市平鲁区白堂乡细水煤矿发生瓦斯爆炸并波及康家窑煤矿，两处小煤矿共69人遇难等等。在产煤大国中，美国百万吨死亡率是0.04、俄罗斯为0.34、南非为0.13，而我国的死亡率高达4，大大超过世界平均水平①。百万吨死亡率是美国等发达国家的30—50倍。近几年来新的一轮矿难高峰产生，是由于经济快速高速增长，导致全国能源紧缺，对煤炭的需求增长，使煤炭价格大幅上扬，使全国127个产煤省区市中，有20个省区市超产，煤炭企业几乎全部超负荷生产，尤其是全国各地私营煤矿企业发展很快，他们为超产赚钱，就不惜矿工的身心健康和生命安全，导致我国煤炭生产增长以矿工生命安全为惨痛代价，故人们称之为“带血的煤炭”。这是我国粗放型经济增长方式与极高代价生态外生经济发展模式的典型表现。

（六）市场经济竞争激烈，片面追求经济效益，劳动者工作压力增

① 《世界工厂的煤矿悲剧》，《日本经济新闻》2005年2月28日。

长，也会影响劳动者的身心健康

从我国目前的实际情况来看，有两个方面值得我们重视。

1. 发展市场经济盲目追求效率和过度追求经济效益，就导致滥用化肥，滥用各种含激素的生长剂，必然使果菜、肉食畸形速长，弱化了营养，形成低营养食品。因而，有关专家称中国“低营养食品时代”来临。这就造成我国国民营养状况不良，伤害人体健康。我国现有1.6亿人血脂异常，1400万名5岁以下儿童生长迟缓，应该引起警醒。

2. 发展市场经济，促进经济迅速发展，这就为人民生活水平和生活质量的提高提供了物质的基础。然而，市场经济竞争激烈，劳动者工作压力增大，经济生活节奏也会使生活水平下降和降低生活质量。据对北京、上海、广州、南京、成都市普通人群失眠状况的调查，睡眠障碍发病率达57%，大多数失眠患者，尤其是经济发达地区的患者认为，主要原因是生活、工作压力过大所致。失眠与抑郁症关系密切，75%的抑郁患者伴有失眠，失眠是抑郁症的突出症状。目前我国有3000万名抑郁症患者，占全球3.4亿名抑郁症患者的8%以上。此外，由于过度消费、大吃大喝，使我国的肥胖问题和富贵病日趋严重。据世界卫生组织2003年公布的数字，我国的肥胖人数已超7000万人，成人超重者达40%至50%；富贵病如糖尿病患者已超4000万人，并年增120万人。《组织人事部》发文指出：在全国城乡，有精神病患者1300万人，地方病患者约有3600万人，老年痴呆病患者600万人，残障者有8200万人[①]。

三、中国经济快速高速增长沉重的社会代价

片面追求单纯的快速高速经济增长，而忽视增长代价，不仅要付出昂贵的生态环境代价和惨痛的人的代价，还要付出沉重的社会代价，极大地增加社会不协调不和谐因素。这里讲的社会代价是指除去上面所述

① 黄文忠：《组织人事部》时评，2008年1月15日。

的自然生态环境代价和人的代价以外的所有代价，都属于社会代价。这包括西方学者所说的社会代价，即无发展的增长、通货膨胀、贫富悬殊、失业等经济方面的代价，腐败、规范的缺失等政治方面的代价，文化方面有价值偏执，意义失落、道德滑坡与丧失、信仰危机等。这些方面在我国市场经济发展进程中都有不同程度的表现，有些问题还十分严重，如贫富悬殊、各种腐败、道德滑坡与丧失等。经济快速高速增长带来的社会代价是多方面的，它涉及众多学科。目前我国专门研究此议题的学者甚少，因此，本书只是就几个突出问题作些实证分析。关于包括生态代价、人的代价在内的各种代价所造成的直接与间接经济损失，既是经济代价的表现，又是各种代价危害性的反映，放在下节叙述。

（一）从采矿业发展的两个实例来看我国经济发展所付出的沉重的社会代价

首先从煤矿业发展来看。如前所述，我国煤炭产量世界第一，而发生的矿难也是世界第一的。它不仅是以“人”的牺牲为代价，而且是以过度资源消耗为代价来换取煤炭经济增长。我国每采出 1 吨煤要损耗 2.5 吨煤炭储量，损耗 2.84 吨水资源。“煤老大”山西每年挖 5 亿吨煤，使 12 亿立方米水资源受到破坏，这相当于山西省整个引黄工程总引水量，平均每生产 1 亿吨煤造成水土流失影响面积约 245 平方公里。生产一吨煤要付出沉重的社会代价，突出表现在官商勾结与黑白两道夹击追逐利润，使煤炭腐败蔓延，触目惊心。据报道，山西共有 8000 多个煤矿，其中合法煤矿有 4000 多个，非法私营煤矿至少三四千个，而一个非法私营煤矿要生存通常需要七八个“保护伞”，三四千个非法私营煤矿可能涉及上万名干部。近些年来，山西煤炭经济发展“造就了多少暴富的私人煤老板，与此同时也就“造就”了多少暴富的官员。在首都北京郊区储煤颇丰的房山区史家营乡大村涧村，总面积 6.4 平方公里的村子就有 30 多个私人小煤窑。因采煤而致富成为京郊首富村，也是因煤而破坏了生存环境走向毁灭而成为空村。然而，在走向毁灭的过程中“造就”了史家营私窑煤老板资产千万元乃至数亿元的不在少数。他们在北京城一掷千金的种种传闻，在市井坊间不绝于耳。近几年时间里，史家营煤老板已从北京市场买走不下百辆每辆售价上百万元的丰田越野车。一位私营煤老板自白："在北京，你可以问问高档小区，高档娱乐场所，哪里没有史家营煤老板？"

再看看一个地区的采矿业的发展情况吧。湘南地区是全球著名的南岭多金属成矿带核心地段，在地质界有"江南聚宝盆"之称，郴州市就座落在这个"聚宝盆"之中。据2006年10月16日《报刊文摘》转载的《瞭望东方周刊》的报道，在郴州民间资本大量投向金属矿的开采及其延伸产业，带动了地方的经济快速高速增长，这个市所辖资兴市、桂阳县、永兴县入选湖南首批"县域"经济十强。然而，郴州暴富的同时，郴州官场腐败大案连环引爆，即郴州市委书记李大伦贪污腐败案等一系列腐败案。前副市长宣称，他作为贪官在郴州也只能排在第12位。就是这个"第12位"一次就笑纳了私营企业老板提供的折合人民币235万元的房产现金、家电和住房装修，其中价值200多万元的一个商业店铺，抬手送给他的一位情妇开茶楼，足以令人瞠目。

位于郴州临武县境内的三十六湾，这个湘江支流密布了数百家私营采选矿厂，长年肆无忌惮地乱采滥挖，尾砂废水直排入河，造成附近村庄和河流下游严重污染，老百姓上访告状堵车不止，极大地影响了社会安定。2003年5月13日，洪水冲垮了尾砂坝，至少夺去了40多名矿工的生命，而当地官员上下联手，隐瞒了这起事故的死亡人数。这个对民生具有极大威胁的"脓包"，历经数次整治却始终无效。固然有多种原因，但采矿业腐败蔓延是其中的"死结"。一些私营矿主气焰嚣张，就是自恃有强大的后台靠山。在郴州从工商界到一些官员私下都承认，郴州的市场已完全被权力掌控，没有官员作后台，一般都接不到工程。有的腐败官员为了便于捞取更多利益，并不只是简单搞官商勾结，而是扶一批、打一批，手法很娴熟，也很狠毒。该市一位人大常委会副主任对记者说：暴富的老板背后，一定有暴发的官员，它几乎成了郴州的一条"铁律"。该市一位人大代表说，三十六湾只是名气最大而已，在郴州香花岭、柿竹园、瑶岗仙、玛瑙山、黄砂坪、鲁塘等，这些地方同样的事情也在以不同程度发生。

(二) 城乡、地区、居民收入“三大差距”不断扩大，贫富两极分化日益严重

我国改革开放三十年的经济快速高速增长，实质上是一种不平衡的、不公平的增长，其社会代价必然是不断扩大城乡差距、地区经济差距和居民收入差距，使贫富两极分化日益严重。这是今日中国的客观实际。近年来，有关权威机构在网上开展民意调查，“关注社会公平，缩小贫富差距”则成为人民群众关注的10个热点问题的首要问题。因此，有效解决我国发展进程中贫富悬殊问题，是构建社会主义和谐社会实现我国社会可持续发展的根本问题。

1. 在我国工业化与现代化建设的发展过程中，城乡在一定时期内差距会随着社会结构的转型而扩大，城乡二元结构也会随之加深而出现城乡二元结构的失衡，直接导致城乡经济增长速度和城乡居民收入分配差距扩大。按照国家统计局公布的统计数据计算，改革初期，1985年城乡收入差距曾缩小为1.86倍，接近世界水平，但从此以后逐年扩大。2001年城市居民人均收入为6860元，农民收入为2366元，表面上差距是3:1(但如把农民收入中实物收入等部分扣除，实际上他们收入差距为5:1左右)，2003年、2004年、2005年分别是3.23:1、3.21:1、3.22:1。据《中国劳动统计年鉴（2004)》和《中国民政统计年鉴2004》的资料，2003年城镇劳动者人均社会保障支出为1765元，而农村劳动者为14元，城乡差距比例高达126:1。在此，我们要特别指出两点：一是在西部地区的各种分配差距中，城乡之间的差距尤为突出。农村家户的人均收入不及城镇家户人均收入的40%，城乡之间不平等可以解释总体收入差异中近53%的变差。城乡居民在社会保障方面的差距更为巨大，近34.2%的城乡户口居民享有社会保障，而农村只有2.5%；41.6%的城市居民享

受一定的医疗保障与保险，而农村只有13.6%①。二是中国城乡建设与发展的不平衡现象可以说在世界上也不多见。这突出表现在，在我国经济发达地区的国际大都市北京和天津周围，竟环绕着3798个贫困村、32个贫困县、272.6万贫困人口。2005年8月亚洲开发银行公布的《河北省经济发展战略研究》中指出："环京津地区目前存在大规模的贫困带"不仅出乎亚行官员的意料，也出乎很多国人的预料，令一些学者震惊与痛心。曾有专家见到这个贫困带的一个4口之家，房子是土泥房子，屋顶用柳条糊住；家具是一个水泥柜、一口锅，几个碗，另外还有几只羊，全部资产不超过1000元。每次从北京驱车到此地，强烈的贫富与城乡差距令他震撼，他说："那不是一个时代的差距，而是三十年、五十年的差距。"正如有的学者指出；城乡居民存在收入差距的现象是世界各国都有的，但通常在1.5:1，极少数达到2:1。而我国城乡收入差距之大在亚洲乃至世界都是极为突出的。中国社会科学院提出的报告认为："中国城市人均收入是农村人均收入的4.1倍——这一比率与世界最落后国家津巴布韦的比例相当"。如果将教育和医疗保健费用考虑进去的话，报告认为，中国城乡居民生活标准的差距为世界之最。

2. 地区经济差距，主要是指我国东中西部经济发展的差距仍在不断扩大。这种地区发展很不平衡是中国宏观经济发展中不协调的一个主要表现。它包括多方面：一是在经济增长的速度上，东中西部地区的差距在逐步扩大。1980年至1990年的10年间，东部地区人均GDP的年均增长速度仅高于中西部地区的0.93个和0.5个百分点，而1990年至2002年的12年间则上升为2.2个和2.8个百分点。从经济增长的总量来看，西部12个省区市的国民生产总值只占全国的17.1%（低于人口比重的11.1%），人均国民生产总值仅及东部的40%②。因此，从经济总量看，东部地区占全国总量比重不断提高，由1980年的50%提高到2004年的61%。中部、西部地区分别由30%和20%下降为23.5%和15.5%。从

① 金振蓉：《西部群众生活水准总体提高》，《光明日报》2006年9月30日。
② 《全面建设小康社会学习读本》，中共中央党校出版社2002年版，第95页。

收入水平、消费能力、城市化水平等方面来看，东部大大高于西部。据2005年国家统计局公布的统计数据计算，我国东西部地区人均GDP的比例由1991年的1.86倍扩大到2004年的2.61倍。2005年东部、中部和西部城镇居民人均可支配收入分别为：13374.88元、8808.52元和8783.17元。尤其是东西部农村之间的差距很大，据2006年国家统计局公布的监测和评价结果显示：东西部农村之间全面建设小康的实现程度很不均衡，2005年东部地区全面建设小康实现程度为47.6%，已经走了近一半的路程，中部则为24.6%，走完了四分之一的路程，而西部实现程度仅为1.3%，即是刚刚起步。东中西部农村全面建设小康实现程度差距较大主要表现在经济发展、人口素质等方面。在经济发展方面，东部与中部、西部农村全面小康实现程度的差距分别为39.5%和59%，发展差距在8年以上。在人口素质方面，东部和西部的差距为80.3%，中部和西部差距为66.9%，发展水平差距在10年以上①。

3. 我国社会成员之间收入差距不断扩大，贫富两极分化日益严重，已成为影响社会和谐的根本因素和实现社会可持续发展的重大阻碍。当今中国社会经济处于转型时期，我国收入分配结构急剧变动使社会经济的利益失衡现象较为严重。这就是一方面是日益崛起的高收入者阶层，另一方面却是低工资的城市居民、下岗职工、进城的农民工、贫困地区的农民等形成的规模巨大的低收入者阶层。有关资料表明我国低收入和中等偏下收入人群占总人口的64.5%。社会成员之间收入差距呈扩大趋势，主要表现为群体收入差距，城乡居民收入差距，地区收入差距以及行业收入差距等正在加大，而且在发达的大城市中，居民收入差距也在扩大。例如，北京市2004年居民高、低收入组的收入差额由2003年的3.4:1扩大到4:1，并已经形成了大规模城市贫民阶层。北京2006年蓝皮书说，北京的364.9万名暂住人口已经形成了在生活运转上自我维持的低层次生存圈，初步具备了印度及部分拉美国家多年来十分头痛的寄

① 张玉玲：《东西部农村差距究竟有多大》，《光明日报》2006年9月16日。

生于城市的“贫民窟”特征。这是北京社会生活的一个重要的社会问题。

国际上对贫富差距的通用表示法是基尼系数，系数越大，表示社会的贫富悬殊越大，国际公认的基尼系数的警戒线是0.4。我国的基尼系数1990年为0.343，到了2001年上升为0.447，2004年为0.465，2005年为0.47。大大超过印度2004的0.325，美国2000年的0.408。联合国开发计划署认为，目前中国的占总人口20%的最贫困人口占总收入和消费的份额只有4.7%，而占人口20%的最富裕人口占收入和消费份额达50%。据2008年报道，我国城市人口中20%的富人拥有金融资产的66.4%，而20%的穷人仅拥有1.3%。西部省份居民收入差距的基尼系数已达到0.47，最富有的10%家庭拥有全部收入的33%，而最贫穷的10%家庭只占有全部收入的1%。据2009年报道，近年来，我国城乡、区域、群体之间的收入差距不仅没有缩小，反而不断扩大。从1988年至2007年，收入最高的10%人群和收入最低的10%人群的收入差距，从7.3倍上升到23倍[①]。扩大了16倍之多，其速度之快，世界各国少见。这些表明中国社会贫富悬殊已经突破了合理的限度。换言之，目前我国的基尼系数已经证明，我国社会成员之间的贫富差距日益扩大，两极分化日益严重，社会的大多数财富集中在少数人手中，绝大多数人占有社会财富很少，这是不容置疑的客观事实。据“2007胡润百富榜称，资产达到或超过10亿美元的中国人从2006年的15人猛增到108人”。据《参考消息》2007年10月10日报道：“中国亿万富翁人数居世界第二”，“中国首富的资产高达175亿美元”。因此，有效地解决这个问题，是构建社会主义和谐社会和实现我国社会持续发展的一项根本任务。

（三）随着我国人民物质消费水平的提高，高消费，过度消费，消费主义在我国开始流行与蔓延，这个社会代价及其负面影响也不可低估

目前我国城市居民消费结构的变化正在向享受生活消费阶段发展。

① 郭丽君：《“蛋糕”做大，还要分得合理》，《光明日报》2009年12月20日。

但是，如前所说，目前我国有占人口总数近2/3的低收入和中等偏下收入的人群消费率持续走低，消费需求偏冷，而先富起来的高收入人群尤其是一些“大款”，一味效仿发达国家的高消费、高享受、高浪费的生活方式，把享受消费引到了过度消费的模式中。一些地方盛行盲目攀比的畸形消费、斗富比阔、挥金如土的奢靡消费，有的不仅盲目攀比建造住房，甚至盲目攀比建造坟墓，这种铺张浪费型与奢侈攀比型消费，在富裕人群中成为一种社会时尚，以奢靡与挥霍消费为荣耀，这完全违背了中华民族的优秀传统和民族精神。尤其是像我国这样的发展中大国，在生存与温饱尚未完全彻底解决的情况下，消费主义享乐主义就更显露出荒诞、不道德与不自然。由于近几年来我国消费率偏低而造成消费拉动经济增长的作用减弱，于是一些地方为了追求GDP增长，利用消费需求拉动经济增长，就出现了环境破坏型消费和资源浪费型消费。例如，前两年全国各地的过度包装的浪费，大量用天然资源包装商品；在社会生产和社会生活中的过度用水，过度用电，过量耗油，过度使用以天然资源为原料的一次性用品等等。这些以过度消耗稀有资源为代价的过度消费，既大量浪费资源，又破坏生态环境。

我们应当看到，最高代价生态外生经济发展模式不仅表现为高投入，高消耗，高排放的生产方式，而且表现为高消费、高享受，高浪费的生活方式。这种生活方式在现实生活中就是消费主义、享乐主义、挥霍主义。这些在我国开始不同程度地表现出来了。人均收入不及美国1/14的中国，在奢侈品消费额上，却早已超过美国，并极有可能在1—2年内超过日本，成为世界第一大奢侈品消费国。现略举几个事例：拥有全球最昂贵汽车品牌之一的宾利公司称，自2002年进入中国市场以来，已经创造三项纪录：总销售量亚太地区第一，销售增幅全球第一，价值1188万元的宾利728型销售量全球第一。对消费品名牌趋之若鹜的不仅限于富豪及大款们，在一些大中城市中的青年也在日益膨胀欲望。他们的支出远比收入高，消费信贷的急剧膨胀，正催生一大批现代“负翁”和“月光族”。又如在有些人视野内，中国似乎正在成为全球新兴的消费主义国家。目前中国的奢侈品市场价值约为20亿美元，约占全球总额的30%。如豪宴奢侈之风在我国一些城市开始流行，2003年西北某城市付出36.6万元的天价满汉全席，按当时上海黄金市场开盘交易价钱，一桌饭菜大概等于吃了4公斤的黄金。

2005年某市一家酒楼推出了高过25万元的乾隆御宴。2006年春南方某市一家高档酒楼推出了高价的年夜饭，其特价为8.8万元；在西南某市一家菜馆天价宴席标价为18.8万元。在杭州一家酒楼竟推出了19.8万元的超豪华年夜饭，这相当于吃掉了一辆中档汽车、一个职员20年的薪酬收入、贫困地区1000个学生一年的学费。上述这些奢侈的、畸形的消费正在加速物欲横流的泛滥，既会极大地固化中国现已存在的地区差距和贫富差距，又会加剧权利寻租式的“官腐”和投机赌博式的“民败”，从而严重败坏社会风气，妨碍人、社会、自然有机整体的良性运行与健康发展。

（四）随着我国经济建设迅速发展，社会建设滞后问题日益突出，在经济发展过程中出现的社会问题日益增多，使经济增长的时候成本与代价过大

1. 经济快速高速增长的社会成本与代价，突出表现在，我国市场经济发展的职业道德与社会道德严重失范。这是因为，市场经济的本性，就是使作为市场主体的企业和个人，都把追求利润最大化作为经济活动的目的。市场经济在“人的积极性、主动性、创造性解放和发展出来的同时，也把人的物欲、贪欲和自我膨胀释放出来了”，“在注意发财致富和经济建设的同时，也把享乐主义、拜金主义给滋生出来了。”[①] 因此，近30年来，拜金主义猖獗，见利忘义盛行，个人主义泛滥，“一切向钱看”，已成为许多人和企业的处事原则和行为标准。使我国经济社会转型中的职业道德与社会公德失范现象十分严重。在我国发展市场经济过程中，职业道德的沦丧一时间成为社会的焦点，一直引起社会各方的关注。

---

① 韩庆祥：《发展与代价》，人民出版社2002年版，第30页。

尤其是商德、官德、医德、师德和社会生活中一些公德和家庭道德的迷失，造成我国发展与经济发展的高昂的社会成本与代价。就合乎商德来说，这些年来一个突出表现，就是制售假冒伪劣产品的现象极其严重。2008年，三鹿奶粉事件震惊中外。一些网民痛斥：三鹿事件暴露了我国一些企业利欲熏心、奶农见利忘义，监管部门无所作为，整个社会诚信缺失，置公众生命健康不顾的狰狞面目。商家的道德沦丧、唯利是图+监管部门的失职=百姓的灾难。温家宝总理也痛斥：这起事件暴露出政府监管不力，也反映一些企业缺失职业道德和社会公德，用老百姓的话说就是“没良心”。

2. 随着改革开放的深入发展，我国经济社会的转型，各种腐败现象也随之产生和盛行。自20世纪90年代中期以来，经济社会转型中各种矛盾与冲突引发的道德危机和行政道德与科学道德失范，使我国社会的腐败尤其是商场、官场、学场的腐败，令人震惊。一些行政官员以权谋私、行贿受贿、敲诈勒索、横行霸道、奢侈铺张、腐化堕落，不仅是“政府权力部门化、部门权力私人化”，而且是“大学行政化、官僚化；不仅官商勾结，而且商学联营、官学合营”，“唯官是图”“唯利是图”，使官场贪腐和学场贪腐之风盛行，这是当代中国发展进入21世纪付出的巨大的社会代价。2008年中国社会科学院公布的《中国社会和谐稳定研究报告》中，提出当前中国和谐社会发展面临两大主要挑战，而干群矛盾日益显化是中国社会和谐稳定面临的主要挑战之一。这主要表现为贪官与百姓的尖锐矛盾。正如著名经济学家李成勋所指出的：官场的贪腐之风盛行，“在群众中甚至有‘十官九贪’之说”。“在一些地方，贪官无处不在，贿风无时不行。权大大贪，权小小贪，无权也要贪。贪占数额之大，早已今非昔比；贪腐手段之高，令人叹为观止。对于贪官们来说，立项审批是贪污受贿之机，拨款批地更是营私舞弊之时，办证批照也可大捞一把，选官提干更成卖官鬻爵的理想平台，甚至连百姓升学、求医也变成贪官们发财的良机。在这样的社会氛围中，贪官欺百姓，百姓恨贪官，百姓和贪官之间的矛盾在不少地方已到了相当严重的地步。"①

第三节　充分认识高昂代价经济发展的负面影响

一、高昂代价的经济增长危害经济可持续发展

（一）高昂代价的高速增长是不可持续的，或至少是可持续性不够

改革开放以来，我国 GDP 年均增长率高达 9.8%，有些年份甚至达到 10% 至 11% 的超高速度的增长。我国 GDP 高速增长的同时，经济规模不断扩大，主要工农业产品产量居世界首位。中国经济总量从新中国成立初占世界经济总量不足 1%，到 1978 年为 1.8%，到 2008 年增至 6.4%，居世界第三位，现已超过日本，成为世界第二大经济大国。在改革开放的 30 年间，中国经济发展方式仍然是传统的粗放型的经济增长方式，当今中国的"物的世界"大大发展，却对"自然的世界"的压力越来越大，首当其冲的是资源和环境的压力骤然增大，这就是我国经济规模的不断扩大，生态环境的压力持续增加，极大加剧了资源短缺的压力，加重了环境容量负荷力的压力，增加了生态承载力的压力。这"三大压力"的加重，就必然造成我国经济运行依靠"环境透支"与"生态赤字"来换取经济高速增长。这种通过生态环境透支所实现的经济增长，就会积累经济泡沫。美国学者布朗先生称之为"生态环境泡沫经济"，据有的研究机构测算，20 世纪 90 年代中期，中国的经济增长有三分之二是在生态环境透支的基础上实现的。这几年来，我国生态环境总体上

① 李成勋：《科学发展观是正确处理当今我国社会矛盾的强大理论武器》，《马克思主义研究》2007 年第 12 期。

仍在恶化，实际上，生态环境透支所产生的经济泡沫还要大大超过这个数字。因此，目前中国经济是一个生态环境成本超过国民生产总值的严重亏损的经济系统，这个经济系统运行是依靠“环境透支”与“生态赤字”来维持的，过度的资源消耗、过度的环境污染、过大的生态破坏，已经使我国经济运行与发展背负了沉重的生态包袱。这种以牺牲生态环境为代价的经济高速增长，不仅不能真正实现经济发展，反而会使中国生态贫困越来越严重。

目前我国经济是粗放型的高增长，是最高代价生态外生的经济发展，突出表现为我国经济是高开采、高投入、高消耗、高排放、高污染、低产出、低效益的经济增长与发展。经济增长不等于经济发展，经济发展不等于可持续发展，经济发展与可持续发展是这种关系：经济发展确实存在既有可持续性，也有不可持续性的两种状态。我们坚持并发挥生态环境对经济发展的基础保障作用，经济发展与可持续性是内在统一的；我们破坏生态环境对经济发展的基础保障作用，经济发展与可持续性是内在矛盾的，这种经济发展难以保持可持续性。近几年来，我国经济高速超高速增长，破坏甚至有些地方动摇了生态基础，极大危害着我国的生态安全，使生态环境问题成为引发社会经济矛盾的“焦点”问题，资源短缺、环境污染、生态恶化形势日益严峻，这与国际压力日益加大的矛盾突出，因此，无论从社会财富分配与使用的公平性，还是从经济环境生态制约性矛盾，生态环境与经济发展空间受到挑战，这种高速超高速增长都是不可持续的，或至少是可持续性不够。因此，我们可以说，目前我国的高强度消耗资源环境与生态资本的经济，是一种非持续发展的经济。

（二）高昂代价的经济高增长造成的各种经济损失，削弱了我国的经济实力，妨碍了经济的可持续发展

国家环保总局和国家统计局2006年9月7日联合发布了《中国绿色国民经济核算研究报告》，研究表明，2004年全国因环境污染造成的经济损失为5118亿元，占当年GDP的3.05%；虚拟治理成本为2874亿

元，占当年 GDP 的 1.8%。此次核算还没有包括自然资源耗减成本和生态环境退化成本中生态破坏成本，只计算了环境污染的经济损失；而在环境污染经济损失成本包括 20 多项中，此次核算仅算了其中 10 项，如地下水污染、土壤污染等重要部分都没有涉及。即使如此，环境污染的经济损失也是非常惊人的。环境污染造成的经济损失，国家环保总局副局长祝光耀说，中国政府相关部门研究分析，大概是我国 GDP 的 10% 左右。据中国科学院专家测算，2003 年环境污染和生态破坏造成的经济损失占 GDP 的 15%[①]。2009 年 10 月版的《中国经济增长的资源环境代价》一书，对我国 2005 年的资源消耗损失、生态退化和环境污染损失进行了货币化评价，得出的结论是，2005 年我国资源、环境及生态代价占当年 GDP 的 13.5%，超过了当年 GDP 的增长率（10.6%）[②]。现根据近几年来《光明日报》等首都报纸所报道的单纯追求经济增长带来的各种经济损失，列举如下：我国目前每年因酸雨和二氧化硫污染对生态环境及人体健康造成的经济损失在 1100 亿元左右，每年因沙尘暴造成的经济损失近 520 亿元，每年因动植物病虫害的直接经济损失高达 640 多亿元。城市地下水污染造成经济损失为 377 亿元，每年因外来入侵物种造成的经济损失高达 1200 亿元，近年来，每年因动植物病虫害造成的经济损失达 640 亿元，每年因重金属污染的粮食达 1200 万吨，造成经济损失超过 200 亿元，2005 年因安全事故造成的经济损失高达 2500 亿元，约占当年 GDP 的 2%。2005 年我国人才浪费总规模超过 2500 万人，因此导致的经济消耗和经济损失超过 9000 亿元，每年因抑郁症患者给国家带来的经济损失达到了 621.91 亿元。以 2003 年为例，我国疾病经济负担达到 1.2 万亿元，占当年 GDP 的 10.3%，增长速度已高于年平均 GDP 的增长速度。根据世界银行研究认为，发展中国家因营养不良造成的劳动力损失为其国内生产总值的 3% 至 5%，据此计算，我国每年经济损失大概在 5400 亿元至 9000 亿元之间。片面追求经济高增长带来的社会代价造成的

① 郭克莎：《加快经济增长方式转变》，《中国经济时报》2005 年 4 月 25 日。
② 石敏俊等：《中国经济增长的资源环境代价》，科学出版社 2009 年版，第 2 页。

经济损失在我国缺少全面的、详细的统计资料，根据西方国家实践经验大约占国内生产总值的4%至12%。我们按最低下限4%作为我国社会代价占GDP的比重来计算，2005年的社会代价造成的经济损失达5000亿元。其中，以餐饮业来说，经营餐饮的人士认为，餐桌上的残剩率10%这个估算数字是极低的，2004年全国餐桌上的浪费达748亿元，2005年为888亿元，2006年高达1035亿元之多[①]。而2004年全国公款吃喝高达3700亿元，在餐桌上痛心浪费掉370亿元的人民群众的血汗钱。近些年来，经济的高速增长，各种人为破坏也在迅速增多，并且遍及社会生产和社会生活的各种领域；在人为事故中，不仅火灾，各种安全事故，尤其是工伤事故每年致残人员有70多万人，其危害最大，经济损失很大。还有这几年，每年因灾害造成的经济损失也在1000亿元至2000亿元之间。还有，由于我国市场经济发展的商业道德失范，一些经营者丧失诚信原则，市场交易缺乏信用体系，使无效成本占国内生产总值的比重达10%—20%。因而，每年因合同欺诈造成的直接经济损失大约55亿元，产品质量低劣和制假售假造成的经济损失至少有2000亿元之多。此外，我国政绩工程、形象工程比比皆是，使中国投资决策失误率在“七五”到“九五”期间高达30%左右，其投资浪费大约在4000亿元到5000亿元。上述数据表明近些年来我国经济快速高速增长，使我国经济规模不断扩大，经济实力也在日益增强；与此同时，各种代价造成的经济损失也很大，很惊人，必然会阻碍经济更好地发展，降低了我国经济发展的质量与效益。

（三）高昂代价的经济高增长，不仅使资源短缺成为制约我国经济可持续性的瓶颈，而且不利于我国的经济安全和生态安全

随着我国经济快速高速增长，经济增长过度消耗资源日益加剧，使资源性产品供给不足成为制约我国经济可持续发展的瓶颈。对此，世界观察研究所所长弗莱文说：“由于本身具备的自然资源相对而言不算太丰

① 何玉长等著：《节约型社会的经济学研究》，人民出版社2009年5月版。

富，中国现在正在利用制造业带来的巨额外汇收入从世界各地吸取资源。”随着资源供需缺口不断扩大，对外依存度不断上升。就我国的主要矿产资源来讲，1990年对外依存度只有5%，到近几年从总体上看正达50%。具体来讲，进口量已占消费量的比重，铁矿及铁粉占47%、氧化铝占48%、铜矿占58%，还有10种有色金属占43.8%，尤其是石油进口比重由2000年的33.8%上升到2006年的48.2%，仅6年上升了15.6%。我国资源消费量占世界第一，就使我们陷入了本国资源过度开采濒临枯竭、对国外资源依存度增大的被动局面。因此，我国经济快速高速增长过度消耗资源，不仅使我国付出了沉重的生态代价和经济代价，而且会加剧国际市场供求矛盾，带来一系列经济、政治、环境、外交方面的问题。温家宝总理指出；加快建设节约型社会，控制和降低对国外资源的依赖程度，对于确保经济安全和国家安全有着重要意义。

二、高昂代价的经济增长阻碍社会可持续发展

高昂代价的经济增长，无论是人的代价和社会代价，还是生态环境代价，都不利于整个社会和谐协调发展。这会增加社会不和谐与不协调因素，阻碍社会可持续发展。尤其是高昂代价经济增长的社会代价带来的负面影响，都有可能成为严重的社会问题，如与经济高速增长有关的下岗失业、贫富差距扩大、人性扭曲、各种犯罪增加、社会公德水准下降、职业道德滑坡、家庭伦理道德失范、社会风气变坏、腐败蔓延、邪恶上升、拜金主义、享乐主义、社会治安状况恶化等。这些社会问题在我国20世纪80年代中后期开始凸显出来，在近10多年来又得到进一步发展，使我国社会不和谐、不协调因素增加。正如《中共中央关于构建社会主义和谐社会若干问题的决定》所指出的：目前，我国社会总体上是和谐的。但是也存在不少影响社会和谐的矛盾和问题，其中，就业、社会保障、收入分配、教育、医疗、住房、安全生产、社会治安等方面关于群众切身利益的问题比较突出；一些社会成员诚信缺失、道德失范；

一些领域的腐败现象仍然比较严重等。这些社会问题影响着广大人民群众的积极性和创造性，影响经济社会发展进程，影响安定团结的大局。下面略谈几点看法。

（一）从理论上

我国在粗放型经济增长条件下的经济快速高速增长，付出的各种昂贵的代价，显然是给社会的物质生活、精神生活、政治生活和生态生活增加了不和谐、不协调因素，因而妨碍着社会主义物质文明、精神文明、政治文明和生态文明全面协调发展，从而不利于人和社会的全面发展与可持续发展。这是因为，这些年来，“中国经济社会再生产的扩大与发展的过程中，呈现出人口数量再生产和物质资料生产无限扩大的趋势，而人口质量再生产和精神再生产严重滞后，尤其是生态再生产日益陷入萎缩的困境。这是当代中国四种再生产不适应、不和谐、不协调的体现，也是现有经济社会再生产模式非持续性的反映。”它突出表现在以下三个方面：一是“人口再生产同物质再生产与精神再生产的不适应，尤其是人口再生产同精神再生产之间的矛盾比较尖锐”；二是“中国生态系统再生产同人口与物质再生产是极不协调的，尤其是生态再生产同物质再生产之间矛盾十分尖锐；”三是“精神再生产同物质再生产与生态再生产是不和谐的，尤其是精神再生产滞后于物质再生产的问题也很严重。”①

（二）从实践上

高昂代价的经济增长带来许多负面社会影响，有些引起了人们的关注与重视，有些还没有引起人们的关注与重视，以下列举几个问题：

1. 我国居民收入差距急剧扩大，贫富两极分化日益严重问题已经成为广大人民群众关注与重视的热点问题。这是因为随着改革开放的深入和市场经济的发展，不同地区和部分不同群体和个人享受经济社会发展成果只是片面强调效率优先，忽视公众利益与社会公平，甚至把关于国

① 刘思华：《绿色经济论》，中国财政经济出版社 2001 年版，第 186—191 页。

家生死攸关的普通国民教育和公共卫生事业也推向市场，让其受“看不见的手”来支配，这就必然损害人民群众生存与发展的基本权益，造成社会极大不公。例如在世界卫生组织进行的成员国医疗卫生筹资和分配公平性的排序中，中国位列191个成员国中的倒数第四位，这就是说我国医疗公平性是世界倒数第四，极大影响了社会主义中国的国际形象。我国居民收入差距在世界银行统计的120个国家与地区中，我国排在第85位，已接近贫富悬殊两极分化严重的一些拉美国家与非洲国家。既然改革开放以来，我国长期保持经济快速高速增长，那么社会物质财富都为谁拥有呢，劳动者创造的价值去了哪里？有关专家认为，这是少数富人拿去了大部分利益，高速经济增长的好处过多地分配给了政府和企业，尤其是垄断企业，相应的居民可支配收入明显低增长，甚至负增长。正如有些专家指出，在近20多年的经济快速增长过程中，本应由全社会合理分摊的改革成本，过多地由所谓“弱势群体”承载；本应由全社会合理分享的经济成果，被所谓“精英团体（包括私人业主）”瓜分。这种状况在私营企业中尤为突出，普遍存在着失衡的劳资关系，影响社会和谐。当前我国绝大多数企业是资本雇佣劳动的“资本主权型”企业（公司制、合伙制、业主制），估计各类企业（不包括个体工商户）的就业人口已接近全社会就业总人口的50%，并有进一步增长之势。在这种“资本主权型”企业中，一些地方政府为了发展本地经济，极少考虑甚至以牺牲劳动者利益的方法来满足投资者利益；加之少数官员以权谋私，官商勾结损害劳动者利益，这就使失衡的劳资关系进一步恶化。因此，在构建社会主义和谐社会的过程中，我国绝大多数企业都要正确处理劳资关系，实现好、保护好、发展好人民群众切身利益，使企业广大职工共享经济发展的成果。这个问题应当引起我们高度的重视。

2. 随着经济快速高速增长，人民群众物质生活水平有了很大提高，但是人民群众生活质量却没有同步提高，不少地方甚至下降。尤其是在水质和大气污染的地方，所吃的大部分食品，已不是有没有污染问题，而是污染的程度有多高，以至于使人们谈水色变、谈空气色变、谈吃色变；因而喝上干净的水，呼吸清新的空气，吃上放心的食品已经成为平民百姓日常生活的普遍愿望，是广大人民群众最关心、最直接、最现实的利益诉求。在此，我们以食品安全为例说明。“民以食为天”，“人命关天”。食品安全关系到广大人民群众身体健康和生命安全，关系到经济健康发展和社会稳定和谐发展。广大人民群众的生命健康权是人的最基本的权利，也是消费者基本的权利。社会生活中生命健康的程度是体现社会生活的重要指标。然而，这些年来，我国食品确实存在不少问题，生产和销售假冒伪劣、有毒有害食品的违法犯罪、食品安全事故常常发生。从“广州散装假酒”、“湖南黄花菜”事件到“四川泡菜”、“龙口粉丝”、“太原老陈醋”事件；从“苏丹红”、劣质奶粉到多省市的碘超标的雀巢奶粉事件，直到2008年的三鹿奶粉事件，这些都是食品不安全的典型。近些年来，据有关专家估计，我国每年食物中毒人数可能会有20万—40万人。按照国家卫生部提供的统计数字，我国最近几年的食品安全问题呈现上升趋势。据报道，湖北省消费者委员会2006年10月19日发布武汉、黄石、十堰和孝感四城市调查结果，78%的家庭买到过“问题食品”，最不放心的食品依次是：肉及肉制品类、蔬菜类、保健食品类、米面、豆制品、酒水饮料类。我国目前的食品安全问题主要是微生物污染造成的食源性疾病问题，会给人民群众的身体健康和生命安全造成巨大的影响。不仅如此，而且会影响子孙后代。2004年3月27日，著名科学家钟南山院士在广州市人民代表大会上说，目前广州很多疾病发病率的快速增长都和食品安全有很大关系，由于近年来食品安全问题越来越突出，男性的精子浓度已经出现了很大的变化，以前男性的精子浓度是1亿到5千万算是正常，现在3千万都算正常了。现在男性的精子浓度比40年前下降了将近一半。因此，他认为，“食品安全问题已经是一个很严重的问题，如果不采取相应的解决办法，再过50年，很多人将生不了孩子。”①

---

① 《南方日报》2004年3月26日。

3. 餐桌上的奢侈浪费是效仿发达国家的高消费的消费模式和过度消费的生活方式的典型表现，对此，很多人对其危害性认识不足。有关权威部门最新统计和预测，2005 年我国餐饮消费高达8800 亿元。它对社会消费品零售总额增长的贡献率达 18%；同 1978 年相比，增长了 159 倍。这确实是拉动消费需求的一支主要力量，2006 年将持续保持高速增长的势头，有望突破 1 万亿元大关。因此，餐饮业中的各种各样的公款消费与浪费，触目惊心的奢侈消费与浪费等所占比重很大，使骄奢浪费之风悄然滋长，对当代中国现代文明发展危害很大。就这个问题，《光明日报》记者曾访问四川食文化批评家李波先生，因为他写过一本《吃垮中国？——中国食文化反思》的书，请他说说餐桌上的奢侈浪费最大的危害是什么。李波先生从宏观和微观两个方面指出其危害，尤其对人本身危害极大，从个体人格上说，过度吃喝会导致生理和心理的双重疾病，又会助长社会奢靡风气；过度吃喝会导致道德沦丧，也就是病态人格泛滥；过度吃喝会出现病态、富贵病，现在越来越多的人营养过剩，严格地说叫营养失衡，引发各种疾病泛滥，富贵病大幅度上升①。

4. 高昂代价的经济增长使经济实践的结果具有两重性：一方面是物质财富的迅速增长，推动着我国社会从农业文明社会向工业文明社会的转型；另一方面又使经济实践的结果直接违反实践主题的价值追求，阻碍着社会可持续发展。这集中表现在阻碍着人的可持续生存与健康发展，使我国人口的生命质量恶化，人民的生命健康水平下降。根据汤兆云先生发文所陈述的事实与数据来看，至少有以下几点②：一是人自身自然的生命生存时间延长的同时，却出现人自身自然的生态健康时间相对缩短。人自身的自然，它的生命既包括生命的长度（即人口平均预期寿命），又包括生命质量（即健康预期寿命）。目前，我国人口平均预期寿命为 73 岁，已经接近世界平均水平，与此同时，人口健康寿命并没有和生命长度延长同步增长。二是人口健康状况下降，生命质量恶化。根据联合

① 梁捷：《餐桌上的奢侈浪费最大危害是什么》，《光明日报》2006 年 5 月 10 日。

② 汤兆云：《应对人口风险，创造健康和谐社会》，《光明日报》2010 年 2 月 12 日。

国测算的各国居民的健康预期寿命及排名顺序，我国人均健康寿命只有62.3岁，仅列世纪第81位。即使是在人的生命长度很高的上海市，人的健康寿命长度也只有54岁，这表明大部分市民在50多岁就面临各种疾病的困扰，自然生命的健康人生已经结束。三是人的各种器官、功能的完好程度下降，城乡居民的亚健康现象相当普遍。随着我国经济社会的转型，生存竞争日益激烈，来自工作、生活等方面的压力日益增加，使目前我国城乡居民亚健康现象相当普遍。根据2006年全国10个主要城市居民的营养与健康现状调查发现，有15%的人口属于健康，15%为非健康，70%是亚健康状况。这就表明目前我国处于亚健康人口超过了9亿人。其中，中年人亚健康发生率高于青年人。同时，亚健康现象也出现了低龄化的趋势，十几岁的人也不同程度地存在着。这极大地影响了代际可持续发展。四是目前我国城乡居民平均预期寿命提高的同时，却出现某些人群平均预期寿命下降的情况。根据北京市疾控中心一项“10年间居民死亡情况调查”数据表明：男性40—49岁组的死亡率10年增长了73%，女性增长了15%。由于知识分子亚健康发生率超过70%，他们平均预期寿命仅为58岁，比全国人均低15岁。五是目前我国老年人遭受各种疾病的折磨。根据调查发现有55.7%的老年人还有慢性病；有26.5%的老年人健康状况处于“较差 ”或“很差”的状态，极大地影响了他们的生存质量的提高。六是各种传染病呈快速上升的势头，对人的身心健康与生命安全造成重大威胁。目前，我国乙肝、结核病等传染病、血吸虫病等地方病有蔓延之势，使全国乙肝病人和病毒携带者约1.2亿人，占世界总数的1/3，居世界第一；患结核病人数已达500万人，占全球的1/4，居世界第二。

总之，社会可持续发展的核心和实质，就是人的可持续发展，即人口的可持续生存与全面发展。在我国经济社会转型的进程中，出现了“前三十年用命换钱，后三十年用钱换命”的普遍现象，这是一种在我国现实生活中大量发生的典型的高代价发展现象，我国市场经济与工业文明发展是以牺牲人身心健康与生命安全为代价的，即是以反主体、反文明的形式实现的。如果不从根本上扭转这个现象，那么一个健康危机时代就会向中华民族走来。

5. 片面追求经济高速增长所付出的无论是人与社会代价，还是生态环境代价，都会产生不同程度的社会问题与社会矛盾，尤其是在经济社会急剧转型时期，我们没有注重社会公平与公正，社会财富分配不公，就会导致“群体性事件”的发生。近10多年来，我国“群体性事件”不断增多，这主要是企业劳资关系，农村征地、城市拆迁、企业改制重组、移民安置补偿等问题，侵害人民群众利益的事情时有发生，造成的民怨太深，成为导致“群体事件”的直接原因。当然，一些地方政府在制定公共政策时，对社会的弱势群体考虑不周，在实施过程中也会引发“群体事件”。那么，什么是弱势群体，认识不一致。普通劳动者即工人和农民，或贫困人口和低收入人群。据有关研究人士指出，目前中国弱势群体的规模已达1.4亿人至1.8亿人左右，约占全国总人口的11%—14%。中国已经进入了转型期，是工人和农民这两大弱势群体维权抗争的社会冲突多发期。弱势群体在社会和政治层面处于弱势地位，当他们生存与发展的基本权益受到侵害后，又找不到维护权益的机制，就爆发“群体性事件”。可见，在此背后，确实是处于相对弱势地位的民众对社会不公、官员腐败等恶劣现象的不满情绪。虽然，当前我国社会矛盾是以利益冲突为主，但是对我国东南发达地区社会矛盾的调查发现，一些地区的社会矛盾事件中出现“无直接利益冲突”的苗头，一些参与群体性事件的民众并没有直接利益诉求，因为曾经遭受过不公平对待而长期积累下来的不满情绪，借机宣泄，这种不满情绪也在一些“精英阶层”蔓延。包括企业主、机关里的处科级干部、企业的工程师等这些社会公认的强势群体竟然也自称是“弱势群体”。对于这种社会矛盾的新信号，应当引起高度重视，我们要真正做到以人为本，就尤其要关注弱势群体的冷暖，必须建立弱势群体的利益诉求通道和司法保障机制。

三、高昂代价的经济增长破坏自然生态可持续发展

早在十几年前，刘思华教授在《当代中国的绿色道路》一书中指出：传统经济发展模式“自身存在着高投入、高消耗、高污染的三大缺陷，必然会从三个方面损害国民经济发展的生态基础：（1）高投入，低产出，必然造成过度开发资源，生态严重破坏；（2）高消耗，低效率，必然造成过度消耗资源，资源浪费惊人；（3）高污染，低效益，必然造成生态环境能力的严重滞后”①，生态赤字增加，生态环境日益脆弱。10年以后，他总结我国经济发展经验和教训时进一步指出：“在当代中国，经济过热的最大受害者，就是中国的生态系统。它包括自然生态和人类生态，并直接危害中国的生态安全。”② 因此，高昂代价的经济增长确实直接危害我国的生态安全，对自然生态可持续发展的破坏性很大。

（一）目前我国主要污染物排放量已经超过环境容量的承载能力

全国水环境中有机污染物超过环境容量的70%以上，大气中二氧化硫排放量超过环境容量的60%以上，研究表明，我国酸雨污染所允许的最大排放量为1200万吨至1400万吨；而2003年全国二氧化硫排放量已达到2200万吨左右，大大超过了环境容量。同时，我们还要看到，我国绝大部分的污染物排放，都已经远远超过了环境的自净能力，即使是全部“达标排放”，环境也无法承载。

（二）沉重的生态代价的经济快速高速增长，使我国经济系统运行是依靠“环境透支”与“生态赤字”来维持的

2008年9月，世界自然基金会和“中国环境与发展国际委员会”共同发布了《中国生态足迹报告》，该报告公布了中国截至2003年的生态足迹与生态承载力的现状：中国人均生态足迹为1.6全球公顷，人均生态承载力为0.8全球公顷，前者是后者的2倍。同年11月，世界自然基

① 刘思华：《当代中国的绿色道路》，湖北人民出版社1994年版，第129页。

② 刘思华：《关于科学发展观的几个问题》，《内蒙古财经学院报》2004年第3期。

金会发布《地球生命力报告2008》中公布了2005年的数据，人均生态足迹上升为2.1全球公顷，调整后的生态承载力仍是0.8全球公顷，前者为后者的2.6倍。这表明，我国进入21世纪以来，生态足迹不断上升，生态赤字不断扩大。举几个省、市自治区的实例。2001年山西省人均生态足迹需求为2.6599hm^2，当年实际可能提供的人均生态供给为0.57781hm^2，人均生态赤字为2.08209hm^2，这表明山西省经济系统运行大大超出了生态承载力的阈值，其生态供给与生态需求之比为1∶4，供需矛盾尖锐，尤其人均生态赤字山西省比全国高1.437hm^2，比全球高1.582hm^2，表明山西省生态承载力较低，高额赤字存在，生态形势非常严峻①。2000年湖南省人均生态足迹需求为1.0323hm^2，人均生态足迹供给为0.4999hm^2，生态赤字为0.5324hm^2，这表明该省生态承载力已难以维持现有人口的生活水平，经济发展处于一种不可持续的状态②。2001年内蒙古自治区人均生态需求为3.0143hm^2，人均生态足迹供给为2.5927hm^2，人均生态赤字为0.4216hm^2，这说明内蒙古的人均生态足迹已经超出其生态承载力的16%，该地区的经济发展是在生态赤字状态进行的。是生态不可持续性的。1991年北京市人均生态足迹需求为0.1653hm^2，人均生态足迹供给为0.0141hm^2，人均生态赤字为0.1512hm^2，2003年分别为2.1324hm^2，0.02hm^2，2.1124hm^2。这两年北京市人均生态足迹需求与供给之比分别为11∶1和106∶1，这表明北京市的发展是严重的不可持续性。从1990年至2003年北京市人均生态足迹需求平均为0.7392hm^2，人均生态足迹供给平均为0.017hm^2，人均生态赤字平均0.7271hm^2，这也反映了这期间北京市经济社会发展，大大超过了资源与环境的承载力，是不可持续的③。

（三）我国只经过半个世纪的经济发展，就使得中国生态经济从一

① 王闰平等：《山西可持续发展状况生态足迹分析》，《中国生态农业学报》2006年第3期。
② 熊鹰等：《湖南省2000年生态空间占用研究》，《中国生态农业学报》2005年第3期。
③ 张颖：《北京市生态足迹变化和对可持续发展的影响研究》，《中国地质大学学报》2006年第4期。

个“空的世界”转变成为一个“满的世界”，并且生态环境相当脆弱

发达国家上百年工业化过程中分阶段出现的生态环境问题在我国二三十年就已经集中出现。目前中国生态系统的生态负荷力已达到临界状态，一些资源与环境容量已达支撑极限。随着经济快速高速增长，中国经济发展的规模不断扩大，只经过半个世纪，就使得中国生态系统正在从一个“空的世界”转变成一个“满的世界”，即从物质资本是经济发展限制因素的时代，进入生态资本是经济发展限制因素的时代。因此，良好的生态环境就成为中国经济运行与发展的瓶颈，是一种高度稀缺的生产要素。

（四）以牺牲生态环境为代价换取经济快速高速增长，在社会再生产中，必然是物质资料再生产与生态环境再生产之间严重失衡

“可以说是在发展物质生产力的同时消灭生态生产力，主要表现为这样几个方面：第一，物质再生产对环境容量的无偿占有与不合理的使用，而对环境再生产的补偿严重不足。我国经济在超常规发展的进程中，一些地区和地方不择手段占用环境这个‘公共财物’达到了极其严重的地步，对环境的欠账过多，使环境质量每况愈下，环境危机不断加深。第二，20世纪的许多年代，我国物质再生产的扩大，主要是依靠大规模破坏生态，不断向自然生态（包括自然资源）透支，生态赤字日益扩大，使中国生态条件退化到直接威胁着人口再生产的健康运行。第三，我国是资源约束型经济，其综合资源负担系数（即一国自然资源所负担人口数量与世界平均值的比值）为3，即为世界平均负担状况的3倍。而我国物质再生产是以大量消耗资源能源为基础，使物质再生产的扩大，主要是依靠向自然资源透支，使生态再生产中自然资源再生产萎缩，资源危机日益加深。”[①] 这种生态环境状况，使我国环境可持续发展指数在世界各国中排名很后。2005年1月27日，评估世界各国（地区）环境质量的“环境可持续指数”（ESI）在瑞士达沃斯正式发布，在全球144个

① 刘思华：《绿色经济论》，中国财政经济出版社2001年版，第190—191页。

国家和地区中，中国居 133 位。在世界经济论坛达沃斯年会上发布了 2006 年世界环境绩效排名，在 133 个参加排名的国家和地区中，中国居 94 位。这些都表明，当前我国生态环境质量恶化是相当严重的是极其严峻的。因此，当前和今后一个时期，我国生态环境问题日益严重与经济快速高速发展以及经济增长方式转变缓慢的矛盾突出，协调社会经济与生态环境关系的难度越来越大；人民群众改善生态环境的迫切性与环境治理和生态建设的长期性的矛盾的突出，生态环境问题成为引发社会矛盾的“焦点”问题；环境污染和生态退化形势日益严重与国际压力日益加大的矛盾突出，生态环境与经济发展空间受到了严重挑战。回应这个挑战，有效地缓解并逐步解决上述矛盾，其根本出路，就是与传统经济发展模式即最高代价生态外生经济发展模式彻底决裂，构建最低代价生态内生经济发展模式，走绿色经济发展道路。

第四章 最低代价生态内生经济发展理论

在工业文明时代，高代价生态外生经济增长模式具有合法性和正当性，因而，它成为工业文明发展的实现形式。自20世纪以来，全球生态危机日益严重，使以牺牲生态环境为高昂代价的经济增长踏入不可持续的死胡同，它标志着工业文明发展正在从兴盛走向衰落。因而，高代价生态外生经济增长模式正在丧失其合法性和正当性，为最低代价生态内生经济发展模式奠定了合法性和合理性的客观基础，使其成为生态文明发展的实现形式。它的理论表现就是最低代价生态内生经济发展理论，这是生态经济可持续发展理论的核心内容。把它们纳入马克思主义理论框架，其理论基础，主要有马克思主义自然、人、社会有机整体和谐协调发展理论和马克思主义人类文明进步的代价理论。

第一节 世界系统是人、社会和自然相互融合的有机整体

最低代价生态内生经济发展理论的哲学基础可以追溯到中国古代天人合一思想，到马克思恩格斯生态哲学理念，再到现代生态意识，都把人、社会和自然看作一个不可分割的有机整体，这是符合客观世界实际的，已成为人们的共识。

一、马克思恩格斯学说的自然观和人学、社会发展理论的有机统一

马克思学说的理论体系中的关于自然、社会和思维发展的规律性的一个基本看法，就是自然、人、社会是个统一的有机整体，这是马克思学说的一个根本问题，马克思所处的那个时代，他面对的是一个由资本主义生产关系造成的人与自然生态全面异化的社会，他曾对人与自然，人与社会，社会与自然、历史与自然的种种关系作过多层次的研究与阐述，于是18世纪思想理论使变得十分尖锐的自然与人，自然与社会、自然与历史的对立，在马克思学说中被消解，使自然、人、社会构成了一个相互依存、相互作用的辩证统一的有机整体。前苏联著名学者M. 克尔日扎诺夫斯基说过："马克思从一开始自己的基本研究（指《资论本》——原编著注）就提出三个关键：自然界、人和社会。探讨这些因素在它们的运动和相互作用中的辩证联系，阐明在这样或那样的历史阶段它们结合的具体形式——这就是遵循马克思的方法。"[①] 今天，马克思

① 《克尔日扎诺夫斯基选集》，莫斯科出版社1957年版，第434页。

的方法，马克思学说中自然、人、社会是一个统一的有机整体这个充满生态智慧的光辉思想，不仅已成为当今生态马克思主义经济学的主要思想渊源，而且为最低代价生态内生经济发展理论提供了科学依据。

（一）马克思的自然概念

恩格斯在《自然辩证法》中有句名言："唯物论的世界观不过是对自然界本来面目的了解。"按照自然界的本来面目来认识与把握马克思的自然理论，哲学家周义澄教授认为马克思自然概念有三个基本含义：一是最广义的概念，是指自然是一切存在物的总和，它包括存在于人之外的自然和作为自然存在物的人自身的自然，相当于客观世界和物质的概念；二是指自然是人和人类社会的外部自然环境，是人和人类社会存在的生态自然条件的总和；三是指自然是人的实践活动、首先是物质生产活动的内在要素，是科学活动的对象，它存在于人类社会的经济社会的生活与实践之中[①]。虽然说，马克思在创立他的唯物史观和剩余价值学说的过程中，在其论述中大量使用自然概念的第二、第三个基本含义，但是，他的自然概念的第一个基本含义也贯穿其中，包含在内。这是因为，马克思的全部理论始终认为，现实的人所面对的现实的自然界，是人身的自然与人的身外的自然的统一。我们可以把人自身的自然称之为内在自然，把人的身体的自然就可称之为外在自然，它们之间的关系当然就是整个自然界与自然之间的关系，正如马克思在《1844 年经济学哲学手搞》中所指出的："所谓人的肉体生活和精神生活同自然界相联系"[②]。但是它们之间的关系与联系并不是外在的，而是内在的有机生命关系或生态关系。正因如此，马克思在该书中提出了自然界"是人的无机的身体"的科学概念。如果说把人的血肉之躯称之为人的有机的身体话，那么"自然界，就它本身不是人的身体而言，是人的无机身体。"这就表明马克思把人的自然界的无机身体看作成人的血肉之躯的有机自身的基

① 周义澄：《自然理论与现时代》，上海人民出版社 1988 年版，第 92 页。
② 《马克思恩格斯全集》第 42 卷，人民出版社 1979 年版，第 95 页。

础，将整个自然界看作为人类存在的基础。因此，人首先必然是以自然为根源和前提的自然存在，马克思的这一生态学见解还贯穿在他以后的一系列重要著作之中，从马克思恩格斯的《德意志意识形态》到马克思的《政治经济学批判大纲》，从恩格斯的《自然辩证法》到《路德维希·费尔巴哈和德国古典哲学的终结》，从马克思的《资本论》到《哥达纲领批判》，虽然强调了人的主体性和劳动的能动性创造作用，但马克思恩格斯都没有忘掉自然的根源性，外在自然的制约性与“优先地位”，“先于人的存在的自然”始终是马克思学说的理论前提。自然既包括“人本身的自然”，又包括“人的周围的自然”，是“主体的自然”和“客观的自然”的内在统一，是“生产生存的自然条件”的双重性质。这样自然既包括人及社会的存在，又包括人及社会赖以生存的外部环境和生态条件。因此，恩格斯不仅把自然界看做一个有机联系的整体，而且强调人类是自然界的有机组成部分。这就奠定了马克思关于“人是自然界的一部分”，和人类社会也是自然界的“一个现实部分”的立论基础。

总之，马克思的自然概念的三层含义，对人和人类社会来看，都具有不可分离性，使我们看到它们所显露的当今生态学的有机整体的思想，即把整个世界看成是自然、人、社会构成的有机整体。因此，马克思恩格斯的自然概念必定是自然、人、社会对立统一的历史唯物主义的自然概念，同时也是把自然概念纳入经济社会之中的经济学哲学范畴。或者就是马克思经济学生态学范畴。自然概念在马克思的“整个理论创造中占据最基础性的地位。因此，不了解和不懂得马克思的自然概念，就不可能真正懂得全部马克思主义。”①

（二）马克思的人学是自然唯物主义和历史唯物主义相统一的一元论的人学

马克思主义坚持人是生态自然属性和社会历史属性内在统一的一元

① 周义澄：《自然界理论与现时代》，上海人民出版社1988年版，第130页。

论人学。

1. 马克思恩格斯的一元论人学的出发点是从事物质和生产实践的现实的人，他们在《德意志意识形态》、《路德维希·费尔巴哈和德国古典哲学的终结》等书中提出和阐明了“现实的人”这个唯物史观的基本概念。恩格斯强调指出：费尔巴哈“紧紧地抓住自然界和人，但是在他那里，自然和人都是空话。无论关于现实的自然界或关于现实的人，他都不能对我们说出任何确定的东西。”[①] 在马克思恩格斯的视野内，现实的人具有三个基本特征：第一，在唯物主义自然观关于地球自然界和人类发生学关系的前提下，马克思首先把人规定为是自然的人（即现在所说的生态人），是“自然存在”。还使用了“直接”二词来表达对这个理念的特别的认定和浓烈的感情。他说：“人直接地是自然存在物，人作为自然存在物，而且作为生命的自然存在物”，是“现实的、有形体的，站在稳固的地球上呼吸着一切自然力的人。”[②] 人之所以首先是自然存在，是自然人，就在于人产生于自然界，是自然界演化的一个阶段，恩格斯说得好：“人本身是自然界的产物，是在他们的环境中并且和这个环境一起发展起来的；这里不言而喻，归根到底也是自然界产物的人脑的产物。”[③] 因此，马克思在《1844 年经济学哲学手稿》中就提出了人“本来就是自然界”，“人是自然界的一部分”的光辉论断，而人类存在的普遍性已表现在人把整个自然界“变成人的无机的身体”，自然界“是人的无机的身体”。[④] 这个科学命题告诉我们，现实的自然界所面对的现实的人，是有机自身即内在自然与无机身体即外在自然的统一体，在其现实上它是一切社会关系（包括社会生态关系）的总和。马克思恩格斯把人首先规定为是自然人，是与自然同质的生命存在即是与自然具有根本统一性的自然存在，这就意味着人和动物相比没有什么特别之处，人也

① 《马克思恩格选集》第 4 卷，人民出版社 1972 年版，第 236 页。
② 《马克思恩格斯全集》第 42 卷（上），人民出版社 1979 年版，第 167 页。
③ 《马克思恩格斯选集》第 3 卷，人民出版社 1972 年版，第 74 页。
④ 《马克思恩格斯全集》第 42 卷（上），人民出版社 1979 年版，第 95 页。

是整个自然界的一个组成成员，就必须按照生态系统运行的规律进行活动，遵守生态自然规律参与生态自然循环并与自然和谐相处、共生共荣。正是从这个意义上看，马克思恩格斯的自然人的概念与现代生态学理论是完全一致的。

2. 马克思恩格斯关于“现实的人”概念的本质特征，就是人不仅是自然存在物，而且其本质是社会存在物。马克思极其明确指出：人是最名副其实的政治动物，不仅是一种合群的动物，而且是只有在社会中才能独立的动物。”① 在《资本论》中还强调指出：人“无论如何也天生是社会动物。”② 这就告诉我们人是社会存在，是存在于一定的社会形式之中。无论是马克思还是恩格斯都强调人与动物的根本区别就在于人的社会属性从而揭示了人的本质，他们指出：“人的本质不是单个人所固有的抽象物，在其现实性上，它是一切社会关系的总和。”③ 这一本质是在人的实践中表现出来的，人的社会生活实践表现出人是社会人，它包括经济生活实践的经济人，政治生活实践的政治人等。长期以来，一些人误解了马克思关于“人是一切社会关系的总和”这一本质论断，认为马克思主义不讲人的本性的生态自然属性，只讲社会历史属性。有的学者说得好：“马克思论点的实质、精髓不在于否定人的本性中有自然属性的一面，而在于确认人的本性中，社会因素对自然因素起支配的作用，从而决定人的本质”。④

3. 马克思恩格斯关于“现实的人”概念的又一个基本特征就是人是历史存在，是历史的人，在马克思的人学观点看来，人是在历史过程中实践着的感性存在物，从其现实性上说，人是一种包含理性在内的感性活动的存在，即实践的存在。实践是人所特有的存在方式，人在实践活动中创造出了人之为人的一切本性、本属特征。马克思强调人作为自然

① 《马克思恩格斯全集》第 46 卷（上），人民出版社 1979 年版，第 21 页。
② 《马克思恩格斯全集》第 23 卷，人民出版社 1972 年出版，第 560 页。
③ 《马克思恩格斯选集》第 1 卷，人民出版社 1995 年版，第 60 页。
④ 柳树滋：《大自然观》，人民出版社 1993 年版，第 141 页。

存在物又不同于其他自然物，人“是能动的自然存在物”。马克思揭示了这种能动性就是人具有自我意识而自由自觉活动的特征，马克思指出：“生活活动的性质包含着一个物种的全部特征，它的类的特征，而自由自觉的活动恰恰就是人的类的特性”。[①] 这种自由自觉的活动，就是现实的实践创造活动。因此，马克思在《关于费尔巴哈的提纲》中创立了人是实践的存在物这个关于人的本性的科学命题。在马克思看来，实践的本性是能动的，不断变化发展的。人正是通过不断的实践活动，改变着人与自然、人与人、人与社会的关系，而被其决定的人的本性与本质，也就随之变化发展。因此，人的本性是伴随着人类社会的变化发展的，正是在人的本性的变化发展与人类历史的发展相一致这一点上，马克思才说：“整个历史也无非是人类本性的不断改变而已。”[②] 这就是说，人的实践活动是人的本性变化发展的根本原因，因而人的本性是变化发展的，这是一个历史过程。对此，马克思在《资本论》中说得极其明白：“想根据效用原则来评价人的一切行为、运动和关系等等就首先要研究人的一般本性，然后，要研究在每个时代历史地发生了变化的人的本性。”[③] 因此，“在其总体上，都是变化发展的、无论是其自然属性或社会属性，也无论是其本质属性或非本质属性，概莫能外。”[④] 人是历史的人，这是马克思人学的基本观点。人作为社会的人，历史的人，使人成为认识的主体和实践的主体，这是人的实践的存在物的核心，从而决定了人的主体地位。在此基础上，马克思的唯物史观牢固的确立了人民群众在社会历史发展中的主体地位。

总之，按照马克思恩格斯的基本观点，人作为一种生命物种，既是自然的人，属于自然界，是自然存在物，成为自然生态系统的一个成员；又不是一种纯粹的生物，而是一种社会性的生物，是社会的人，属于社

① 马克思：《1844 年经济学哲学手稿》单行本，人民出版社 1979 年版，第 50 页。
② 《马克思恩格斯全集》第 4 卷，人民出版社 1958 年版，第 174 页。
③ 《马克思恩格斯全集》第 23 卷，人民出版社 1972 版，第 669 页。
④ 万光侠：《市场经济与人的存在方式》，中国人民公安出版社 2002 版，第 55 页。

会，成为社会经济系统的主体。这是人的本性的双重性的统一。正如恩格斯所说的，人“不仅生活在自然界中，而且生活在人类社会中。”前者是人的生态自然特性，人就是生态自然因素和经济社会因素的有机统一体。正是自然属性和社会属性的统一，才构成了人的本性，这两种属性是相互依存、相互制约、相互作用的。它在本质上就是自然、人、社会的有机统一整体。这就是马克思主义的一元论人学。马克思恩格斯的自然的、社会的、历史的人的概念在他的整个理论中具有主体性的地位。

（三）马克思的社会概念与社会历史理论

马克思在对唯物主义历史观的创造中，唯物主义自然观，也就成了其中的一个有机组成部分，与他的唯物史观、经济学熔于一炉。因此，马克思对唯物史观的创造，政治经济学、剩余价值学说乃至科学社会主义、共产主义学说的创造，使得他的理论建树主要集中在社会历史理论方面，而马克思的社会发展理论在唯物主义历史观与唯物主义自然观的统一观这一极其完整严密的理论体系中占有极其重要的地位。

1. 马克思社会有机体发展理论是他的社会历史理论的重要组成部分。马克思在《哲学的贫困》中首次明确提出了“社会有机体”的概念，他说：“谁用政治经济学的范畴构建了某种思想体系的大厦，谁就是把社会的各个环节割裂开来，就是把社会的各个环节变成同等数量的依次出现的单个社会。其实，单凭运动、顺序和时间的唯一逻辑公式怎能向我们说明一切关系在其中同时存在而又互相依存的社会有机体呢？”① 在《资本论》第一版序言中，马克思更明确指出：“现在的社会不是坚实的结晶体，而是一个能够变化并且经常处于变化过程中的有机体。”② 可见，在马克思看来，社会有机体是指由“社会体系的各个环节”、各种要素构成，并“同时存在而又相互依存”的连续发展过程的有机整体。恩格斯也认为，人类社会整体是一个多层次、多环节构成的复杂的

① 《马克思恩格斯选集》第1卷，人民出版社1995年版，第143页。
② 《马克思恩格斯选集》第2卷，人民出版社1995年版，第102页。

活的有机体，并明确指出社会有机体的发展动力是多种因素结合的整体的、辩证运动过程，即是“整个伟大的发展过程是在相互作用的形式中进行的。”[①] 因此，马克思恩格斯社会有机体实质是一个反映人类社会诸多要素之间的全面性联系与有机性互动的充满生机与活力的整体性、辩证性范畴。马克思恩格斯在阐明自然与人的不可分割性的同时，阐明社会与人不可分割性。人作为社会存在物，其社会存在的本性是人是社会的人和社会是人的社会的内在统一。一方面，人是社会的主体，每个人都同他人相联系，都生活在社会关系中，马克思认为，人的全部活动和享受，无论就其内容或就其存在方式来说，都是社会的，是社会的活动和社会的享受[②]。因此，人本身的存在就是社会的活动，人无论是个人还是群体，都只有在社会中才能得到以存在和发展，马克思在揭示人与社会的内在统一时说过：“社会性质是整个运动的一般性质；正像社会本身生产作为人的人一样，人也生产社会。”[③] 这就告诉我们，人是社会成员，离开了社会，人就失去了自己的本质，人就不成为其人，社会规定着人的本质；另一方面，社会是人的存在方式，社会是由人组成的共同体，是以人的存在为前提与标志的。马克思提出：“社会——不管其形式如何——是什么呢？是人们交互作用的产物，……在生产、交换的消费发展到一定阶段上就会有相应的社会制度，相应的家庭，等级或阶段组织，一句话，就会有相应的市民社会”。[④] 在这里，马克思深刻地揭示了社会发展与人的发展的本质的、内在联系，社会是人存在与发展的形态，人是一定社会结构的整合的社会存在物，离开了人，社会就失去了自己的本质与发展的目标，社会就不成其为社会。人的发展规定着社会的发展。

2. 在马克思的全部社会历史理论中，作为一般社会学范畴的社会概

---

① 《马克思恩格斯选集》第4卷，人民出版社1995年版，第705页。

② 《马克思恩格斯全集》第42卷，人民出版社1979年版，第121—122页。

③ 《马克思恩格斯全集》第42卷，人民出版社1979年版，第121—122页。

④ 《马克思恩格斯全集》第4卷，人民出版社1995年版，第53页。

念，同时也是唯物主义历史观和唯物主义自然观的社会范畴。马克思认为，人的自主性和能动性的发挥是一个社会化的过程，人只有同他人结成一定的社会关系，才能把自身自然中的潜能发挥出来。因此，在马克思的视野里，人与自然的关系在现实生活中表现为人类社会与自然界的关系，也只有在社会中才能得到和谐统一。他曾经精辟地指出：“只有在社会中，自然界对人类来说才是人与人联系的纽带，才是他为别人的存在和别人为他的存在，才是人的现实的生活要素，只有在社会中，自然界才是自己的人的存在的基础。只有在社会中，人的自然的存在对他来说才是他的人的存在，而自然界对他来说才成为人。因此，社会是人同自然界完成了的本质的统一。”① 社会是人同自然界本质的统一，这个马克思主义的科学论点，充分表达了马克思的唯物史观和自然观的统一观的社会概念。人与自然界在美好的理想社会中完成了本质的统一，社会和谐富于人与自然的和谐统一之中，这是马克思对人类理想社会中人与自然和谐协调关系的经典描述，也是马克思对人类理想社会中人与自然和谐协调关系的经典描述，也是马克思主义把自然、人、社会看成一个有机统一整体的自觉的理论表达。

二、中国学者对马克思主义人、社会、自然有机整体和谐协调发展理论的新发展

马克思恩格斯关于自然、人、社会有机整体的光辉思想，已成为后来人们认识世界和解释世界、学科发展的理论渊源。虽然说，有的学者并不是自觉运用这个理论，但站在各自学科理论前沿的高度，从客观世界系统运行与发展的实际出发，得出的结论同当年马克思恩格斯的看法是一致的，这也充分显示出马克思恩格斯的理论在当代价值的生命力。在我国的生态学界，从传统生态学发展到现代生态学的进程中，一个重

① 《马克思恩格斯全集》第42卷，人民出版社1979年版，第122页。

要的理论创新，就是确立了人—社会—自然复合生态系统的新理论。1984年，我国著名生态学家马世骏、王如松在《生态学报》上发表了“社会—经济—自然复合生态系统”一文，把自然生态系统和社会经济系统的复合系统看成为“社会—经济—自然复合生态系统”，并用它解释各种具体复合生态系统，例如城市生态系统。他们说：“城市生态系统是社会—经济—自然复合生态系统，是人类栖境从自然生态向人工生态、再向复合生态演替的最高形式。”[①] 20多年来，他们这个观点基本上被我国生态学界的学者所接受。例如有的学者在解释产业生态系统时就认为，人类赖以生存的环境，包含物理环境如地理环境、生物环境、人工设施环境、经济运行环境、文化环境等和作为主体的人类一起构成复合生态系统，即社会—经济—自然生态系统。从生态学角度而言，产业生态系统是一个复合生态系统[②]。

在我国哲学界，一些学者坚持和发展马克思恩格斯自然、人、社会有机整体理论，并把这一理论看做为马克思恩格斯生态哲学的基本思想。早在1988年周义澄教授在陈述马克思自然概念与科学共产主义理论的内在联系时提出了这样一些观点[③]：（1）在马克思哲学中，唯物主义历史观和辩证法自然观是统一的，因此，“马克思结束了自然与人、自然与社会、自然与历史相对立的局面，他提供了一副自然与人、与社会相互作用和辩证统一的图像。”（2）马克思认为，共产主义是私有财产即人的自我异化的积极的扬弃，而异化劳动和私有制加剧了人、社会、自然的对立；一旦扬弃了私有财产和异化劳动，人与自然、与社会的统一便能更好的实现。(3）因此，“在马克思的理论中，自然—人—社会构成了一个新系统。这个系统的客观辩证法决定了我们考察人类、人类社会时不能忘记自然界，在考察自然界时，不能忘记人类与社会。”（4）社会

① 中国生态经济学会编：《中国生态经济问题研究》，浙江人民出版社1985年版，第99页。

② 周文宗：《生态产业与产业生态学》，化学工业出版社2005年版，第57页。

③ 周义澄：《自然理论与现时代》，上海人民出版社1988年版，第129页、第79页、第97页、第91页。

历史性是马克思概念的一个基本特征，自从人类产生以后自然界开始有了社会发展的特征，自然界的历史与人类社会的历史就实际上不可分离了，于是“马克思自然概念就是自然—人—社会统一的历史主义的自然概念，是把自然融入社会经济之中的经济学哲学范畴。”

1993年，柳树滋在《大自然观》一书中探讨马克思主义大自然观时进一步指出：“的确，人、社会，自然是一个统一的整体，大自然就是一个整体的观点，在它看来，社会和自然没有不可逾越的鸿沟，随着人的实践活动参与形成的对象世界的出现，在现实的世界中，脱离开自然的社会同脱离开社会的自然一样，都不可能存在。”[①] 生态哲学家余谋昌先生把“人—社会—自然”复合生态系统理论，作为生态哲学对世界的基本看法。他认为，生态哲学即现代生态学世界观，是把世界看做是“人—社会—自然”复合生态系统。这是生态哲学的世界本原，是现代生态学的基本观点。依据“人—社会—自然”复合生态系统整体化观点，“人、自然、社会构成一个整体，它是不可分割的。在现实世界中“不是人的世界和自然界简单的相加，而是它们相互作用构成的系统”。[②] 因此，人类社会的构成要素和自然界的构成要素相互作用，就形成了由天然自然、人工自然、人类社会三者组成的复合系统即人、社会，自然的有机整体。这个复合系统真实地再现了马克思恩格斯所描述的客观世界系统图景。

刘思华教授对马克思恩格斯自然、人、社会有机整体和谐协调发展理论的阐发：（1）在20世纪80年代中后期，他从马克思恩格斯的自然概念的视角来论证社会主义学说的合理性和科学性时认为，在资本主义制度下，人、社会、自然界的尖锐矛盾，是生产社会性同资本主义私有制之间的矛盾的表现，社会主义公有制铲除了割裂人与自然，社会与自然界有机统一的社会根源，开辟了人、社会与自然界和谐发展的新时

① 柳树滋：《自自然理论与现时代》，人民出版社1992年版，第192页。
② 余谋昌：《生态哲学》，陕西人民出版社2000年版，第33—36页。

代。"[①]（2）在20世纪90年代前期，刘思华遵循马克思恩格斯关于文明时代和现代文明的思想，提出和论证了生态文明和生态时代的理论。他认为，人类正在进入生态时代，这是人类文明历史的基本走向。然而，他同当今生态学家、哲学家不同之处，就在于他把生态时代的理论建立在马克思恩格斯自然、人、社会有机整体理论的基础上，不仅使生态文明和生态时代的理论具有科学依据，而且充分显示了马克思恩格斯自然概念和科学社会主义理论在当代价值。（3）在20世纪90年代后期，刘思华一方面把可持续发展理解为"生态—经济—社会"复合系统的运行轨迹与可持续发展；另一方面，探讨可持续发展文明观（即生态文明观）的世界观基础，就是生态学世界观的有机整体论，即人、社会、自然复合生态系统整体性的理论。（4）进入21世纪，刘思华对马克思学说的整体研究，就把马克思恩格斯自然、人、社会有机整体理论，作为一个重要的生态马克思主义经济学的思维理念加以探讨。刘思华认为，马克思恩格斯自然、人、社会有机整体发展理论是他们的唯物主义的历史观和自然观统一理论的最深刻的证明和最科学的运用。

三、人、社会、自然有机整体和谐协调发展理论是最低代价生态内生经济发展模式的理论基础

马克思恩格斯自然、人、社会有机整体发展的自然辩证法和历史辩证法思想，其根本精神在于，不是把人类社会生产和生活的各个领域视为分散的和封闭孤立的存在，而是视为自然、人、社会有机体系统中的各个要素相互依存，相互制约，相互作用的有机统一整体。这样，它就必然强调人类文明的发展取决于有机系统内部各要素以及有机系统与现实环境之间多因素的非线性的相互作用与相互影响，关注人类文明发展的整体性、辩证性及其全面性、协调性与可持续性。

---

① 刘思华：《刘思华选集》，广西人民出版社2000年版，第270页。

人、社会、自然有机整体和谐协调发展理论，不仅为当今生态经济学和可持续发展经济学提供了坚实的理论基础，而且为我们落实科学发展观和建设社会主义和谐社会提供了科学依据。这些又集中表现在这一马克思主义的基本理论已成为构建最低代价生态内生经济发展模式的基本理论基础。本书之所以比较详细地梳理、论述马克思恩格斯自然、人、社会有机整体和谐协调发展理论，总结、概括当代中国学术界对这个理论的发展，是为了使生态哲学成为最低代价生态内生经济发展模式的解释工具，把最低代价生态内生经济发展理论提高到哲学的高度，将最低代价生态内生经济发展理论牢固地建立在人、社会、自然有机整体和谐协调发展理论的基础之上，从而真正把最低代价生态内生经济发展放在人、社会、自然有机整体和谐协调发展的基础上。

第二节　马克思主义人类文明进步的代价理论

本书所说的马克思主义关于社会历史发展与人类文明代价理论，主要是指马克思恩格斯关于资本主义社会发展与工业文明进步的代价思想。不管社会形态如何，人类的生存、社会的发展和文明的进步，都处于自然环境和社会环境有机统一体之中。而资本主义工业文明社会发展，付出极高的自然、人、社会的代价，极大破坏了自然、人、社会有机整体和谐协调发展，并把资本主义推进了自我毁灭的深渊。因此，马克思恩格斯在创立马克思主义理论的过程中，就对资本主义社会发展与工业文明进步展开了深刻的科学批判，形成了资本主义工业社会的代价理论，这是他们关于资本主义社会批判理论的重要组成部分。它既是工业文明发展的产物，是工业文明时代的伟大的马克思主义理论成果，又是对工业文明的超越，揭示了社会历史发展与人类文明进步同代价相互关系的客观规律。本书解读这个理论，就为我们践行科学发展观，建设社会主义生态文明、推进工业文明发展模式向生态文明发展模式的人类文明转型，构建最低代价生态内生经济发展模式，提供理论基础和指导思想。

一、马克思恩格斯关于社会历史发展与人类文明进步的代价论的基本思想

（一）马克思恩格斯发现了社会历史发展与人类文明进步同代价之间具有内在依存关系，揭示了代价产生的客观必然性和普遍性

马克思指出："当文明一开始的时候，生产就开始建立在级别、等级和阶级的对抗上，最后建立在积累的劳动和直接的劳动的对抗上。没有对抗就没有进步。这是文明直到今天所遵循的规律。"① 恩格斯更明确指出："由于文明时代的基础是一个阶级对另一个阶级的剥削，所以它的全部发展都是在经常的矛盾中进行的。生产的每一进步，同时也就是被压迫阶级即大多数人的生活状况的一个退步。对一些人是好事，对另一些人必然是坏事，一个阶级的任何新的解放，必然是对另一个阶级的新的压迫。"② 他还强调指出："在私有制社会，文明每前进一步，不平等也同时前进一步。"③ 马克思恩格斯这些论述明白无误地提出了人类文明社会演进到今天所遵循的一条重要规律，就是社会历史发展与人类文明进步是对抗中实现的思想，指明了这种发展与进步必然要付出代价，才得以实现，从而揭示了通过付出代价以实现社会历史发展与人类文明进步的客观规律。因此，在马克思恩格斯看来，在阶级对抗或私有制占统治地位的社会历史时代中，人、社会和自然及其相互间关系的发展必然要付出巨大的代价，而且在这种历史前提下，人、社会和自然及其相互间的关系愈丰富、愈复杂、社会愈作为一个有机联系的整体而发展，人、

---

① 《马克思恩格斯全集》第4卷，人民出版社1958年版，第104页。
② 《马克思恩格斯全集》第4卷，人民出版社1958年版，第177—178页。
③ 《马克思恩格斯选集》第3卷，人民出版社1995年版，第482页。

社会和自然及其相互间关系的发展所付出的代价就愈大[①]。所以，我国一些学者也明确指出："代价是社会发展中的普遍现象，存在于一切社会形态和社会生活的各个领域，社会发展从来就是进步与代价并存交错，以代价换取进步的过程。一部文明史，同时也是一部代价史。"[②]

（二）马克思主义认为，在阶级对抗或私有制占统治地位的社会历史时代中，人类社会实践是难以正确认识和运用自然和社会发展规律的，从而使社会历史发展与人类文明进步具有极强的二律背反性

出现与进步的实践结果与发展的预定目标完全相反的情况。马克思指出："在我们这个时代，每种事物好像都包含有自己的反面；我们看到，机器具有减少人类劳动更有成效的神奇力量，然而却引起了饥饿和过度的疲劳。财富的新源泉，由于某种奇怪的、不可思议的魔力而变成贫困的源泉，技术的胜利似乎是以道德的败坏为代价换来的。随着人类愈益控制自然，个人却似乎愈益成为别人的奴隶或自身的卑劣行为的奴隶。甚至科学的纯洁光辉也只能在愚昧无知的黑暗背景上闪耀。"[③] 恩格斯谈到人类实践所付出的生态代价也明确提出这种二律背反性的论断，他说："我们不要过分陶醉于我们人类对自然界的胜利。对于每次这样的胜利，自然界都对我们进行报复。每一次胜利，起初确实取得了我们的预期的结果，但是往后和再往后却发生完全不同的、出乎预料的影响，常常把最初的结果又消除了"。[④] 这些论述告诉我们：社会历史发展与人类文明进步总是以反文明的形式得以实现的。而发展与进步付出的代价又是以历史前进作为补偿的。对此，马克思作了肯定的回答。他说："没有哪一次巨大的历史灾难不是以历史的进步为补偿的。"[⑤] 因此，历史前进总是遵循肯定—否定—肯定的历史辩证法，使代价成为社会历史发展

① 叶险明：《马克思的工业文明理论及其现代意义（下）》，《马克思主义研究》2004 年第 3 期。

② 孔圣根：《谈历史进步的代价》，《北京社会科学》，1994 年第 3 期。

③ 《马克思恩格斯选集》第 1 卷，人民出版社 1995 年版，第 775 页。

④ 《马克思恩格斯选集》第 4 卷，人民出版社 1995 年版，第 383 页。

⑤ 《马克思恩格斯全集》第 4 卷，人民出版社 1958 年版，第 383 页。

与人类文明进步中必不可少的一个环节。

（三）马克思主义认为，在阶级对抗或私有制占统治地位的社会历史时代中，社会历史发展与人类文明进步的二律背反性，也就是人类经济社会实践活动的两重效应，从而指明了发展与进步代价产生与付出的现实的直接原因

马克思认为，在资本主义私有制存在的工业文明与市场经济时代，作为人与自然中介的劳动是一种异化了的劳动，这就使人类通过劳动实现人与自然之间物质变换，也是一种异化的形式出现的，并形成全面异化关系：劳动异化、自然异化、生产异化、消费异化和人的异化等，成为资本主义文明形态下发展“常见的正常现象。”因此，马克思明确指出：“劳动本身，不仅在目前的条件下，而且就其一般目的仅仅在于增加财富，而在我看来是有害的、招致灾难的。”① 恩格斯还指出：在资本主义工业文明和市场经济时代，“激起人们的最卑劣的冲动和情欲，并且以损害人们的其他禀赋为代价而使之变本加厉的办法来完成这些事情的。鄙俗的贪欲是文明时代从它存在的第一日起直至今日的起推动作用的灵魂；财富，财富，第三还是财富，——不是社会的财富，而是这个微不足道的单个的个人的财富，这就是文明时代唯一的、具有决定意义的目的。”② 人类经济社会活动通过人与自然之间物质变换实现这个唯一目的就具有两重效应：一方面这种经济社会活动实践，使物质生产力发展，物质财富增长，这是发展实践的正效应即进步性；另一方面这种经济社会活动实践，又使劳动活动及其结果具有反主体性，不仅是“损害人们的其他一切禀赋”，而且劳动本身的发展对人又是“有害的”、“灾难的”。这是发展实践的负效应即代价性。对此，刘思华教授指出：“现代人类的经济社会活动实践的效应具有正负两重性质，既具有实现人类生存与发展的主体性效应，也具有破坏人类生存与发展的反主体性。不仅

① 马克思：《1844年经济学哲学手稿》，人民出版社2000年版，第13页。
② 《马克思恩格斯选集》第4卷，人民出版社1995年版，第177页。

如此，而且主体性效应越巨大，反主体性效应就越惨重。”① 对于人类经济社会实践活动的两重效应，有的学者称之为“发展实践及其结果的二重性”，人类劳动的异化性，“造成了发展实践的两重性，其消极的属性是指在发展实践中所存在的反价值性、反主体性的情况。”② 马克思在《1844 年经济学哲学手稿》中极其深刻地论述了资本主义异化劳动造成的反主体性。他指出：“工人生产的财富越多，他的产品的力量和数量越大，他就越贫穷。”“工人在劳动中耗费的力量越多，他亲手创造出来反自身的、异己的对象世界的力量就越强大，他自身、他的内部世界就越贫乏，归他所有的东西就越少。”“工人生产得越多，他能够消费的越少；他创造价值越多，他自己越没有价值、越低贱。”③ 这种反价值性、反主体性的“恶的发展”，就是发展与进步的代价，它蕴含和产生于人的生存与发展的生产方式与生活方式之中，现实的、历史以劳动活动为基本内容的经济社会活动，既是社会历史发展与人类文明进步的必要条件与客观基础，又成为代价发生的现实的直接原因。

（四）马克思主义认为，在阶级对抗或私有制占统治地位的社会历史时代中，社会历史与人类文明的每一步的发展与进步要是以牺牲多数个人的财富或权利，甚至牺牲整个阶级为代价实现的

马克思明确指出：个性的比较高度的发展，只有以牺牲个人的历史过程为代价……因为在人类也像在动植物界一样，种族的利益总是要靠牺牲个体的利益来为自己开辟道路的。④ 尤其是在揭露资本主义工业文明与市场经济发展过程中使广大劳动人民在贫困与灾难时，尖锐地指出：“全部发展都是在经常的矛盾中进行的，生产的每一进步，同时也就是被压迫阶段，即大多数人的生活状况的一个退步。对一些人是好事的，对另一些人必然是坏事。一个阶级的任何新的解放，必然是另一个阶级的

① 《刘思华可持续经济文集》，中国财政经济出版社 2007 年版，第 419 页。

② 邱耕田：《低代价发展论》，人民出版社 2006 年版，第 101 页。

③ 《马克思恩格斯选集》第 1 卷，人民出版社 1995 年版，第 40—42 页。

④ 《马克思恩格斯全集》第 26 卷（Ⅱ），人民出版社 1972 年版，第 125 页。

新的压迫”。[①] 在这里，马克思指出的资本主义发展与代价的历史进程与趋势，不仅存在于资本主义国家内部，而且是超民族，超国家的国际现象。马克思认为，世界各民族文明应当相互尊重、友好相处，促进多样性的文明交融，推动历史向世界历史的转变。他曾经充分肯定多样文明的交融促进生产力的发展。他说：“各民族之间的想到关系取决于每一个民族的生产力、分工和内部交往的发展程度。这个原理是公认的。然而不仅一个民族与其他民族的关系，而且一个民族本身的整个内部结构都取决于它的生产以及内部和外部的交往的发展程度。一个民族的生产力发展水平，最明显地表现在该民族分工的发展程度上。任何新的生产力，只要它不仅仅是现有的生产力的量的扩大（例如开导新的土地），都会引起分工的进一步发展。”[②] 但是，马克思坚决反对一种文明对另一种文明的征服、掠夺。因为，在事实上，西方文明在传播本民族文明的同时，却在毁灭其他民族文明。马克思曾经说：“美洲金银产地的发现，土著居民的被剿灭和被埋藏于矿井，对东印度公司开始进行的征服与掠夺，非洲变成商业性地猎获黑人的场所：这一切标志着资本主义生产时代的曙光。”[③] 他还就英国征服印度文明揭露资本主义的极端伪善和它的野蛮本性时一针见血地指出：“不列颠人在印度的全部统治是肮脏的”，英国的工业、科技和自由贸易“破坏了印度社会的整个结构”、“破坏了它们的经济基础”。“他们破坏了本地的‘公社’，摧毁了本地的工业，夷平了本地社会中伟大和崇高的一切，从而消灭了印度的文明。”[④] 可见，西方殖民主义不是对人类文明的传播，而是对人类文明的毁灭！这就是人类文明发展所付出的巨大代价。所以，资本主义发展史表明：“资本主义市场经济的发展、工业文明的崛起，不仅建立在国内广大劳动者或被剥夺者的贫困、颠沛流离和生命的高代价之上，而且还以海盗、炮舰政策和

① 《马克思恩格斯全集》第 4 卷，人民出版社 1958 年版，第 173 页。
② 《马克思恩格斯选集》第 1 卷，人民出版社 1995 年版，第 68 页。
③ 《马克思恩格斯全集》第 23 卷，人民出版社 1972 年版，第 819 页。
④ 《马克思恩格斯选集》第 1 卷，人民出版社 1995 年版，第 768 页。

殖民掠夺等手段将自己的发展强制性地建立在其他国家和民族的痛苦之上。也就是说，资本主义国家在殖民地所实行的一切，是以其他国家的不发展、甚至倒退为代价实现的。”① 事实充分证明，一部资本主义文明发展史，就是一部殖民地和半殖民地人民的血泪史及代价史。

（五）马克思主义的科学社会主义、共产主义学说认为，在社会主义公有制条件下，人类能够合理地调节自己与自然界之间的物质变换关系，不会出现资本主义制度那种人、社会和自然界的种种病态与畸形的高代价发展

马克思指出：“自然必然性的王国会随着人的发展而扩大，因为需要会扩大；但是，满足这种需要的生产力同时也会扩大。这个领域内的自由只能是：社会化的人，联合起来的生产者，将合理地调节他们和自然之间的物质交换，把它置于他们共同控制之下，而不让它作为盲目的力量来统治自己；靠消耗最小的力量，在最无愧和最适合于他们的人类本性的条件下进行这种物质变换。”② 在这里，马克思提出了社会主义公有制必须也应当能够合理地调节人与自然之间的物质变换的光辉思想，它包含着一个目标和一个原则。即提出了人与自然之间的物质变换必须也应当用“最适合于”“人类本性”的最少的代价换取最大的发展，达到人与自然之间和谐协调发展，这是社会主义劳动者经济社会实践活动追求的基本目标；规定了人与自然之间的物质变换必须也应当以“最适合于”“人类本性”的最小的代价推进社会主义社会历史发展与文明进步，达到经济社会和生态自然之间和谐协调发展，这是社会主义劳动者经济社会活动中遵循的基本原则。因此，马克思的这个光辉思想，对于当今社会主义文明发展具有重大的理论意义和现实意义。

---

① 杨伟宏、冯东飞：《马克思的代价理论与科学发展观》，《马克思主义与现实》2009 年第 5 期。

② 《马克思恩格斯全集》第 25 卷，人民出版社 1974 年版，第 925—926 页。

二、马克思恩格斯关于社会历史发展与人类文明进步的代价思想的精华及其启示

（一）资本主义市场经济高度发展及其造就的工业文明巨大进步的一切代价，归根结底是沉重的自然代价和惨痛的人的代价同时发生，并行不悖

在马克思恩格斯的资本主义社会批判理论中，他们对资本主义市场经济与工业文明的科学批判理论，是他们资本主义社会批判理论的极其重要组成部分，而这集中体现在他们对资本主义发展的生态批判理论。这是他们对资本主义市场经济与工业文明的生态批判理论，它包括自然生态批判和人类生态批判理论。这个理论揭示和表述了资本主义市场经济发展与工业文明进步，必然伴随着自然代价和人的代价的内在趋势。这是马克思恩格斯的代价思想的精华。刘思华教授在《生态马克思主义经济学原理》一书中，着力发掘这个精华，比较系统地、全面地论述了马克思恩格斯对资本主义市场经济与工业文明的科学批判，发展了马克思恩格斯的资本主义生态批判理论，发展了马克思主义代价理论。刘思华教授认为，马克思恩格斯率先对资本主义工业文明与市场经济发展的反自然、反人性的社会本质的批判，揭露了资本主义生产方式下人与自然之间物质变换的过程中，造成的人的异化、自然的异化，这就使这种物质变换具有反自然性。反自然性就是反人性，因为它造成的不仅是对人的无机的身体的破坏，而且摧残了人的有机的身体，那是对人的自然属性的破坏。因而，资本主义市场经济发展及其所造就的工业文明，就使得人、社会和自然及其相互关系的发展所付出的巨大代价达到了一个前所未有的程度，即自然、人、社会及其相互关系的极度畸形发展①。

马克思恩格斯从资本主义异化劳动的视角，揭露了资本主义市场经

① 参见叶险明：《马克思的工业文明理论及其现代意义（下）》，《马克思主义研究》2001 年第 3 期。

济发展过程中生态环境恶化的事实，充分论证了资本主义工业文明进步是以牺牲自然和人为代价实现的。在资本主义工业文明时代，市场经济使人与自然之间的物质变换关系，成为一种人与自然全面异化的关系。这是因为，异化劳动使人同自然界、同人的本质相异化，这种异化就表现在工业化进程中必然对自然生态环境的严重破坏和污染。“一旦这条河归工业支配，一旦它被染料和其他废料污染，河里有轮船行驶，一旦河水被引入只要把水排出去就能使鱼失去生存环境的水渠，这条河的水就不再是鱼的‘本质’了，它已经成为不适合鱼生存的环境。”① 因此，资本主义工业文明发展就导致了被污染的河水与鱼存在的本质相异化，当然也就同人处于异化对立的状态。所以，异化劳动是对人的本质力量对象化的否定，是对人与自然关系的极大疏离，甚至尖锐对立，因而是与自然的两败俱伤。这就是资本主义市场经济与工业文明发展，创造了一个使得人对自然的统治和社会对人的奴役并行不悖的资本主义世界。

上述情况不仅表现在资本主义世界的工业发展领域，而且突出表现在资本主义的农业发展领域。资本主义农业的发展，既是对劳动者的榨取，使人与人的经济关系处于对抗矛盾之中，又是对自然的掠夺，使人与自然的生态关系处于对抗性矛盾之中。因此，马克思明确指出：“资本主义农业的任何进步，都不仅是掠夺劳动者的技巧的进步，而且是掠夺土地的技巧的进步，在一定时期提高土地肥力的任何进步，同时也是破坏土地肥力持久源泉的进步。一个国家，例如北美合众国，越是以大工业作为自己发展的起点，这个破坏过程就越迅速。因此，资本主义生产发展了社会生产过程的技术和结合，只是由于它同时破坏了一切财富的源泉——土地和工人。”② 历史和现实都表明：资本主义农业的发展和工业文明的进步，不仅要以雇佣劳动者自身的自然力的破坏与牺牲为代价，而且要以外部自然界的土地与土壤生态系统的破坏与牺牲为代价，这是资本主义农业发展和工业得以实现的必要条件。可见，在资本主义私有

① 《马克思恩格斯全集》第42卷，人民出版社1972年版，第334—335页。
② 《马克思恩格斯全集》第23卷，人民出版社1972年版，第552—553页。

制占统治地位与阶级对抗的历史时代中，社会历史发展与工业文明进步，要以最大限度牺牲人的身外的自然为代价的同时，又要以牺牲人自身的自然为代价（包括生命的高代价），使人和自然都陷入严重的灾难的深渊。

（二）资本主义市场经济高度发展所造就的工业文明巨大进步，是以牺牲生态环境的反文明形式实现的，生态环境危机成为人的生存与发展的深重灾难，使人面临着“无家可归”的危险

近几年来，我国学术界研究马克思恩格斯对资本主义工业文明的生态批判理论，取得了一些进展，发表和出版了一些论著，本书不作进一步论述，仅对马克思恩格斯关于资本主义市场经济发展及其造就的工业文明进步伴随着生态环境代价的某些论述作点摘引，并对中外学者的看法作点阐发。马克思主义恩格斯的信中就指出：“耕作的最初影响是有益的，但是，由于砍伐树木等等，最后使土地荒芜。”[①] 恩格斯在他的名著《自然辩证法》中论述了资本主义世界破坏森林造成的水源枯竭、土地破坏、山洪泛滥等严重的生态灾难。他说：“西班牙的种植物主曾在古巴焚烧山坡上的森林，以为木灰作为肥料足够最盈利的咖啡施用一个世代之久，至于后来热带的倾盆大雨竟毁灭毫无掩护的沃土而只留下赤裸裸的岩石，”[②]“关于这种惊人的经济变化必然带来一些现象……所有已经或正在经历这种过程的国家，或多或少都有这样的情况。地力损耗——如在美国；森林消失——如在英国和法国，目前在德国和美国也是如此；气候改变、江河淤浅在俄国大概比其他任何地方都厉害。”[③] 马克思还指出：“文明和产业的整个发展，对森林的破坏从来就起很大的作用，对比之下，对森林的护养和生产，简直不起作用”。[④] 这就告诉我们，在资本主义市场经济与工业文明时代生态环境恶化表现为一种长期趋势。因此，

① 《马克思恩格斯全集》第32卷，人民出版社1974年版，第53页。
② 《马克思恩格斯选集》第4卷，人民出版社1995年版，第386页。
③ 《马克思恩格斯全集》第38卷，人民出版社1979年版，第365页。
④ 《马克思恩格斯全集》第24卷，人民出版社1972年版，第272页。

马克思在《资本论》中认为，随着资本主义社会生产力的发展，“自然条件所能提供的东西往往随着由社会条件决定的生产率的提高而相应地减少”，由此，就出现“森林、煤矿、铁矿的枯竭等等”现象①。

马克思在《资本论》中特别强调资本主义生产发展对土地的滥用与掠夺，他说：“资本主义生产使它汇集在各大中心的城市人口越来越占优势，这样一来，它一方面聚集着社会的历史动力，另一方面又破坏着人和自然之间的物质变换，也就使人以衣食形式消费掉的土地的组成部分不能回到土地，从而破坏土地持久肥力的永恒的自然条件。”② 他在分析小土地所有者和大土地所有者的区别时还指出：“前者更多地滥用和破坏劳动力，即人类的自然力；而后者更直接地滥用和破坏土地的自然力，那么，在以后的发展进程中，二者会携手前进，因为农村的产业制度也使劳动者精力衰竭，而工业和商业则为农业提供各种手段，使土地日益贫瘠。”③

恩格斯在《反杜林论》中说道：蒸汽机的“资本主义应用才使它主要集中于城市，并把工厂乡村变为工厂城市。但是，这样一来，它就同时破坏了它自己运行的条件。蒸汽机的第一需要和大工业差不多一切生产部门的主要需要，都是比较纯洁的水。但是工厂城市把一切水都变成臭气冲天的污水。”④ 当时，英国的许多河流“流入城市的时候是清澈见底的，而在城市的另一端流出的时候都又黑又臭，被各色各样的脏东西弄得污浊不堪了”⑤。马克思恩格斯在对资本主义发展的生态批判时，他们还提出了科学技术的“资本主义应用”和“消灭工业的资本主义性质”问题。马克思在《资本论中》指出，科学技术的“资本主义应用”和“工业的资本主义性质”在社会生产的发展上必然表现为以破坏良性循环和污染生态环境为代价发展的社会生产。在这种情况下，一个国家

① 《马克思恩格斯全集》第25卷，人民出版社1974年版，第289页。
② 《马克思恩格斯全集》第23卷，人民出版社1972年版，第552页。
③ 《马克思恩格斯全集》第25卷，人民出版社1974年版，第917页。
④ 《马克思恩格斯选集》第3卷，人民出版社1995年版，第648页。
⑤ 《马克思恩格斯全集》第2卷，人民出版社1957年版，第320页。

“越是以大工业作为自己发展的起点，这个破坏过程就越迅速”，即发展所付出的代价就大。这就是资本主义工业文明发展是以反文明的形式即“恶的发展”来实现的。所以，恩格斯明确提出“要消灭这种新的恶性循环，要消灭这个不断重新产生的现代工业的矛盾，又只有消灭现代工业的资本主义性质才有可能。”①

以上马克思恩格斯对资本主义发展的生态批判论述，已被其后资本主义工业文明与市场经济发展的实践所证实，是科学的理论。因为随着资本主义市场经济高度发达，工业文明巨大进步，全球环境危机此起彼伏，生态危机频繁加深；环境危机和生态危机并存交织，直至整个大自然危机，已经成为笼罩着当代世界的魔影。国内外学者，根据当代世界的实际，在马克思恩格斯的生态批判理论基础上，进一步指出：20 世纪尽管是繁华灿烂的物质文明，但人类却被沉重的全球性代价问题拖入了 21 世纪！美国著名学者托夫勒在他的名著《第三次浪潮》一书中说：“可以毫不夸张地说，从来没有一个文明，能够创造出这种手段，能够不仅摧毁一个城市，而且可以毁灭整个地球。从来没有整个海洋面临着的问题。由于人类贪婪或疏忽，整个空间可以突然一度之间从地球上消失，从未有开采矿山如此凶猛，挖得大地满目疮夷。从未有过让喷雾剂使臭氧层消耗殆尽，还有热污染造成全球气候的威胁”②。美国著名科学卡普拉在《转折点：科学、社会、兴起中的新文化》一书中强调指出：“现在全球生态体系和生命进化处于危险之中，处于一场大规模的生态灾难之中。”③ 在此，笔者还要引用中外两位著名学者对 20 世纪资本主义市场经济发展所造就工业文明的伟大成就及其恶的后果的精彩分析。

美国生物学家爱德华·威尔逊博士指出：“20 世纪是科学技术飞速发展，丰富的现实派艺术得到解放，民主与人权广泛传播的时代。然而，这个世纪从某种意义上讲又是一个黑暗与野蛮的时代，因为世界战争、

---

① 《马克思恩格斯选集》第 3 卷，人民出版社 1995 年版，第 648 页。
② ［美］托夫勒：《第三次浪潮》（中译本），三联书店 1983 年版，第 175—176 页。
③ 转引自刘思华主编：《绿色经济论》，中国财政经济出版社 2001 年版，第 9 页。

种族灭绝政策和专制意识形态几乎笼罩全球。伴随着这些动荡局面、人类同时也破坏了大量的自然环境，大肆攫取地球不可更新资源，从而加快了整个生态系统的毁坏和成千上万存在数百万年的物种的灭绝。”① 中国生态经济学家刘思华教授指出：“众所周知，在20世纪上半叶，人类生存与发展曾陷入过席卷全球的经济大危机、大萧条和两次世界大战的大灾难……然而，值得庆幸的是，这场空前的大灾难及其所带来的各种问题，到了60年代末70年代初，世界经济尤其是发达国家出现战后经济的繁荣时期，就标志着从世界全面来说基本被消除。但是，值得高度重视的是，20世纪以来的现代科技在人类利用中和发展市场经济中产生了一种反自然的异化力量，使科学技术进步和市场经济发展在创造高度发达的物质文明的同时，却摧毁了人类自身的赖以存在的生态环境，导致全球性的生态危机即不可持续发展危机，人类遭受着空前的生态灾难。”“生态灾难及其产生的负效应，即使从现在起世界多数国家和地区都把生态环境保护、治理与建设放在优先地位，怕至少要花五六十年的时间，或者说到21世纪中叶也难以消除。所以，我们完全可以说，生态危机既是20世纪人类遭受的巨大灾难，又是21世纪人类面临的最大危机。”②

（三）资本主义市场经济高度发展及其所造就的工业文明进步，是以牺牲人的身心健康与生命安全为高代价的反文明形式实现的，造成人的极度片面畸形发展，人类发展陷入本身的危机的深渊

马克思恩格斯关于资本主义市场经济与工业文明发展的代价理论告诉我们：资本主义生产发展，不仅仅要掠夺、牺牲人的身外的自然为必要条件，要且要掠夺、榨取劳动者，即以牺牲人的自身的自然为基本条件。正如马克思在《资本论》中所说的：“在现代农业中，也和在城市工业中一样，劳动生产力的提高和劳动量的增大是以劳动力本身的破坏

① ［美］爱德华·威尔逊：《生命的未来》（中译本），上海人民出版社2003年版，第46页。
② 刘思华主编：《绿色经济论》，中国财政经济出版社2001年版，第9—10页。

和衰退为代价的。”[①] 因此，马克思恩格斯的一些重要著作中从人类生态角度详细地揭露了资本主义生产方式下的市场经济与工业文明对人的生命安全和身心健康的破坏与摧残，即对人类生产力的破坏与摧残，从而抨击了资本主义社会制度对劳动者反人性的黑暗统治。这是马克思恩格斯关于资本主义生态批判理论的核心，也是马克思恩格斯关于资本主义工业文明与市场经济发展的代价理论的核心。对此，刘思华教授在《生态马克思主义经济学原理》一书中进行了比较系统地梳理与概括，把这个核心理论归纳几个方面：（1）马克思恩格斯研究资本主义生产过程时，总是十分注意工人的工作条件，愤怒地揭露了资本主义生产恶劣的工作环境，使工人维持生产劳动的正常的生态需要得不到满足；恶劣的工作环境对人的身心健康和生命安全造成极大危害与摧残，即人体生态的破坏和衰退。(2) 马克思恩格斯在分析工人们的生活状况时，总是十分注意工人的生活条件，愤怒地揭露了资本主义制度下工人生存的十分恶劣的生活环境，使工人维持最低生活所必要的生态需要难以满足；恶劣的生活环境对人的身心健康和生命安全造成极大危害与摧残，即人体生态的破坏与衰退。(3) 马克思恩格斯揭示了工人生存的自然和社会环境恶化和人的自然生命日益衰亡的内在关联性。对马克思恩格斯这个思想，刘思华教授概括了五点：一是工人生存的生态环境和社会环境恶劣，导致百病丛生，使人的自身的自然日益衰退；二是人体生态的损害与衰退，必然使人的自然生命过早死亡；三是资本主义商人和厂主昧着良心在所有的食品里掺假，使食品质量低劣而不安全，给人们的身体健康带来了直接危害；四是工人的存在的生态环境恶化，不仅危害着工人阶级的身心健康和生命安全，而且危害资产阶级的身心健康和生命安全；不仅危害当代人的身心健康和生命安全，而且危害后代人的身心健康和生命安全；五是工人生存的恶劣的社会和自然环境，使他们陷入穷困的命运，使他们片面畸形发展，“整个智力和体力都不断衰退”，以致人的自

① 《马克思恩格斯全集》第 23 卷，人民出版社 1972 年版，第 552 页。

然生命加速毁灭。因此，恩格斯作出结论："资产阶级的这种令人厌恶的贪婪造成了这样一大串疾病！妇女不能生育，孩子畸形发展，男人虚弱无力，四肢残缺不全，整代整代的人都毁灭了"①。在这里，笔者要强调两点：

第一，在资本主义阶级对抗与私有制占统治地位的历史时代中，资产和雇佣劳动者之间的关系，是以劳动的异化为表现形式的，它的外在表现是物的关系即"物的异化"，而内在实质是人的关系即"人的异化"。马克思正是通过"物的异化"的外表现象，探寻"人的异化"的内在本质。下面摘引几段马克思的论述：在资本主义工业文明与市场经济发展过程中，"劳动所生产的对象，即劳动的产品，作为一种异化的存在物，作为不依赖于生产者的力量，同劳动相对立"②。这样，"劳动为富人生产了奇迹般的东西，但是为工人生产了赤贫。劳动生产了宫殿，但是给工人生产了棚舍。劳动生产了美，但是使工人变成畸形……劳动生产了智慧，但是给工人生产了愚钝和痴呆。"③ 于是，"工人生产得越多，他能够消费的越少；他创造价值越多，他自己越没有价值、越低贱；工人的产品越完美，工人自己越畸形；工人创造的对象越文明，工人自己越野蛮；劳动越有力量，工人越无力；劳动越机巧，工人越愚钝，越成为自然界的奴隶"④。因此，工人"在自己的劳动中不是肯定自己，而是否定自己，不是感到幸福，而是感到不幸，不是自由地发挥自己的体力和智力，而是使自己的肉体受折磨、精神遭摧残。"⑤ 这种劳动者同自己劳动活动相异化，就是人的"自然异化"。人的异化，使人的劳动不再成为体现人的类本质的活动，从而使劳动者同人的类本质、类生活相异化。所以，马克思指出："异化劳动使人自己的身体，以及在他之外的

① 《马克思恩格斯全集》第2卷，人民出版社1957年版，第453页。
② 《马克思恩格斯全集》第42卷，人民出版社1979年版，第91页。
③ 《马克思恩格斯全集》第42卷，人民出版社1979年版，第93页。
④ 《马克思恩格斯选集》第1卷，人民出版社1995年版，第42页。
⑤ 《马克思恩格斯选集》第1卷，人民出版社1995年版，第43页。

自然界，他的精神本质，他的人的本质同人相异化。”① 这些造成的直接后果必然是“人同人相异化”②；直接后果必然是“物的世界的增值同人的世界的贬值成正比。”③ 马克思的这些精辟论述是对资本主义市场经济与工业文明的本质特征的经典表达。资本主义工业文明社会，是物的世界的高度发展，但自然的世界和人的世界都作出巨大牺牲。这个社会是以自然和人的极大牺牲为代价换取物质财富迅速增长的物质化的、病态的社会。这个社会的主体——人，无论是剥削者的资产阶级还是被剥削者工人阶级，无论是富人还是穷人，都异化为片面、畸形的人。因此，“我们完全可以说，资本主义工业文明的巨大发展和社会财富的极大增长，确实是以人的片面、畸形的发展为代价的。这是人的发展的一种倒退，是资本主义生产方式的最根本的自我否定因素，一个人的全面发展的新时代的到来就成为历史的必然。”④

第二，马克思恩格斯关于科学技术的“资本主义应用”和“消灭工业的资本主义性质”的思想中，有一个重要论点就是，资本主义市场经济与工业文明愈发展，科学技术发展就愈异化为奴役人的手段和工具。马克思在巴黎手稿、《资本论》及其手稿对此都作精辟的分析，他指出：“劳动用机器代替了手工劳动，但是使一部分工人回到野蛮的劳动，并使另一部分工人变成机器。”⑤ 机器“代替个人而具有技能和力量”，“科学通过机器的构造驱使那些没有生命的机器体有目的地作为自动机来运转，这种科学……作为异己的力量，作为机器本身的力量，通过机器对工人发生作用。”“由于劳动资料转变成机器体系……劳动过程便只是作为资本价值增殖过程的一个环节而被包括进价值增殖过程，这一点甚至从物质方面来看，也被肯定了。”⑥ 因此，马克思在考察资本主义机器大工业

① 《马克思恩格斯选集》第1卷，人民出版社1995年版，第47页。
② 《马克思恩格斯选集》第1卷，人民出版社1995年版，第47页。
③ 《马克思恩格斯选集》第1卷，人民出版社1995年版，第40页。
④ 刘思华：《生态马克思主义经济学原理》，人民出版社2006年版，第217页。
⑤ 《马克思恩格斯选集》第1卷，人民出版社1995年版，第43页。
⑥ 《马克思恩格斯全集》第46卷下，人民出版社1980年版，第208—209页。

发展之后，在《机器·自然力和科学的应用》一文中就指出："由于自然科学被资本用作致富手段，从而科学本身也成为那些发展科学的人的致富手段"。"机器……侵吞身体和精神上的一切自由活动，甚至减轻劳动也成为了折磨人的手段"。① 马克思的这些论述明确无误地告诉我们，在资本主义市场经济发展及其所造就的工业文明时代中，生产力和科学技术的发展，一方面改善了劳动者的物质生产和生活条件，这是人类文明的进步；另一方面精神折磨都更加严重，使劳动者在更大的程度上成为机器体系的附属品、异化关系更普遍。因而，科学技术发展完全异化为奴役人的工具，对人的压迫和束缚日益严重，这是人类文明的退步。所以，正如有的学者指出的：在马克思看来，在资本主义市场经济与工业文明时代中，"生产力和科学技术的发展的确表现为对人的强大控制和压迫力量的发展；但另一方面，生产力和科学技术本身又是一种强大的革命力量和物质批判力量，它必然能不断克服和超越自身的局限性，逐步地为彻底消除人的异化创造必要的条件。"②

（四）对马克思恩格斯对资本主义生态批判理论及代价理论考察的启示

1. 在资本主义私有制与阶级对抗的历史，每一步社会发展与文明进步都是以牺牲自然生态环境和多数人与整个社会所遭受的巨大痛苦、深重灾难为代价实现的。因此，资本主义市场经济与工业文明发展的现实形态，就是一种生态外生的高熵高代价的发展模式与发展道路。它给现代人类发展带来一个严重负效应，就是西方发达资本主义国家所创造的工业文明，预先享用了地球的资源环境，这也就是最先造成了生态环境破坏与危机，使自然日益腐败，并且这种自然异化经过20世纪下半叶到21世纪的今天依然延续着、发展着。当今包括气候变化在内的全球生态环境危机，是全人类面临的巨大灾难与重大挑战。因此，西方发达资本

① 《马克思恩格斯全集》第23卷，人民出版社1972年版，第463页。

② 叶险明：《马克思的工业文明理论及其现代意义（下）》，《马克思主义研究》2004年第3期。

主义国家应该对自然异化、全球生态环境负更大的责任。这是历史与现实的结论。

2. 从马克思恩格斯对资本主义生态批判理论及代价理论完全可以看出，马克思恩格斯怀着对社会主义、共产主义崇高理想的深沉思考和全力追求，把消除异化劳动，消除自然的异化、人的异化及自然、人、社会相互关系的全面异化，都寄希望于社会主义、共产主义文明发展。因为在他们看来，只有在这样的文明社会才能废除了私有制和异化劳动，人类通过劳动实现人与自然之间的物质变换，就不是以一种异化的形式出现的，这也就铲除了资本主义市场经济发展与工业文明进步总是要以牺牲自然和大多数人与整个社会遭受巨大痛苦与灾难为代价实现的深刻根源。因此，马克思有感于此认为，在这种社会历史时代中，“社会化的人”、“联合起来的劳动者”能够合理调节人与自然之间物质变换关系，做到以“消耗最少”的自然资源和劳动，实现人与自然、生态与经济的和谐协调发展。它的现实形态，就是一种低熵低代价的发展模式与发展道路。然而，20 世纪社会主义实践与马克思恩格斯的科学预见无疑存在很大距离。因为现实的社会主义“在各方面，在经济、道德和精神方面都还带着它脱胎出来的那个旧社会的痕迹”[①]。如中国特色社会主义还允许私有制尤其是资本主义私有制的发展，利用资本主义一切可能利用的东西，因而还不可能完全消除发展与进步要以反文明的形式实现的深刻根源。然而，我们是马克思主义者，既然坚信社会主义取代资本主义是社会历史发展和人类文明进步的必然规律，也就一定坚信社会主义比资本主义更有条件并更要积极探索和创造人与自然和谐协调的低代价发展的新模式、新道路。我们党的科学发展观和建设社会主义生态文明的重要战略思想，实际上就是从自然、人、社会有机整体和谐协调发展的新高度，对社会主义市场经济与生态文明的发展模式、发展道路的内涵的科学揭示，它必将使中华文明发展实践，开辟中国特色社会主义市场经

① 《马克思恩格斯选集》第 3 卷，人民出版社 1995 年版，第 304 页。

济与生态文明发展的新时代，逐步“避免和消除西方社会所出现的普遍异化”，克服与超越资本主义市场经济与工业文明的严重弊端和历史局限性，这是建设和发展社会主义市场经济与生态文明题中的应有之意。因此，我们坚信，在21世纪生态文明和绿色经济时代，中国社会主义现代化建设，是一定能够走出一条绿色的、生态内生的低熵低碳低代价发展的新道路，正如马克思晚年在研究俄国农村公社未来命运时所设想的那样，避免“资本主义制度所带来的一切不幸的灾难”，“不经受资本主义制度的一切苦难而取得它的全部成果。”①

3. 马克思恩格斯从阶级对抗或私有制占统治地位历史时代特别是资本主义文明的发展现实出发，深入考察了社会历史发展与人类文明进步同代价的内在联系，揭示了代价产生与付出高代价的客观必然性和普遍性，阐明了高代价发展是社会历史发展与人类文明进步的必不可少的一个内在环节。这是阶级对抗或私有制占统治地位的社会历史发展的客观规律，更是资本主义市场经济与工业文明发展的一个内在规律。按照马克思恩格斯对社会主义文明发展的科学预见，以社会主义公有制为基础社会主义文明是没有为这个代价规律充分发挥作用开辟道路的，它不是社会主义文明发展的规律趋势。然而，20世纪社会主义文明发展的实践，尤其是中国社会主义市场经济与工业文明发展没有证实马克思恩格斯对社会主义文明发展的科学预见，都重蹈了西方发达资本主义国家市场经济与工业文明发展所走过的“先污染后治理”的高熵高代价发展的覆辙，自然的异化、人的异化及自然、人、社会相互关系的片面畸形发展现象仍然很严重，使社会主义文明发展付出了沉重的自然、人、社会的代价。这个历史教训是十分深刻的。即使如此，社会主义文明发展在实践中偏差、失误及其付出的代价，显然无法与资本主义市场经济与工业文明发展，长期以来给全人类带来一切不幸的痛苦与灾难相提并论，何况两者有本质区别。社会学家郑杭生说得好：“中国特色社会主义是一

① 《马克思恩格斯全集》第19卷，人民出版社1963年版，第129页。

种利用资本主义，但又与资本主义有本质区别的社会主义。”“本来，发展的预定目标是减缩差距、改善环境、提高公平度、减少腐败现象、缩小弱势群体，但是发展的实际结果却是差距的增大、环境的恶化、公平度的降低、腐败现象的蔓延、弱势群体的扩大。”① 这种社会主义文明总体发展顺境中出现的局部发展逆境，与资本主义文明发展总是以反文明的形式来实现的规律趋势是有本质区别的。“这里的关键问题是，怎样把代价限制在最小限度，以最小的代价换取最大的发展。要做到这一点，就必须对付出代价的度有一个相对精确的计算，就必须选择一种比较合理的发展模式，就必须不失时机调整旧的发展模式，选择新的发展模式。”② 在21世纪生态文明与绿色时代中，我们应当顺应人与自然、生态与经济和谐协调这一低代价发展的时代大趋势，变革工业文明的黑色经济这种高代价发展模式，选择生态文明的绿色经济这一低代价发展模式，建构起低熵低碳低代价的发展模式，走出一条中国特色社会主义最低代价生态内生经济发展的新道路。

第三节　生态经济协调可持续发展理论

一、生态经济协调发展论及其现实形态

要克服传统经济学理论的生态与经济相脱离的根本缺陷，就必须构建使经济发展理论反映生态学规律的生态经济协调发展理论。而生态经济学作为一门新兴边缘经济科学，正是从生态科学和经济科学的有机结合上，围绕着人类经济活动与自然生态之间的发展关系这个主题，寻求

① 郑杭生：《社会学视野下的“中国经验”》，《光明日报》2009年12月3日。

② 韩庆祥：《发展与代价》，人民出版社2000年版，第4—35页。

生态系统与经济系统相互适应与协调发展的途径，使生态系统和经济系统耦合为生态经济这样一个复合系统，实现人、社会、自然之间发展关系在新的更高水平上的和谐统一。因此，生态经济协调发展理论，不仅能够反映经济学的真理，而且能够反映生态学的真理，从而揭示和论证了生态经济协调发展的客观规律。

1991年初，在北京召开的“全国10年生态与环境经济理论回顾与发展研讨会”开幕式上，当时的中国生态经济学会理事长刘国光作了“加强生态经济学研究，促进经济、生态、社会协调发展”的重要发言，他高度评价了生态经济协调发展理论对我国社会经济建设的指导作用①。这次会议上，代表们一致认为，“我国生态经济学的核心问题是生态经济协调发展”。刘思华教授在会议总结中指出，当代中国生态经济协调发展理论，是我国学者集体的伟大创造。“这次会议的历史功绩，就在于充分肯定和高度评价了我国学者创立的生态经济协调发展学说。”② 20世纪90年代以来，刘思华教授在一些论著中反复指出：“我国学者研究生态经济理论和学术活动及发展的论著，都集中在生态经济协调发展这个问题上，并以此为贯穿生态经济理论的红线，创立了生态经济协调发展论新学说。到了20世纪80年代后期至90年代初期，我国学者提出的生态经济协调发展论，已作为当代中国生态经济理论的主流。这一理论的建立和发展，是我国生态经济学乃至整个经济学理论上具有重要意义的大事。”③

生态经济协调发展理论，不是人为主观臆造出来的观念和命题，而是既有马克思主义的理论依据，又有客观事实依据。这就是现代经济社会是一个生态经济有机整体。这个客观存在就是生态经济协调发展理论的现实形态。

---

① 刘国光：《加强生态经济学研究，促进经济、生态、社会协调发展》，《经济研究》1991年第4期。

② 刘思华：《当代中国的绿色道路》，湖北人民出版社1994年版，第28页。

③ 刘思华：《生态经济学在中国的发展与展望》，《光明日报》2000年3月7日。

刘思华教授进一步证论“现代经济社会是自然与社会互相融合的生态经济有机整体”，提出了四个基本观点：（1）人的两重性的互相依存是现代经济社会成为生态经济有机整体的根本原因；（2）劳动和自然界的互相结合是现代经济社会作为生态经济有机体的纽带；（3）生态系统和经济系统的相互转化是现代经济社会成为生态经济有机体的实现条件；（4）生态规律和经济规律相互作用的一致性使现代经济社会成为生态经济有机整体。因此，“当代维系人类生命和社会发展的这个小而脆弱的球体上，客观存在的只是自然生态和社会经济互相依存、互相结合、互相转化、互相作用的生态经济有机整体。这不只是反映了自然界与人类社会在以往发展史上的‘渊源’的关系，更重要的是揭示了现代经济社会发展的基本特点及其主要趋势。”①

二、生态经济协调可持续发展理论及其现实形态

（一）用“生态—经济—社会”复合系统整体性观点考察现代经济发展，必然突出了现代经济发展的整体性

用现代生态学术语表达，现代经济系统是人、社会、自然有机整体的重要组成部分；用可持续发展经济学术语表达，现代经济系统是“生态—经济—社会”复合系统这个生态经济社会有机整体的重要组成部分。在这里，现代经济系统实质上就作为可持续发展经济系统；它的整体性，是可持续发展经济系统最本质的客观性质。虽然说，可持续发展经济系统只是“生态—经济—社会”复合系统的一个重要组成部分，但它却具有整体可持续发展系统的基本特征，也受整体可持续发展系统的一般规律的制约。因此，现代经济发展绝不是单纯的经济发展，而是“生态—经济—社会”复合系统的整体发展，即是生态经济社会的整体发展，就可持续发展而言，其基本内涵应当是，以人为本的“生态—经济—社

① 刘思华：《理论生态经济学若干问题研究》，广西人民出版社1989年版，第245—251页。

会”复合系统的良性运行轨迹与可持续发展。这种生态经济社会有机统一的整体发展，从总体来说，我们可以概括为生态发展、经济发展和社会发展以及三者发展的协调性、一致性与可持续性。这是构建最低代价生态内生经济发展模式的基本问题。

（二）生态经济可持续发展理论，在国内外首次界定了可持续发展经济的基本内涵

美国著名生态经济学家布朗在《生态经济》一书中认为，构建一种实现环境可持续的经济，即是“一个维持环境永续不衰的经济——生态经济”，这就是“一种可持续发展的经济。”① 可见，布朗是把可持续发展的经济的本质内涵严格限制在生态环境可持续性的范围内，或者说，布朗是把生态环境可持续发展的经济，界定为可持续发展的经济。从理论上说，这种界定确实抓住了可持续发展经济的要害。但是，这只是一种抽象的理论概括。刘思华教授在 1997 年出版的《可持续发展经济学》一书中，对什么是可持续发展经济的基本内涵作过这样具体概括：他说：“正确地、有效地解决当代经济发展中普遍存在着的非持续发展经济问题，使之转移到可持续发展经济健康运行轨道上来，把现代经济发展的生态代价和社会成本减少到最低限度，建立起一个真正的可持续发展的经济。因此，我们所说的可持续发展经济可以表达为：可持续经济发展应当是经济发展的生态代价和社会成本最低的经济。它由两个关键部分构成：一是资源环境持续利用达到国民生产净值的最大化；二是人类经济福利应随着时间的推移不断增长，至少能做到下一代同前一代持平。”在此，有必要说明两点：（1）在生态经济协调可持续发展的理论框架中，人类经济福利应当是指生态经济福利，这样理解才符合刘思华的本意。（2）追求现代经济发展应该是现代经济发展的生态代价和社会成本减少到最低限度，这是构建最低代价生态内生经济发展模式的中心环节，也是建立一个真正的可持续发展经济的根本要求。

---

① ［美］R. 布朗：《生态经济：有利于地球的经济构想》（中译本），东方出版社 2002 年版，第 2—3 页。

(三) 生态经济协调可持续发展理论，规定了可持续发展经济系统运行与发展的整体目标，应该是生态目标、经济目标、社会目标有机统一与同步实现

在当今，人类文明发展正在由工业文明向生态文明转变，人类经济活动与发展经济行为的目标正在向多元目标转化，经济增长与经济发展也不是人们经济活动与发展经济行为的唯一目标，其主要目标还应当在经济发展模式中列入生态环境的发展目标和社会的发展目标，这包括建立一个健全的生态与经济和谐的社会。这三大目标的有机统一与同步实现，就是可持续发展经济系统运行与发展的整体目标（如图 4－1 所示）。只有这样，才能真正走出一条现代市场经济发展与生态发展、社会发展达到全面、协调、可持续发展的新路子。

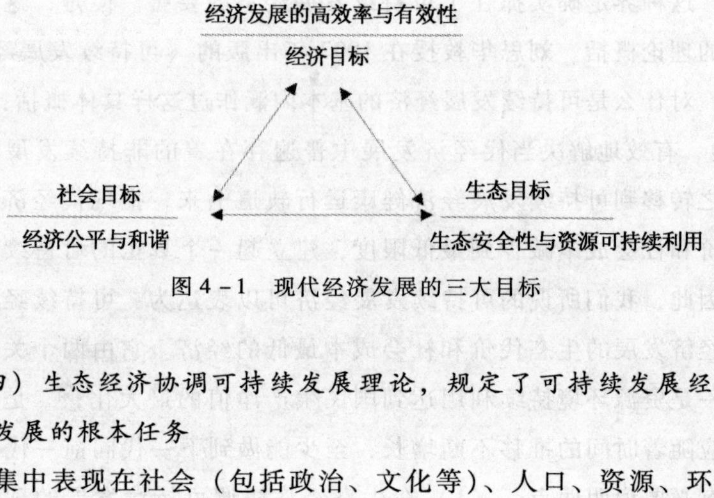

图 4－1　现代经济发展的三大目标

(四) 生态经济协调可持续发展理论，规定了可持续发展经济系统运行与发展的根本任务

这集中表现在社会（包括政治、文化等）、人口、资源、环境与经济的有机统一、高度整合、整体优化与协调发展上，使现代经济成为生态代价和社会成本最低的经济，使它的发展具有整体性、协调性、可持续性，从而最大限度地提高现代经济发展的生态效益、经济效益、社会效益和三者有机统一的最佳综合效益，形成一个统一的生态、经济、社会效益的有机整体①。这是我们构建最低代价生态内生经济发展模式的根

① 刘思华主编：《绿色经济论》，中国财政经济出版社 2001 年版，第 636 页。

本任务和关键所在。

第四节 生态环境内因论

一、中国学者对生态环境内生变量研究的历史考察

对这个问题的研究，首先还是简略回顾一下国际学术界的代表作，也就是罗马俱乐部的第一个报告《增长的极限》给人们的启迪吧。该报告将人口增长、资本投资、粮食短缺、环境污染、不可再生资源枯竭，作为对经济增长最有影响的五个因素，它们互相影响、互相制约，构成连锁的反馈环路，决定着世界体系中增长的原因和限度。因此，《增长的极限》报告得出结论说：如果人类社会在人口、工业化、污染、粮食生产和资源消耗按目前的趋势继续发展下去……这个星球上增长的极限有朝一日将在今后100年中发生……将会导致世界系统崩溃。这就是人们所说的梅多斯等人的“增长极限论”。应该说，梅多斯等人的“增长极限论”，是把环境污染和资源耗竭作为经济增长与发展极限论的主要论据，实质是一种认为经济增长与发展已临近自然生态极限的理论。它把影响现代经济增长与发展的主要决定因素转移到资源环境因素及生态环境的轨道上来，宣告了把生态环境作为经济增长与发展的外生变量的传统经济增长与发展理论，已经使现代经济发展走上了不可持续发展的死胡同，为人们认识现代经济增长与发展开辟了一个新视角。从这里，我们可以看到，梅多斯等人的“增长极限论”虽然没有明确提出生态环境是经济增长与发展的内在要素，但“增长极限论”却包含着“生态环境内因论”的思想，这是不言而喻的。

无论在国际，还是在国内，早期的生态经济学理论研究，虽然强调

生态环境对经济发展的重要性，但并没有明确指出它是现代经济运行与发展的一个内生变量，分析的重点，主要是两者关系的协调与统一，即从内容上看，仍然是生态环境作为现代经济运行与发展的一个外生变量对待。只有到了20世纪90年代，可持续发展概念被我国学者接受和使用，我国生态经济学研究与可持续发展经济学研究相结合，或者说有些生态经济学者转向可持续发展经济学的研究，生态环境作为现代经济运行与发展的内生变量问题，才由我国经济学学者正式提到议事日程并开始了系统的研究。可持续发展经济学家杨文进教授多次撰文指出："在这方面，我国可持续发展经济学者，不仅把技术和知识完整地纳入经济和资本体系之内，而且把生态环境完整地纳入经济和资本体系之中，使其作为经济发展的内生变量。如他们明确指出，如果技术与知识是现代经济增长首要的决定性要素，是知识经济与经济可持续发展中的主导因素，那么生态环境则是保障现代经济增长的根本性的决定性因素，在知识经济与可持续经济的发展中起着基础作用。"

早在1994年，刘思华教授在《当代中国的绿色道路》一书中，论述现代生产力发展的生态环境条件时就提出了"生态环境内因论"，如"健全的生态条件和优良的环境质量就是直接作为生态经济再生产过程的必要组成部分而存在。它不仅是现代生产力运行的外部环境，而且是现代生产力发展的内在因素，成为现代生产力的基本要素，就应该包括在现代生产力系统之中。这种生态环境内因论，鲜明地提示了现代生产力是生态经济生产力，如实地反映了现代生产力运行的全过程。"① 其后，在1999年8月的"全国生态环境建设与可持续发展学术研讨会"上的报告中进一步指出："在工业经济时代的二三百年，无论是西方经济学，还是东方经济学，先是经济增长理论，后是经济发展理论，都把生态环境看作经济增长或发展的外生变量，是生产力发展的外部条件，我把这种传统观念称之为'生态环境外因论'，第二次世界大战后，尤其20世纪

① 刘思华：《当代中国的绿色道路》，湖北人民出版社1994年版，第271页。

80年代以来，生态环境与经济社会发展正在形成一种新型的关系，环境变迁，生态发展，将日益决定现代经济发展的模式、道路、方向和发展趋势”。其后，我国著名经济学家刘国光先生在《可持续发展经济学》一书序言中也指出：“现代经济发展实践表明，现代经济的健康运行和可持续发展，不仅取决于经济因素的本身，而且取决于与此相联系的重要的非经济因素相互适应与相互协调，并出现经济的‘外部因素内部化’的发展格局，即影响经济运行与发展的非经济因素转化为它的内在因素，形成了现代经济运行与发展的经济因素和非经济因素（或内在因素和外在因素）的有机结合与高度融合的新趋势。”他在这里所讲的“外在的”因素转变为“内在的”因素中，最突出和最集中的表现就是生态环境因素。

其后，我国不少学者在自己研究的学科领域，从不同角度论述生态环境是经济增长与发展的内在要素。在1997年，著名经济学家夏振坤先生在《发展经济学新探》一书中也认为：“第一，生态环境问题已不是一个经济发展的外在性问题，它已经成了经济发展的内在性问题，研究经济发展必须同时研究环境保护；第二，生态环境问题，也不是与经济发展同等级的问题，它已经成为经济发展的大前提，不解决生态环境问题，经济发展将最终无法进行或功亏一篑。”①

2000年，余谋昌先生依据“人—社会—自然”复合生态系统整体性观点，认为自然生态环境不仅是人和社会存在的外部条件，而且是人、社会、自然有机整体运行的内在机制。他指出：“通常认为，自然界只是人和社会的外部条件，这也是不正确的。它是‘人—社会—自然’系统的内在机制，要重视自然界对人和社会发展的重要作用。”②

2001年，焦必方先生在构建环保型经济增长模型时，认为以往的经济增长理论将人力资本与技术进步作为经济增长的内生变量来考察，无一例外将物力资源（广泛意义上的生态环境）排除在外，造成理论局

① 夏振坤：《发展经济学新探》，武汉出版社1997年版，第11页。

② 余谋昌：《生态哲学》，陕西人民教育出版社2000年版，第36页。

限。因此，在理论上，他提出了两个重要观点：一是“经济增长带来的环境污染、资源耗竭的根本原因在于环境是经济增长的外生变量而不是内生变量”；二是“在新的经济增长理论的构建中，我们必须将生产力源泉之一的环境纳入到经济增长的内在变量之中，而不仅仅把环境视为一个只提供资源、容纳生产废弃物的载体。”因此，作为生产力源泉之一的生态环境就“可以作为经济增长的内在变量，从而我们可以构造出一个新的经济增长方式：即环保型经济增长方式。”①

当今，生态环境日益成为决定经济增长与发展的内生变量，不仅有客观事实依据，而且有科学理论依据。

二、生态环境内生化可持续发展经济理论模式

只要我们简略考察一下西方经济发展思想史，就完全可以看到，西方经济学的经济增长理论的演变过程中发生过多次内生化的过程。2002年秋，刘思华教授在中南财经政法大学“博导论坛”曾作过“论‘空的世界’经济学与‘满的世界’经济学”的学术演讲，在演讲中认为“空的世界经济学走向满的世界”经济学的首要问题，是将生态环境从经济发展的外生变量转化为内生变量。因此，他将生态环境要素假定为现代经济运行与发展的内生变量而纳入经济分析，使之成为一个与土地、劳动、资本（即物质资本）、技术、制度等因素并重的内在要素，是现代生产力发展的一个重要资源。笔者在撰写博士论文时，根据刘思华的演讲和论坛讲稿整理，征得他的同意写进笔者的博士论文中。这个问题的主要内容有：

（一）物质资本内在性经济增长理论

在古典经济增长理论中，一国经济系统运行与发展的内生变量是土地、劳动和资本（即物质资本），它们是决定经济增长的三要素。其实，

① 焦必方主编：《环保型经济增长》，复旦大学出版社2001年版，第13页。

以亚当·斯密为代表的古典经济学家普遍认为，储蓄和物质资本积累是决定经济增长的主要力量。古典经济增长理论经过哈罗德和多马等人的模型化而逐渐成为经典的经济增长模型，这样，以哈罗德—多马增长模型为代表的物质资本积累论，就把物质资本积累或储蓄率看成决定经济增长的关键因素甚至惟一因素。因而，哈罗德—多马增长模型是经济增长理论中物质资本决定论的典型形式。由索洛等人发展起来的新古典经济增长理论，一方面将技术进步看作经济增长的决定因素，另一方面又将它作为外生变量对待而将其排除在经济分析之外，这一假设无疑使该理论排除了影响经济增长的最重要源泉，使技术进步不能成为经济增长理论研究的核心因素。还有，在新古典经济增长理论假定中，经济制度和个人偏好都是既定的，总量生产函数具有稳定的形式，生产率被假定为按外生的不变比率增长，因而不仅对经济增长起决定作用的技术创新，而且制度创新都是作为外生变量而将其排除在经济分析过程之外。对此，舒尔茨批判新古典经济学只注重最大化模式，而忽视实现最大化最优的制度和组织条件。在这里，我们还要指出的是，在熊彼特创新理论中，技术进步具有具体的经济含义，首次揭示了技术创新对经济发展的巨大作用，但又把技术看成经济系统的外生变量，是经济增长的外生的经济变量。这是熊彼特创新理论的历史局限性。

（二）技术创新内生化经济增长理论

最早尝试将技术进步内生化的是阿罗在 1962 年提出的“干中学”模型，阿罗模型被罗默等人吸收与发展，把经济增长理论研究推向新增长理论又称内生增长理论的发展阶段。在新经济增长的理论框架中，不仅物质资本和劳动力，而且人力资本和知识要素，都作为决定经济增长的内生变量。因此，新经济增长理论的核心思想是经济能够不依赖外力推动实现经济持续增长，内生的技术进步是保证经济增长的决定因素。作为代表新经济增长理论的主流研究思路的罗默的知识溢出模型和卢卡斯的人力资本溢出模型，都把技术进步作为内生变量处理，肯定知识人力资本积累的重要性及其经济意义，并强调内生的技术创新是经济系统持续增长的根本源泉，从而很好地刻画了经济持续增长的内在机制。新经济增长理论对经济增长的技术内生化及其创新分析，突破了新古典增长理论的研究框架，形成了技术创新内生化增长理论，其理论与实践意义极其深远。但是，这一理论不仅把制度变化因素仍然看成外生给定的而排除在经济分析之外，而且自然忽视了资源约束、环境污染和生态破坏对技术进步和经济增长的重要影响，未被纳入其经济增长理论模型，当然也就未能与可持续发展的规范相结合。

（三）制度创新内生化经济增长理论

新经济增长理论虽然克服了当时包括西方主流经济学在内的多数学派都把技术进步的作用抛到理论分析的视野之外的缺陷，揭示了内生增长模型是一种从经济系统内部自动产生变动且不断积累的技术创新内生化过程，但是在它的理论框架内仍然存在着缺陷，即是大多数新增长模型都隐含假定经济制度和个人偏好是给定的，制度创新的作用被抛到理论分析的视野之外，将其作为外生变量对待。以科斯和诺斯为代表的新制度经济学，对制度内生化以及创新在宏观经济增长及微观经济绩效层面上的影响进行经济学分析，从历史、现实和理论相结合的角度全方位论证了制度是经济运行和发展的内在力量，揭示了制度的起源、变迁和规律及其制度创新在经济运行和发展中的重要性和重大作用，从而将制度和制度变迁纳入现代经济增长理论模型之中，成为现代经济增长和经济发展理论的一块基石，确立了制度创新内生化经济增长理论，带来了现代经济发展理论的兴起。

（四）生态创新内生化可持续经济发展理论

以往的经济增长理论将物质资本、人力资本和技术进步作为经济增长的内生变量来考察，无一例外地将生态环境即生态资本排除在经济分析之外，只是孤立地在经济系统内部寻求经济增长的内在源泉，导致理论的局限。在20世纪80年代中期以来，一些发展经济学家试图在其经济发展理论框架中，说明技术变迁与制度变迁和相伴而生的经济增长存在于某些经济中，却不存在于另一些经济中，试图构建某种使资源、文化、禀赋和制度作用“内生化”经济发展理论，但也没有将作为经济增长的重要源泉的生态环境及资源的枯竭性与不可再生性纳入经济发展的内生变量之中，仍然只是在孤立的经济系统内部寻求解释经济发展的最佳答案，导致主流经济学的经济增长与经济发展理论的历史局限性。

上述事实表明，在可持续发展经济学产生之前，国内外主流经济学理论框架内一个积习难改的特征就是，从不作生态环境内生化以及创新分析，生态环境一直被作为经济增长或发展过程的外在因素对待。因而以往国内外主流经济学，都无法解释在现行经济增长方式和经济发展模式下日益严重的地球生态环境恶化问题。环境经济学和生态经济学等非主流经济学，虽然都从不同角度强调了生态环境对经济发展的重要性及基础作用，着重从探讨生态环境与经济社会一般协调发展中，指出生态环境是经济发展的基本制约因素，这些就为生态环境内生化及其创新分析提供了新的理论与方法，但还是没有将它作为决定经济发展及其可持续性的内在力量来对待，即没有揭示经济可持续发展的内在机制。可持续发展经济学克服了过去所有的经济增长与发展理论关于生态环境外生假定的根本缺陷，转向在生态环境内生假定下考察现代经济发展及其可持续性的源泉和决定，将生态变迁、生态创新这一长期经济可持续发展最基础的决定因素视为可持续发展经济系统的内在力量，突破了当今国内外主流经济学理论的研究框架，形成为生态创新内生化可持续经济发展理论①。

在生态经济协调可持续发展的理论框架下，通过对生态环境内生化及生态创新内生化分析，使生态环境作为现代经济运行与发展的内生变量而被纳入经济分析过程之中。生态环境内生化可持续发展经济理论的核心问题有两个方面：一方面是人类生存的自然环境是人的生命的组成部分，是人的身心健康和生命安全的内在因素；另一方面是当今世界系统中生态环境是可持续经济运行与发展的内在要素，对现代经济良性运

① 方时姣：《中国绿色外经战略》，中国财政经济出版社 2004 年版，第 130—133 页。

行与可持续发展起着决定性作用，已成为现代经济增长与发展最重要的、最关键的源泉。因此，生态环境已从现代经济运行与发展的外生变量转化为内生变量，这是生态环境内生化可持续发展经济理论的基本结论①。可见，在生态环境生内生化可持续经济发展理论模式中，将生态环境纳入现代经济社会的生产要素体系之中，使之成为一个与土地、劳动、特质资本、技术、制度等要素并重的新的生产要素，真正成为现代经济良性运行与健康发展的内生变量与内在机制，从而促使经济增长与发展的生态代价和社会成本减少到最低限度。这样，我们就可以构建出一个全新的现代经济发展模式，即最低代价生态内生经济发展模式。

按照现代生态学世界观认识和解释世界系统，用“人—社会—自然”复合生态系统整体性观点，来观察最低代价生态内生经济发展模式，这里的“生态”一词具有把人、社会与自然看做为一个有机整体来认识的含义。这个含义有两层意思：一是生态问题不仅是自然问题，而且是人的问题，还是经济问题、政治问题，更是社会问题和文化问题；二是这里的“生态”应该是人类生态、社会生态和自然生态的内在统一体。由此决定了现代经济良性运行与健康发展的生态路标，应该是实现人的有机身体和无机身体的和谐发展，是人类生态、社会生态和自然生态的全面协调可持续发展。

三、最低代价生态内生经济发展模式的实践基础与现实依据

近几年来，全国人民在以胡锦涛为总书记的党中央正确领导下，树立和落实科学发展观，建设社会主义和谐社会，为我们构建最低代价生态内生经济发展模式提供了客观条件并开始展示了科学发展的广阔前景。与此同时，我国现代化建设中，大力发展循环经济，建设资源节约型经济社会、环境友好型经济社会、生态安全型经济，促进我国经济社会发

① 刘思华：《论经济思想和理论的生态革命》，《西北大学学报（哲学社会科学版）》2005年第2期。

展全面生态化；尤其是发展绿色产业、生态农业、生态工业，使生态工业园建设模式进入一个新时期。据报道，目前在广西、辽宁、江苏、山东、天津、新疆、内蒙古、浙江、广东等省、市、自治区分别展开了生态工业园区建设模式的试点，不仅覆盖制糖、造纸、化工、水泥、冶金等传统行业，也有电子、环保、汽车、生物化工等高科技行业。生态工业园区建设模式有力推动着现有工业园区发展向生态化方向转型，提升工业园区发展的生态化水平，这就从总体上加速了我国新型工业化朝着生态化方向发展的进程。所有这些实践经验表明，最低代价生态内生经济发展模式是有坚实的、丰富的实践基础的。

我们构建最低代价生态内生经济发展模式，不仅有坚实的实践基础，而且还是由现实的客观事实所决定的。这集中表现为良好的生态环境作为现代经济良性运行与健康发展的内在要素，已经成为一种高度短缺的生活要素和生产要素，严重地制约着现代人类生存和经济社会发展。这种严峻的客观现实决定着构建最低代价生态内生经济发展模式的必要性和紧迫性。

（一）良好的生态环境是一种高度短缺的生活要素和生产要素，这是全球普遍现象

美国著名生态经济学家戴利认为，当今现实世界系统已经完成了从“空的世界”到“满的世界”的转变，即是经济系统的输入输出没有生态环境限制的世界系统，转向输入输出受生态环境限制的世界系统，使经济系统的运行与演变已经从物质资本是经济发展限制因素的时代，进入生态资本是经济发展限制因素的时代。戴利指出：“经济系统相对于外部的生态系统越来越庞大，某种程度上，剩下的自然资本相对于人造资本变得越来越稀缺，这就颠倒了以前的稀缺性模式。”因此，“我们已经从一个相对充满自然资本而短缺人造资本（以及人）的世界来到了一个相对充满人造资本（以及人）而短缺自然资本的世界了。”[①] 美国著名生

① ［美］E. 戴利：《超越增长——可持续发展的经济学》（中译本），上海译文出版社2001年版，第107页、113页。

态经济学家布朗先生完全赞同戴利的观点，他称戴利是生态经济学的智慧先驱时说："我们的世界已经从人造资本（'虚无'事物）代表经济发展中的制约因素的时代，进入一个以日益稀缺的自然资本（'实在'事物）取代其地位的时代。"因此，他强调指出："随着人类事业的继续扩张，地球生态系统所提供的产品和服务越来越稀缺，自然资本正在迅速成为制约因素，而人造资本则越来越雄厚。"① 这是当今世界系统无论是发达国家还是发展中国家发展的客观现实。地球生态系统提供的产品和服务越来越稀缺，突出表现在世界各国生态系统提供的优良的生态产品越来越短缺。据世界卫生组织报道，发展中国家3/4的农村人口、1/3的城市人口得不到安全卫生的饮用水，80%的疾病和1/3的死亡率与饮用受污染的水有关。

（二）在我国，良好的生态环境稀缺程度不仅超过发达国家，而且超过某些发展中国家，使21世纪中国经济运行与发展正在出现生态经济结构危机

中国经济结构危机正在由过去的经济系统内部产业结构严重失衡为主转变为经济系统整体发展的生产要素配置中的经济要素与生态环境要素的严重失衡为主②。

"人口大国、资源小国、生态弱国，这是我国的基本国情"。我们研究任何经济社会问题，都要以此为基本出发点。随着中国生态系统从"空的世界"向"满的世界"的转变，生态环境这种最基本的生活要素和生产要素又被排斥在我国经济运行与发展的内生变量之外，即排斥在国民经济运行与社会再生产价值运动之外，而当作一个外生变量，这就必然使良好的生态环境的短缺性日益凸显出来。

大家知道，改革开放以来的30年，我国年均经济增长率为9.6%，不少年份达到10%以上的超高速度增长，这种长期保持高速度和超高速度的经济增长，使我国经济规模迅速扩大，经济总量迅速增大，已成为

① [美] R. 布朗：《生态经济：有利于地球的经济构想》，东方出版社2002年版，第21页。
② 刘思华：《关于科学发展观的几个问题》，《内蒙古财经学院学报》2004年第3期。

仅次于美国的第二大经济体。现在，我们完全可以说，我国已经完全改变了传统社会主义经济这种短缺经济局面，社会生活和社会生产需要的物质产品极大丰富，物质资本日益雄厚，经济正在走向富裕。然而，当今中国发展由经济贫困走向经济富裕，既是通过以牺牲生态环境为沉重代价，又是通过牺牲社会物质财富分配与占有的公平为高昂代价来实现的。正因如此，中国经济社会是一个生态成本超过国民生产总产值的严重亏损的经济社会系统。经济系统运行主要依靠“环境透支”与“生态赤字”来维持，据有的研究机构测算，20 世纪 90 年代中期，中国经济增长有三分之二是在生态环境透支的基础上实现。这种过度的资源消耗，过重的环境污染、过大的生态破坏的经济高速增长，只能使中国生态系统提供的产品和服务越来越短缺，生态资本已经成为我国经济良性运行和健康发展的瓶颈。本书的第三章已经列举了大量的触目惊心的生态数字，论证了当前中国生态产品是高度短缺的生活要素和生产要素。在此，再列举几个数据进一步证明。根据国家环保总局公布的数据表明，目前，全国二氧化硫的排放量比 5 年前增长 13%—35%，大气中二氧化硫年排放量超过环境容量的 60% 以上，2/3 城市人口生活在中度和严重的大气污染环境之中，这就是说，人民群众所吸收新鲜的空气这种生态产品已经不能满足人们生存与全面发展的生态需要，确实是一种高度短缺的生态产品。我国是联合国所列的 13 个贫水国家之一。在全国城市中有 400 多个城市常年供水不足，年缺水量达 60 亿立方米，农业每年缺水达 300 亿立方米。在水资源短缺的同时，我国大部分城市和地区的淡水资源受到污染，加剧淡水资源的短缺。根据中国环境监测站通过对全国七大水系，19 条河流的 400 个监测站的测算表明，Ⅰ—Ⅲ类水质只占 13%，Ⅳ—Ⅴ水质占 32.5%，严重污染的劣五类水质占 25.5%。这就是说，全国 58% 的河流水质处于中度和严重的污染，还有 75% 的湖泊存在着不同程度的富营养化。同时，我国平原地区有 54% 的地下水不符合生活饮用标准，一半以上的城市市区地下水污染严重。据水利部、卫生部等对全国农村饮用水安全调查评估显示：到 2008 年年底，全国农村饮水不安全的人口有2.5亿人。这就充分表明，人民群众所喝清洁的淡水这种生态产品已经不能满足人的生存与全面发展的生态需要，确实是一种高度短缺的生态产品。

以牺牲生态环境为沉重代价的经济高速增长，即极高代价的经济增长模式，不仅不能真正实现经济可持续发展，反而会使中国经济走向生态贫困。过去，短缺经济使人民的物质需要得不到正常满足，就形成了物质贫困即经济贫穷。现在，经济富裕，却使人民的生态需要得不到正常满足，就形成了生态贫困，“我国的生态贫困状况相当严重，甚至可以说已成为我国目前乃至今后相当长时期发展的基本特征”①。

综上所述，目前我国是经济富裕和生态贫困并存而形成了中国发展的新的二元结构，这是中国发展过程中出现新的结构危机，即生态经济结构危机。这在我国经济发达地区非常突出的显露出来了。例如，在我国深圳是一个经济发达的城市，但从总体上看，深圳是个生态贫困的城市。可以说，它是一个比较典型的二元生态经济城市。据《经济观察报》报道，2005年年初，时任深圳市委书记李鸿忠同志，在分析深圳发展面临的不可持续发展困境时，把它概括为“四个难以为继”：土地有限，难以为继；资源短缺，难以为继；人口不堪重负，难以为继；环境承载力严重透支，难以为继。深圳的土地资源高度短缺，将面临无地可用的局面；深圳的自然资源尤其是淡水资源高度短缺，使深圳成为全国七大严重缺水城市之一；深圳人口已超过1200万人，其中1026万暂住人口；这样伴随人口承载力问题就产生一系列人类生态和资源支撑力、环境容量负荷力等生态压力问题。所有这些，就集中表现为深圳经济经过28年来的高速超高速增长，经济规模急剧扩大，深圳生态系统完全成为一个“满的世界”。这种高度发达的工业文明，最终也给深圳带来了无土地、淡水之类自然资源高度短缺，而且是整个深圳生态环境的高度短缺，这就是生态环境承载力严重透支。由此李鸿忠同志得出结论说，

① 柳杨青：《生态需要的经济学研究》，中国财政经济出版社2004年版，第138—145页。

这四个“难以为继”就是深圳发展的瓶颈。这就是说，目前深圳经济系统的运行与演变已经从物质资本是经济发展限制因素的时代，进入生态资本是经济发展限制因素的时代。因此，21 世纪深圳发展已经主要不是继续扩大经济规模，追求 GDP 的高速增长，而是在推进转变经济增长方式的基础上，努力实现最低代价生态内生经济发展，即是大力提高经济增长和经济发展的质量与效益，形成最低代价生态内生经济发展模式，这是 21 世纪深圳现代经济良性运行与科学发展的必由之路。

第五章 最低代价生态内生经济发展模型

第一节 最低代价生态内生经济发展理论的研究路径与基本内容

自 20 世纪 90 年代以来，随着生态经济协调可持续发展理论的形成，学者们开始对这种新理论的实践模式进行探索。在他们看来，真正提高经济增长与发展的质量与效益，实现“人—社会—自然”有机整体和谐发展，仅仅靠实现经济增长方式由粗放型向集约型转变是不够的，还必须把生态环境从经济增长与发展的外生变量转化为内生变量，并且纳入生态经济协调可持续发展模式之中，形成追求全面降低经济发展成本，减少经济发展代价的生态内生经济发展。

一、最低代价生态内生经济发展理论的研究路径

最低代价生态内生经济发展理论是遵循生态经济协调可持续发展的

思路，对包括西方经济增长理论在内的所有现存经济增长与发展理论进行范式革命，使它成为可持续发展经济学理论体系的核心内容，以全新的理论框架来探索经济发展与代价问题，其实质上就是可持续发展经济问题。这条研究路径就是把发展生态经济协调发展理论作为突破口，在可持续发展经济学理论框架中解决经济发展的生态与社会代价问题，在最深层次领域内应对可持续发展议题挑战。这完全不同于在新古典经济学的理论框架中解决经济增长的代价问题。正如英国学者莫法特所指出的："生态经济学是从不同的经济观点而不是从新古典经济学的观点来解决环境问题的。建立生态经济学是一条开拓的途径，并可能由此彻底摆脱新古典经济学范式的统治，从而使可持续发展的问题得到解决。"

遵循这条研究路径，我们不仅研究马克思学说中经济增长与发展思想，而且广泛研究前人（包括西方古典和新古典经济增长理论）和当代学者的经济增长与发展思想理论，批判地吸取其思想成果，从而形成最低代价生态内生经济发展理论及模型。因此，它的理论来源与理论基础，一是以马克思主义理论为指导思想和理论基础，尤其是马克思恩格斯关于自然、人、社会有机整体发展的思想；二是继承和发扬我国多学科学者提出和阐述的经济增长与发展理论及其代价思想；三是发展和创新中外可持续发展的科学成果，并使之成为重要理论依据；四是批判地吸取西方经济学理论发展过程中生产要素多次内生化的有益成果，使生态环境从经济运行与发展的外生变量转化为内生变量，并成为最低代价生态内生经济发展理论及模型的最重要的理论基石。把坚持和发展马克思主义经济学说，作为生态环境内生化可持续发展经济理论的基本特色，是最低代价生态内生经济发展理论和低代价经济增长理论的本质区别。

二、最低代价生态内生经济发展模型的基本内容

过去的最高代价生态外生经济增长，根本弊端就在于忽视经济增长的成本代价，尤其是忽视经济运行与发展过程中的生态代价和社会成本。

因此，最低代价生态内生经济发展模型的基本内容，主要有三个方面：(1) 要把生态环境成本代价降低到最低限度；(2) 要把资源（包括自然、人文和经济资源）成本代价，降低到最低限度；(3) 要把社会（包括社会生态）成本代价降低到最低限度。因此，笔者曾在《中国绿色外贸战略》中阐述过，生态环境内生化①可持续经济发展理论，在现实经济生活中的重要表现就是生态环境成本内在化，这表明生态环境成本内在化是生态环境内生化可持续经济发展的实现形式，是生态经济协调可持续发展的内在机制②。现在，我们把生态环境成本内在化纳入生态经济协调可持续发展模式之中，完全可以说，生态环境成本内生经济发展模型是最低代价生态内生经济发展模型的现实形态，它实质上体现了最低代价生态内生经济发展模式。

第二节　构建最低代价生态内生经济发展模型的两个条件

一、中国的要素禀赋体系中应当纳入生态环境要素，形成中国的生态环境要素禀赋，这是构建最低代价生态内生经济发展模式的前提条件

过去，传统经济学（包括西方经济学在内）的要素禀赋理论，其实质是资源要素禀赋理论。它所说的生产要素只包括土地、劳动和物质资

① 生态环境内生化主要是指过去把它作为经济增长与发展的外生变量，而现在已经转化为同土地、劳动、物质资本技术一样的内生变量，并纳入生产要素体系和社会生产与再生产价值运动之中。这同庇古的“外部效应内部化”理论是有本质区别的。

② 方时姣：《中国绿色外贸战略》，中国财政经济出版社2004年版，第98页。

本。把它们视为经济增长与发展的内在要素，而将生态环境视为一个只是提供资源、容纳生产废弃物的载体，是经济增长与发展的外在因素，排斥在国民经济的生产要素体系和社会生产与再生产价值运动之外，即国家的要素禀赋体系之外。然而，事实表明，以资源要素禀赋为基础的国民经济结构（包括国际贸易结构）的负面效应日益显露，其弊端日益明显，它不仅给工业文明发展带来了资源危机，而且导致生态环境危机。工业革命的成功，工业文明的高度发达，"最终也给自身带来了短缺——不仅仅是资本，也不仅仅是土地、燃料和金属，而是整个地球环境的承载能力。"① 这就告诉我们，工业文明的高度发达，不仅带来了自然资源的高度短缺，而且导致生态环境成为高度短缺的生活要素与生产要素。因此，根据生态环境内生可持续经济发展理论，在新的要素禀赋体系理论的构建中，我们把生态环境从经济运行与发展的外在因素转化为内在要素，纳入国民经济的生产要素体系之中，即在生产要素禀赋体系之中，构成与其他生产要素并重的新的生产要素，从而构造出新的国民经济结构，即以生态环境要素禀赋为基础的生态经济内在统一的国民经济结构，这种经济结构才是具有协调性和可持续性的。

所谓生态环境要素禀赋，是指一国或地区的生态环境质量、环境消纳并转化废物的能力（即生态环境的自净能力）以及生态系统作为一个整体所呈现出来的各种环境要素的总体状况等，这体现为生态环境自身被利用消耗的过程中不产生外部成本。因此，生态环境要素禀赋应当包括以下几个方面：

一是自然资源的丰裕程度和可替代、可更新程度尤其资源环境的质量变化和再生量变化即生态潜力。

二是生态环境质量和生态环境对污染消纳转化的自净能力，这种自净能力体现为生态环境在不产生外部成本的情况下可将污染物消纳转化的自净能力。

① ［美］梅多斯等：《增长的极限》（中译本），机械工业出版社2006年版，第244页。

三是生态系统作为一个整体的使用价值，这种使用价值表现为它呈现出来的各种生态环境要素的总体状态对人类社会生存与发展的有用性，如美丽的风景向人们提供美感，娱乐休息以及满足人类精神和道德需求等生态服务功能。

此外，有的学者认为生态环境技术禀赋也构成生态环境要素禀赋的一个内容。这主要是指对环境污染和生态破坏的技术处理能力和修补能力以及生态环境无害技术和治理技术的开发、利用能力。

从生态环境要素禀赋的含义与内容可以看出，以生态环境要素禀赋为基础的现代经济运行与发展要求国家地区在决定产业结构甚至经济结构时必须把生态环境目标作为发展的根本目标。避免单纯以扩大资源密集的初级产品或污染严重的制成品来加速经济增长速度，使经济增长与发展，既不以损害环境资源为代价，也不超越生态系统的承载能力，从而使经济增长与发展保持在生态容许的限度内，实现经济增长与生态环境协调可持续发展。

二、生态环境成本内在化是最低代价生态内生经济发展模型的现实形态

我们首先要指出的是，在经济学的语境内，代价是指人们经济活动和社会生产与再生产中，所消耗的各种成本、各种损耗及其它们对人和社会发展带来的不良后果，这些成本应该视为代价的最基本含义。正是从这个意义上说，生态环境成本内在化就成为最低代价生态内生经济发展的内在机制，是最低代价生态内生经济发展模型的现实形态。

从可持续发展经济学的角度来看，生态环境成本叫绿色成本；从环境经济学的角度来看，生态环境成本可以简称为环境成本；从生态经济学的角度来看，生态环境成本可以简称为生态成本。生态与环境属于公共物品，具有强烈的外部性，导致生态环境代价外移的外在化现象是与

生态经济协调可持续发展相背离的行为规范。因此，在生态经济协调可持续发展的目标框架下，生态环境的外部性内在化，既是生态经济社会有机整体发展的一种趋势，更是最低代价生态内生经济发展的客观进程，是生态环境要素禀赋理论的必然逻辑。

在此，强调三点：

第一，长期以来，传统经济学理论无一例外地将生态环境作为经济增长和经济发展的外在因素，排斥在一国的生产要素体系既要素禀赋体系之外，在现实经济生活中集中表现为生态环境成本外在化。如果说，生态环境恶化及生态环境与经济发展之所以严重不协调，其根本原因，与其说是生态环境外部性，还不如说是生态环境成本外在化。这是因为，在现代市场经济中，市场机制的根本缺陷仍然在于："市场力量是无法保证流量的生态可持续性的。市场本身并不能记录其日益增长的规模给生态系统带来的成本。市场价格能测量单个资源的相对稀缺性，但价格通常不能反映环境中低熵资源的绝对稀缺性。"① 因此，现在各国经济的"主导模式完全排除了生态成本"②，造成市场不能反映生态学的真理。这样，生态环境的外部性，使生态环境保护与建设费用全部排除在商品价格之外，即各种经济活动的生态环境成本没有通过市场机制体现出来，市场价格信号没有反映出生态环境资源的价值，从而导致经济增长和经济发展及国际贸易活动中的环境资源无价，原料低价，产品高价的不合理现象，刺激了人们不假思索地过度开发利用生态环境资源，造成资源耗竭、环境污染、生态退化，损害当代，危及后代。因此，生态环境成本外在化，生产者或消费者可以自由地使用生态环境资源而不需支付费用，或者支付的费用低于使用生态环境资源所创造的价值。以自身利润最大化为目标而制定的经济决策，往往是与生态经济协调可持续发展相

---

① ［美］E. 戴利：《超越增长——可持续发展的经济学》（中译本），上海译文出版社 2001 年版，第 44 页。

② ［美］E. 戴利：《超越增长——可持续发展的经济学》（中译本），上海译文出版社 2001 年版，第 7 页。

背离的行为，极大危害着现代经济的健康运行与可持续发展。因此，无论是一国经济还是世界经济的可持续发展，都要求世界各国在推动环境全球化和经济全球化融合发展进程中，努力消除生态环境成本外在化，使产品和服务的价格包含生态环境成本，让市场价格反映生态学的真理，逐步实现生态环境的外部性内在化，这是生态环境与经济协调发展的客观要求和必然趋势。

第二，在环境全球化和经济全球化融合发展的时代，经济和环境问题都是时代的主题，由此决定了生态环境问题已成为当今全人类的一个重大议题。从上可见，生态环境恶化的根本原因并不在于经济发展，而是在于生态环境的外部性所导致的市场失灵，即市场价格往往不能反映生态学的真理。本来，生态环境对污染物的自净能力、生态容量的供给能力及生态服务能力，都属于稀缺资源，应有其自身的价值和价格，必须将生态环境视为生产要素，并通过市场价格机制体现出来。但是现行的商品价格却没有反映生态环境成本，从而形成价格扭曲。因此，在现代经济运行与发展中生态环境成本外在化，不能反映生态学的真理，导致生态环境退化，并使生态环境与经济增长产生矛盾与冲突，其根源就在于此。美国著名学者布朗在《生态经济》一书中在强调市场价格反映产品和服务的全部成本的重要性时，引用一位企业家这样的一句话："中央计划经济崩溃于不让价格表达经济学真理，自由市场经济则可能崩溃于不让价格表达生态学的真理。"① 这就在客观上要求世界各国寻求使市场经济运行得以表达生态学真理的途径。理论和实践都表明，其根本途径就是使市场反映产品和服务的价格中包括生态环境成本在内的全部成本，实现生态环境成本内在化，就会有效地配置生态环境资源，改善经济活动同生态环境退化的直接关系，从根源上协调生态环境与经济社会的发展关系及解决生态环境退化问题。因此，生态环境成本内在化是解决生态环境问题及协调生态环境和经济社会发展关系的基点，使它们的

---

① ［美］R. 布朗：《生态经济：有利于地球的经济构想》，东方出版社 2002 年版，第 24 页。

发展都具有可持续性。

第三，生态环境成本既是微观经济学的范畴，又是宏观经济学的范畴。当今现代经济总体上朝着绿色经济的方向发展，生态环境内生化趋势日益显露，生态环境作为经济发展的内在因素纳入一国的生产要素禀赋体系之中，使之成为一个同其他生产要素一样重要的新的要素，并在宏观上将生态环境问题列为人类社会生存发展的首要问题，在微观上使改善生态环境成为人们生产经营活动的战略目标。这样在任何社会产品和服务的生产和再生产过程中，生态环境均是一项不可缺少的生产要素，都存在着生态环境成本内在化的问题，这是无法回避的客观现实。因此，在企业成本核算的实践中必须优先考虑生态环境因素。而生态环境问题所涉及的生态建设、环境保护（包括预防）、环境污染治理和资源有效利用，大多与实物有形因素相关，因而能够进行经济计量，这也是客观存在的。

因此，从环境经济学的角度来看，环境成本主要由两部分构成：耗费的环境资源所支付的费用和污染与维护环境所支付的费用，具体来说，应包括四个方面：一是维护环境和预防污染支出，即为了维护生态环境良性循环，保护既定的环境质量，在维护和预防污染活动中所支付的费用。二是治理环境支出，治理污染以至减轻和消除环境污染的危害，在治理活动中所支付的费用。三是消耗的环境资源本身所要支付的费用。四是人为破坏生态环境所造成的损失以及把它恢复到原来或可接受状态所要支付的费用。这种损失已经造成，难以在短时期内甚至相当长时期内得到治理、弥补和恢复①。

生态经济学或环境经济学在修正了现代市场经济运行中市场价格扭曲的基础上，提出了生态环境成本内在化理论，而可持续发展经济学又把这个理论纳入生态环境要素禀赋的理论框架，与生态经济协调可持续发展经济的规范相结合，这就揭示了生态环境成本内在化是最低代价生

① 参见王立彦：《生态环境成本论》，载北京大学中国可持续发展研究中心编：《可持续发展之路》，北京大学出版社 1995 年版。

态内生经济发展模型的现实形态。从表面上它只是产品和服务的价格变化，而实质上是现代人类价值观和发展观的一个飞跃。这就是承认生态环境资源不仅具有外在价值，而且具有内在价值，开发利用与消耗破坏生态环境是要补偿的，是要付费的。其大小多少取决于它们的稀缺程度和开发利用、废弃全过程中生态环境风险程度。把社会产品生产所需的经济成本和生态环境成本同时纳入商品和服务市场价值，使市场价格反映商品和服务的全部成本，更客观、更真实地反映产品和服务的价值与价格，建立生态环境成本内在化的生态经济协调可持续发展模式。它的核心就是最低代价生态内生经济发展模型，这在生态文明建设实践上是切实可行的。

第三节　最低代价生态内生经济发展的基本模型

一、自然资源、生态环境因素内生化转换成生态经济价值

首先从生态环境因素内生化与内生经济增长理论的互动研究来看，我们认为，推动经济增长理论发展的早期因素在于自然资源的压力，特别是不可再生资源的耗竭，随后，生态环境因素也被加入到经济增长理论之中。为了应对自然在生产上所表现的报酬递减效应，经济增长理论从最初的完全依赖于资本—劳动比的扩张，发展到由物质资本积累和人力资本积累共同推动，再到当代强调经济增长源于物质资本积累、人力资本开发和技术进步的合力拓展。自然因素在生产中的内在化也相应地发展为两个组成部分：(1) 自然资源的内生化。在整个西方经济增长理论中，资源稀缺性假设、资源替代性假设、资源生产与消费行为动机假设是其分析的基础，内生增长理论从整体上讲对资源的稀缺趋势是持乐

观态度的，在资源替代的原则下，只要经济中有足够的人力资本积累以及较高的 R&D 产出效率，从而具有有效的研发创新活动，就可以克服自然资源的稀缺和不断耗竭；同时，在自然资源内生的经济增长进程中，对自然资源的有效开发并不意味着一定要以经济增长速度的持续下降为代价，如霍特林（Hotelling）规则所强调的，某一时刻资源的有效开采速度取决于该时点资源的影子价格，因此任一时点上资源利用的最优水平要求该资源利用的影子价格等于其边际产出；此外，资源生产与消费行为动机假设所强调的生产者利润最大化和消费者效用最大化原则，支撑着一个基于合理分工与有效网络之上的自由市场机制，市场中的各方都可以通过研究资源开发利用和消费的规律性来引导市场行为、实现资源的最优配置，在市场中，作为导致资源无效率开采的根本症结所在的部门垄断，也可以通过干预（如对垄断企业进行分割、垄断产品加税或对垄断产品购买进行补贴等）来敦促其达到边际成本定价，实现自然资源的有效利用。(2) 生态环境因素的内生化。在大多数带有环境污染约束的内生经济增长模型中，内生人力资本和内生技术进步的经济增长都被认为是可持续的，因为智力资本（包括人力资本和技术知识）的生产技术比生产有形资本（物质资本）品的技术更加清洁，而智力生产的关键在于劳动的生产效率和 R&D 部门的技术水平；同时，消费者对生态环境因素的偏好程度在可持续发展系统中也起着举足轻重的作用，在大多数由合理的劳动效率、技术进步、资源替代和环境再生能力所决定的最优增长路径中，研究结果都认为消费者对环境偏好的程度越高，则可持续的稳态长期经济增长率就越高。

可以看到，基于自然压力的内生增长理论强调了一种自然资源与环境稳定持久的供给能力，而它的实现基础在于人力资本、技术进步、资源利用与市场机制的不断优化，从一个角度表达了“可持续发展并不否定经济增长”、“对自然资源的有效开采并不否定经济增长”这两个主题。但这种所谓的“可持续发展”也存在诸多顽疾：首先，自然资源的可替代性是否存在、存在的程度又有多高是个难以估量的问题，而内生增长理论并不排斥规模经济，这在某种程度上就决定了必然存在人类生产超越自然资源可替代性的时刻，进而背离可持续发展的目标。所以，无论是否实现了内生自然因素的经济增长，都需要控制自然资源开发的速度与规模；其次，当代的内生经济增长理论从本质上讲仍然是一种“人类中心主义的经济增长”，它所确定的市场原则依然强调着消费的无限权威，只不过消费者的效用加入了生态环境的变量，从而使生产、消费与贸易都更多地关注于“环境友好”，进而维护了多数内生化人力资本和技术进步的经济增长都实现了“更高的稳态增长率”，这在某种程度上也是一种“‘空的世界’经济学”[①]。不论是无原则还是无限制地追求经济增长和经济发展的生产方式都是不可取的，只要“GNP是唯一一个被人们期待能永远增长的经济变量”[②]，并且判定“持续的增长永远不会达到边际成本大于边际收益的经济极限”[③]，那么这种增长模型就可能永远无法实现真正的“可持续发展”。一个经济可持续发展的系统应该要求人口生产、资源消耗和经济增长的速度是适度和受限的，它所追求的应该是最大化的生态经济价值生产（生态价值与经济价值的总和），而不单单是GNP的增长速度；最后，在多数内生经济增长理论中，生态环境因素与自然资源并不是等价地包含在自然的价值中，也并非人类劳动过程中使用价值与价值的等价载体，自然资源真正地进入了生产并推动了增长，而生态环境因素仅是一种压力——它迫使其他生产要素重新组合与进步以便带来更高的生产率，而它本身依然不是真正内生在经济进程中的增长推动者。生态价值的生产并没有得到重视，事实上，它甚至都很难被当作是人类劳动的目的，人与自然的物质交换过程中所天然包含的“人造物质的生产与再生产”和“自然的生产与再生产”被割裂

① 刘思华：《论“空的世界”经济学与“满的世界”经济学》，刘思华著：《刘思华文集》，湖北人民出版社2003年版，第552页。

② [美] E. 戴利著：《超越增长——可持续发展的经济学》，上海译文出版社2001年版，第37页。

③ [美] E. 戴利著：《超越增长——可持续发展的经济学》，上海译文出版社2001年版，第37页。

开，并且打上了“主要”和“次要”的标签，这本质上依然是一种轻视人类生态需求的生产模式，否定了人类劳动在自然循环系统中所具有的生态价值创造力。因此，在先进的价值生产方式下，如同内化自然资源价值一样，人与物的结合也要内化生态环境的价值，对物质需求与生态需求的满足是自然地统一在生产过程中，而不是游离在生产过程之外，这种生产方式最本质的特点就是寻求一种将生态环境因素转换成生态经济价值的能力，从而在生产、消费与贸易的循环中将经济价值和生态价值统一于劳动过程与劳动成果中。

二、最低代价生态内生经济发展的基本模型

基于这种理解，我们从“生态环境成本—生态经济价值”的互动联系出发，期望通过区分那些“产生环境降级和生态破坏”的劳动与“恢复和保持生态环境使用价值”的劳动，来表达人类劳动的目的是实现商品价值与生态价值的共同增长，是社会总劳动中有效劳动成果的增长，代表了人类劳动创造的最大化的生态经济价值。进而将生态环境因素体现在人类的经济进程中，并作为重要的进化力量，即内化在经济过程中，并成为推动生态经济收益递增的要素。

假设一个经济体中存在两个部门，部门 1 生产最终消费品 Y_1 并消费部门 2 生产的中间产品 Y_2，部门 2 生产中间产品 Y_2 并消费自然资源 m，则根据道格拉斯生产函数定义部门 1 和 2 的生产模型为：$Y_1(t)=F(Y_2(t),L_1(t))$；$Y_2(t)=F(m,L_2(t))$，其中 m 为部门 2 在一定期间内使用的自然资源的数量，$L_1(t)$ 和 $L_2(t)$ 分别为部门 1 和部门 2 在产品生产中投入的劳动时间，$Y_1(t)$ 和 $Y_2(t)$ 分别代表了部门 1 和部门 2 在一定期间内生产的产品数量。现代生产有别于传统生产的最基本一点就是越来越强调生态经济价值的创造，而这种创造力我们可以通过社会总劳动向有效劳动转换的折算因子来表示，所以这里分别定义部门 1 和部门 2 的有效劳动系数为 μ 和 γ，则部门 1 和部门 2 的生态经济价值创造量

（数量形式）分别为：$y_1(t)=F(Y_2(t),\mu L_1(t))$；$y_2(t)=F(m,\gamma L_2(t))$，其中$\mu$和$\gamma$均为区间［0，1］内的任意实数。这样，我们就将生态经济价值的生产与经济价值的生产在增长模型中区分开来了，当部门1和部门2用生态经济价值的创造量来衡量它们的劳动成果时，它们就必须尽可能地减少生产中的生态环境破坏，即增大μ和γ，而这必将带来防护性环境成本的增长与虚拟性环境成本的降低；当部门1和部门2用生态经济价值的创造量来确定它们产品的最优定价时，事实上它们是被放置在一个企业必须严肃面对环境责任的社会背景中（而这一点正适合了当代经济发展的趋势，也代表着现实经济发展所面对的现状），并在这种环境责任的压力下寻求自身对物质要素（$Y_2(t)$或m）和劳动要素（$L_1(t)$或$L_2(t)$）组合方式的新变革，在这种人与物结合方式的背后隐藏着每个部门所独特的技术水平、劳动者素质与清洁生产能力，任何一个经济体都可以通过变化这些要素的组合方式来实现自身独特的生态经济价值增长方式。设W_1和W_2为部门1和部门2的单位时间工资率，P_1、P_2和P_3为Y_1、Y_2和m的价格，则生态经济价值最大化（式（1）和式（2））与经济价值最大化（式（3）和式（4））的决策模型对比如下：

$$\begin{cases}\pi(y_1(t))=P_1F(Y_2(t),\mu L_1(t))-W_1L_1(t)-Y_2(t)P_2\text{；}\cdots\cdots\cdots\cdots(1)\\ \pi(y_2(t))=P_2F(m,\gamma L_2(t))-W_2L_2(t)-mP_3\text{；}\cdots\cdots\cdots\cdots\cdots\cdots(2)\end{cases}$$

$$\begin{cases}\pi(Y_1(t))=P_1F(Y_2(t),L_1(t))-W_1L_1(t)-Y_2(t)P_2\text{；}\cdots\cdots\cdots\cdots(3)\\ \pi(Y_2(t))=P_2F(m,L_2(t))-W_2L_2(t)-mP_3\text{；}\cdots\cdots\cdots\cdots\cdots\cdots(4)\end{cases}$$

可以看到，当部门1和部门2用生态经济价值的创造量来确定它们产品的最优定价时（式（1）和式（2）的情况）：（1）有效劳动转换的折算因子μ和γ在最优定价的决策中显示了非常重要的作用，当它们趋向于1时，以生态经济价值最大化为目标的定价模型（式（1）和式（2））就等同于以利润最大化为目标的定价模型（式（3）和式（4）），这时的生产过程是一种完全环境友好型的模式，生产流程与工艺水平已经实现了清洁化的产品生产，交易中实现的是绿色产品，企业所要关心地只限于利润最大化的问题；当μ和γ趋向于0时，生态经济价值最大化的最优定价将是不存在的，生产中的生态环境破坏已经将整个经济运行蜕化到“污染经济”的状态，即“生产污染——污染消费——污染拉动需求”的恶性循环中，这时利润最大化的定价模式仍然有效，但市场价格已经无法传递产品本身给消费者带来的福利损失，经济增长的有效性已经完全丧失。(2) 自然资源在整个经济体系中的流转决定了它的消费量 m 与价格 P_3 会对经济增长产生重大地影响，一种自然资源的丰盈程度、利用效率与开发水平将影响它的市场价格，而消费量与价格的乘积则构成了一个经济运行的基础成本，任何一种经济增长模式都必须根据自然资源的状况决定自身的优势、保护自身的自然资源储备与增加可利用资源的范围，在“产出值—成本”的对应关系中将自然资源的成本控制在可以接受的程度内，否则持续性经济增长的目标会遭遇到自然资源的瓶颈。(3) 社会生产的实质就是人与物的结合，一方面物的投入（如 Y_2 和 m）与劳动力的投入（$L_1(t)$ 和 $L_2(t)$）存在一个效率的问题，即 $Y_2/L_1(t)$ 和 $m/L_2(t)$ 的数值是大还是小；另一方面物的投入与劳动力的投入对产品生产的贡献程度也存在不同，即对于 Y_1 与 Y_2 的生产而言，是 $L_1(t)$ 和 $L_2(t)$ 更重要还是 Y_2 和 m 更重要就决定着我们的生产是人力型还是资本型的。而上述两个方面结合起来代表着生产中智力、技术、资本、管理与经营等复杂因素共同作用的结果，生态环境成本与生态经济价值的互动关系也有赖于这些因素并表现为它们相互作用的结果。所以，在生态经济价值最大化的定价模式下，经济增长可以选择许多不同的路径来最大化生态经济价值的创造并协调“生态环境成本—生态经济价值”的良性转化，不同的要素组合方式会产生不同的市场价格，而相同的市场价格也可以由不同的要素组合方式来达到，敦促企业重视生态经济价值所代表的环境责任并非只能依靠惩罚性的手段来实现，生态环境成本也不等价于强加在消费者、企业与政府头上的重担。恰恰相反，“生态环境成本—生态经济价值”的互动关系推动着一种新型的生产要素组合方式，而现代经济增长方式的核心就在于促成一条资本、技术、智力、清洁生产与绿色消费等诸多因素良性互动的最低生态代价下的最大效用生产过程。

假设中间产品生产部门2将销售收入中$(1-d)$的部分用于购买自然资源，即$m_1P_3=(1-d)P_2Y_2, d\in[0,1]$；剩下的部分用于购买劳动力，即$W_2L_2=dP_2Y_2$。最终消费品生产部门1将销售收入中$(1-e)$的部分用于购买中间产品，即$Y'_2(t)P_2=(1-e)P_1Y_1, e\in[0,1]$；剩余的部分用于购买劳动力，即$W_1L_1=eP_1Y_1$。由工资率$W_1$和$W_2$所确定的劳动力总收入为$I=W_1L_1(t)+W_2L_2(t)$，每期劳动力收入的储蓄率$S\in[0,1]$，储蓄额中部门2用于购买自然资源的比例为$f$，即$Sf(W_1L+W_2L_2)=m_2P_3, f\in[0,1]$；储蓄额中部门1用于购买中间产品$Y_2$的比例为$g$，即$Sg(W_1L+W_2L_2)=Y''_2(t)P_2, g\in[0,1]$。且$f+g\leqslant 1$。自然资源的总购买量$m=m_1+m_2$；中间产品的总购买量$Y_2(t)=Y'_2(t)+Y''_2(t)$。劳动力总收入中除去储蓄的剩余部分有比例$k$被用于最终消费品的购买，即$k(1-S)(W_1L_1+W_2L_2)=Y_1(t)P_1, k\in[0,1]$。由上述假设我们得到市场出清的一系列条件如下：

$$\begin{cases}(dP_2Y_2+eP_1Y_1)k(1-S)=Y_1P_1;(1-e)P_1Y_1\\ \quad +gS(dP_2Y_2+eP_1Y_1)=P_2Y_2;\\ (1-d)P_2Y_2+Sf(dP_2Y_2+eP_1Y_1)=mP_3;W_2L_2\\ \quad =dP_2Y_2;W_1L_1=eP_1Y_1;\end{cases}$$

设$y_1(t)=F(Y_2(t),\mu L_1(t))=(Y_2(t))^{\alpha}(\mu L_1(t))^{1-\alpha}$；$y_2(t)=F(m, L_2(t))=(m)^{\beta}(\gamma L_2(t))^{1-\beta}$，对生态经济价值最大化（式（1）和式（2））的决策模型求解，得到部门1和部门2的最优决策为：

$$\text{部门1}\begin{cases}W_1=(Y_2/\mu L_1)^{\alpha}(1-\alpha)\mu P_1\\ P_2=(Y_2/\mu L_1)^{\alpha-1}\alpha P_1\\ P_1=(W_1/(1-\alpha)\mu)^{1-\alpha}(P_2/\alpha)^{\alpha}\end{cases}$$

$$\text{部门2}\begin{cases}W_2=(m/\gamma L_2)^{\beta}(1-\beta)\gamma P_2\\ P_3=(m/\gamma L_2)^{\beta-1}\beta P_2\\ P_2=(W_2/(1-\beta)\gamma)^{1-\beta}(P_3/\beta)^{\beta}\end{cases}$$

这是一个对称的经济模型，无论是从部门1还是从部门2求解决策，其答案都是一致的。所以，将市场出清条件带入上述最优决策，得到最终决策结果如下：

$$P_2=(1/\beta\gamma^{1-\beta})(m/L_2)^{1-\beta}P_3;\gamma^{1-\beta}=d/(1-\beta) \quad \cdots\cdots (5)$$

$$P_1=(1/\beta\gamma^{1-\beta})(1/\alpha\mu^{1-\alpha})(m/L_1)^{1-\alpha}(m/L_2)^{\alpha(1-\beta)}P_3;\mu^{1-\alpha}=e/(1-\alpha) \quad \cdots\cdots (6)$$

并且有关系式：$\beta\gamma^{1-\beta}=(1-d)+(fSd/(1-ek+ekS))$ ……（7）

$$\alpha\mu^{1-\alpha}=(dk-dkS)/(1-ek+ekS) \quad \cdots\cdots (8)$$

$$(dk-dkS)/(1-ek+ekS)\equiv(1-dgS)/(1-e+egS) \quad \cdots\cdots (9)$$

可以看到，这个决策结果代表了一种动态一般均衡，两个部门不仅内生自利行为，而且内生作为自利决策相互作用结果的价格，而这种价格的形成背景依托于生态环境成本的内生化，即基于生态经济价值的决策。为了内生生态环境成本，它们选择提高劳动的生产效率（通过优化 $m/L_2(t)$、$m/L_1(t)$），并调整劳动力投入与物质投入在生产中的贡献水平（通过优化 α 和 β），进而在价值生产与自然资源、自然环境的两难冲突中提高生态经济价值的竞争力（即获得生态经济价值条件下的更高的成本加成）。这种自利行为的最终结果在本模型中达到了均衡，最优价格是对称的，并且使两个部门的最优决策结果（即式（1）和式（2））为零。而有效劳动转换系数（μ 和 γ）也在这种均衡中实现了演化，为我们指示出一个包含着合理消费水平、生产规模与投资力度的最优的价值生产区间：

命题1 在生态经济价值的生产方式下，劳动对自然资源的转换效率是影响交换价格的关键因素，而这种效率来自于科技与劳动力素质的提升。因为无论 $\partial P_1/\partial(m/L_1)$、$\partial P_1/\partial(m/L_2)$ 还是 $\partial P_2/\partial(m/L_2)$ 均为正数，而 m/L 的大小取决于劳动力用来转换物质的生产技术的优劣以及他本身劳动熟练程度的高低。所以，在生态经济价值为基础的生产过程中，劳动效率依然是一个非常重要的因素，它实质上代表了商品中所能凝结的物质与劳动的多少。

命题 2 在生态经济价值的生产方式下，物质投入与劳动投入的贡献程度（通过 α 和 β 的变化表现出来）也是影响交换价格的关键因素，并且 α 和 β 的变化也代表了劳动效率 m/L 对交换价格的边际贡献水平。无论 α 或是 β 的增大都会带来 P_1 和 P_2 的减少，即依赖物质投入的生产方式（也可以认为是基于物质投入的规模生产）在没有自然资源约束的条件下会降低产品的价格。但不幸的是，无限的自然资源是不现实的，这种生产方式会最终带动 m 的价格 P_3 上涨，从而在另一方面增大交换价格 P_1 和 P_2，使依赖物质投入的生产方式陷入困境。因此，在生态经济价值的生产方式下，通过增加劳动投入在生产中的贡献程度（即适当减小 α 和 β）可能是更优的选择，这实质上是一种基于智力的经济模式，这虽然会增加交换价格 P_1 和 P_2，但也带来了 W_1 和 W_2 的增长，从而使整体的消费水平保持稳定；同时，在均衡价格决策结果式（5）和式（6）中，"$1-\beta$"和"$1-\alpha$、$\alpha(1-\beta)$"决定着生产效率 m/L 的变化对均衡价格 P_2 和 P_1 的边际影响水平，这实质上代表了由生产效率与交换价格的循环互动所确定的企业能力，缺乏核心竞争力（包括基于生态经济价值的竞争力）的企业难以从生产效率的增长中获得更高的成本加成，即交换价格无法有效地反映生产效率的增长或是生产过程中环境友好程度的增加，而这种能力的消弱所暗示的依然是企业对各种生产要素配置效果的低下，特别是对技术、智力要素的低水平利用。

命题 3 在生态经济价值的生产方式下，自然资源依然是约束经济增长的最关键因素。自然资源不仅参与了生态经济价值的创造，而且对它进行转换的方式与效率更决定着交换价格。同时，它的匮乏必然带来价格（P_3）的增长，进而可能无限地增大商品的价格，将经济发展桎梏起来。所以，有必要通过技术进步来增加利用自然资源的广度与改进利用自然资源的效率。在必要的情况下，基于生态经济价值的生产方式要维持一种"克制和有限度"的自然资源开采率。

命题 4 在生态经济价值的生产方式下，均衡价格并不包含任何

“庇古税”性质的东西，它不是通过惩罚性的税费手段来摊派外部环境成本，再让生产者和消费者通过市场价格来分割这种负担。而是寻求一种将生态环境因素转换成生态经济价值的能力。可以看到，影响均衡价格 P_1 和 P_2 的因素来自四个方面：“劳动对自然资源的转换效率（m/L）”、“物质投入与劳动投入的贡献程度（α 和 β）”、“投入自然资源的数量与价格（m 和 P_3）”以及“劳动的有效性（μ 和 γ）”，它们合在一起代表了人与物在生产中的组合方式与效率。要在人类生产中体现生态环境的价值，有赖于更优的劳动有效性在更高的劳动生产率支持下，实现人与物在生产中的契合，进而体现出更合理的自然资源转换过程；简单地通过惩罚性的税费手段来摊派外部环境成本，却不变革价值生产的方式，并非体现生态环境价值的最优方法，因为它在人类生产中将生态环境价值与整体外部自然的价值割裂开了，从而让这种生产片面地表达着人类的需求，生态环境因素只是一种成本压力，而不是真正内生在经济进程中的增长推动者。所以，在生态经济价值的生产方式下，如同内化自然资源价值一样，人与物的结合也要内化生态环境的价值，对物质需求与生态需求的满足是自然地统一在生产过程中，而不是游离在生产过程之外，这种生产方式最本质的特点就是寻求一种将生态环境因素转换成生态经济价值的能力，从而在生产、消费与贸易的循环中将经济价值和生态价值统一于劳动过程与劳动成果中。

命题 5 在生态经济价值的生产方式下，实现有效劳动转换系数（μ 和 γ）的增长是其最终目的与根本标志。生态经济价值的生产方式就意味着最低生态代价下的最大效用生产过程，而有效劳动转换系数（μ 和 γ）趋向于 1 是其最基本的要求，实现这一点需要调整消费水平（d 和 e）、物质与劳动在生产中的贡献水平（α 和 β），并且这种调整有赖于劳动的生产效率（$m/L_2(t)$ 和 $m/L_1(t)$）、储蓄和投资比例（S、g 和 f）以及自然资源价格（P_3）等诸多因素的参与，是价值生产方式在人类生产与资源环境两难冲突下的演进过程。

命题 6 在生态经济价值的生产方式下，增加有效劳动转换系数的方式不是唯一的，进而任何一个经济体都可以通过变化生产要素的组合方式来实现自身独特的生态经济价值增长方式。由于 $\gamma^{1-\beta}=d/(1-\beta)$、$\mu^{1-\alpha}=e/(1-\alpha)$，所以生产部门销售收入中用来支付劳动投入和物质投入的比例（$(d,1-d)$ 和 $(e,1-e)$）与生产中劳动投入和物质投入的贡献水平系数（$(\beta,1-\beta)$ 和 $(\alpha,1-\alpha)$）之间存在关系：$\partial\mu/\partial\alpha>0$，$\partial\mu/\partial e>0;\partial\gamma/\partial\beta>0,\partial\gamma/\partial d>0$。一般而言，当（$\alpha,\beta$）或（$e,d$）被固定时，更高的有效劳动转换能力就可能表达为更高的工资支付水平（即更高的 e、d 值），或生产中物质要素更重要的作用（即更高的 α、β 值），这实质上代表了现代生产所依附的高物质基础与所提供的高消费水平。但是 $\mu\leqslant1$ 和 $\gamma\leqslant1$ 的限制决定了二者的增长不是相互独立而是紧密联系的，当 μ 和 γ 趋向于1时，$d=1-\beta$、$e=1-\alpha$，显示最优的劳动有效性可以通过不同的（d,β）和（e,α）组合来表达，而不同的组合将带来不同的消费、生产与投资参数，实质上是不同的经济增长模式。较低的 d、e 值与较高的 β、α 值相结合可能意味着一种“生产积累型”的增长，即相对较低的工资总支出、工资总收入中相对较高的消费比例与相对较低的储蓄率，而资本支出的来源主要是生产中的积累；而较高的 d、e 值与较低的 β、α 值相结合可能意味着一种“储蓄积累型”的增长，即相对较高的工资总支出、工资总收入中相对较低的消费比例与相对较高的储蓄率，而资本支出的主要来源是银行贷款。当两种增长方式再与合适的劳动力投入数量相配合时，都会产生一种现代化的生产模式，拥有较高的劳动生产率（$m/L_2(t)$ 和 $m/L_1(t)$）、较高的工资率水平（W_1 和 W_2）、较高的人均消费水平（$k(1-S)(W_1L_1+W_2L_2)/(L_1+L_2)$）以及较高的个人财富积累 $(1-k+kS)(W_1L_1+W_2L_2)/(L_1+L_2)$，并且两种增长方式都可以标志为“高科技”和“智力型”的经济，同时表现出最优的劳动有效性（$\mu=1,\gamma=1$）。当然，需要指出地是，$\gamma^{1-\beta}=d/(1-\beta)$、$\mu^{1-\alpha}=e/(1-\alpha)$ 所建立的 (γ,d,β) 和 (μ,e,α) 对应关系只是实现最优劳动有效性的必要而非充分条件，（$d=1-\beta$ 和 $e=1-\alpha$）的组合关系并不能天然地导致 μ 和 γ 趋向于1，它们是经济增长中不断提升劳动有效性的约束选项，μ 和 γ 的增长过程需要我们选择一种合适的 (d,β) 和 (e,α) 组合来体现它的变化。

命题 7　在生态经济价值的生产方式下，完全竞争的市场状态将是难以到达的，因为此时要维持最优的劳动有效性就必须要求消费与投资受到制约，除非经济增长找到了可以无限使用的免费资源，这种对生产与消费的限制才能被消除，而这一点是难以实现的。可以看到，结果式 (5) 至式 (9) 所显示的两部门自利行为的均衡也带来双方竞争的均势 (均衡价格使式 (1) 和式 (2) 均为零)，在此条件下 $k(1-S) = \alpha\mu^{1-\alpha}/(d+e\alpha\mu^{1-\alpha}) = (1/e) - fdS/e(\beta\gamma^{1-\beta}+d-1)$，其中 $S = (1-(1-e)\alpha\mu^{1-\alpha})/(dg+eg\alpha\mu^{1-\alpha})$。该等式标明了两部门各自获得的投资、总消费以及总储蓄三者之间的关系，只要最优的劳动有效性 ($\mu=1$, $\gamma=1$) 选择了某种 (d,β) 和 (e,α) 组合，就对应地限定了此条件下的消费、储蓄与投资关系，但这一切的存在有赖于 k 在 $[0, 1]$ 区间的合适位置，即生产出的价值总有那么一部分不再被投入消费或是投资。否则，当 $\lim k=1$ 时，将有 $\lim\beta=0$、$\lim P_3=0$、$\lim f=0$，即部门 2 的生产中只有劳动的投入，而自然资源将是无限并且免费的，此时 $\lim P_2\equiv 1$。可以说，这实质上反映了当生态经济价值的生产方式处在完全竞争的市场状态时 (即市场中各方的竞争力相同)，它需要通过限制生产与消费规模的扩展来维持最优的劳动有效性，否则这种最优的劳动有效性就必须要求部门 2 免费地使用自然资源 m，其生态经济价值函数转换为 $y_2(t) = F(\gamma L_2(t))$，且存在 $P_2\equiv 1$、$P_1 = (1/\alpha\mu^{1-\alpha})(L_2/L_1)^{1-\alpha}$，其中 $\mu^{1-\alpha} = e/(1-\alpha)$，部门 2 的收入将全部用来支付工资并且不需要从储蓄中得到投资，而社会劳动的总收入也会被消费和投资全部花光。

纵观以上 7 个命题，可以得出结论：要实现基于生态经济价值的生产方式，我们需要经历三个主要的步骤。

第一，修正高代价经济增长模式及此模式下的市场行为。因为这种增长排斥了人类劳动的生态价值创造力而孤立地看待其经济价值创造力，从而以一种非理性的态度处理人与外在自然的物质转换过程，给自然资源与生态环境造成了巨大的破坏。同时这种唯经济价值的生产方式也衍生出各种有悖于“经济—社会—自然”和谐发展的市场行为，例如恶性竞争与垄断，它们在多数情况下不仅是造成资源低效利用的根源，更是阻碍生态环境成本内在化获得施行的绊脚石。这种异化了人类劳动的生产方式，借助市场中商品真实效用的错误表达，给各参与方传递着扭曲了人类需求与真实福利的供求信息，并借助不正常的市场行为来转嫁生态环境成本与掠夺生态经济利益，是施行生态经济价值生产方式过程中必须消除的重大障碍。

第二，鼓励企业发展一种基于生态经济价值的核心竞争力。因为价值生产方式向生态经济价值的转移带来了消费者效用的增长，更增长了整个社会的福利水平，当然也可能给企业带来更高的边际成本、平均成本与更剧烈的规模效益递增与递减过程，而市场中生态经济价值竞争力的差异，必然要求其中的强者能更好地体现自身劳动与产品所蕴含的生态经济福利，即追求更高的成本加成。市场机制的建设与干预手段的发展也必须适应这种进步，通过税收、补贴与准入等措施来强化高生态经济价值与低生态环境破坏产品的发展，并削弱低生态经济价值与高生态环境破坏产品的生存空间，引导资本为追逐更高的利润率而转向先进的价值生产方式。这些因素的集合会拉大市场中生态经济价值竞争力的差距，使生态经济价值创造力的竞争到达某种意义上的生态经济价值垄断。

第三，当基于生态经济价值的生产方式成为经济增长的主流后，应有步骤地缩小市场中生态经济价值垄断的水平。因为无论是高代价经济增长条件下的市场垄断，抑或生态经济价值生产下的市场垄断，垄断的市场定价都在以不同的方式损失生产者与消费者剩余。同时，命题 7 也表明，基于生态经济价值的生产方式很难到达完全竞争的市场状态。所以，维持一个合适的生态经济价值垄断度以实现最优的社会福利（即基于生态经济价值的最大社会福利水平），才是生态经济价值生产模式的最终目标。这实质上是要求我们根据经济发展阶段、市场开放度、新价值生产方式的普及度以及市场竞争度等诸多因素的变化来协调生态经济价值垄断的利弊，例如知识产权保护可能带来垄断利润，为私人研发活动提供内在激励（Gould and Gruben（1996）），但另一方面垄断定价也存在着对新知识品需求不足导致的静态效率损失、限制了新知识的迅速外溢（Thompson and Rushing（1996）），而有关生态经济价值创造的技术垄断也有着相同的正反作用。所以，适时地推进生态经济价值竞争的均衡，不断优化经济增长的生态福利与经济福利，也是落实新价值生产方式的进程中要注意的问题。

第六章 科学发展的理想经济模式与最佳实现形式

以胡锦涛同志为总书记的党中央提出科学发展观的伟大战略思想以来，科学发展观已成为学术研究的热点问题。从发表的论著来看，大多是从哲学、社会学、政治学，党史的角度进行研究以及对这几个方面的综合性研究，而对它进行经济学尤其是生态经济学及可持续发展经济学（以下统称生态经济学）的分析相比之下则显得比较薄弱。从生态经济学视角下的科学发展观来看，最高代价生态外生经济发展模式是与科学发展观相背离的经济模式，而最低代价生态内生经济发展模式则是与科学发展观相一致的经济模式。因此，构建最低代价生态内生经济发展，实现可持续发展是落实科学发展观，探索我国科学发展道路的根本要求。

第一节 生态经济学视角下的科学发展观

党的十六届三中全会提出："坚持以人为本，树立全面、协调、可持续发展观，促进经济社会和人的全面发展。"并强调"按照统筹城乡发展，统筹区域发展、统筹经济社会发展，统筹人与自然和谐发展、统筹国内发展和对外开放的要求”，“建立促进经济可持续发展的机制”，推进改革与发展。[1] 这是以胡锦涛总书记为首的党中央第一次明确地把我们党的发展观完整地概括为科学发展观，它深刻地揭示了中国社会主义的发展道路、发展目标、发展战略、发展模式、发展目的和发展手段等，应对了当代中国在21世纪新时期发展所面临的重大经济、政治、文化、社会和生态等国内外各个领域的挑战，集中体现了与时俱进的马克思主义关于发展的世界观和方法论。正如党的十六届五中全会所指出的：“科学发展观是指导发展的世界观和方法论的集中体现。”因此，科学发展观为我们探索中国社会主义现代化建设的科学发展道路，提供了科学理论依据和科学指导思想，是我们党指导我国社会主义发展的科学的世界观和方法论。鉴于党和国家领导人以及一些重要文件对科学发展观已作了明确论述，也鉴于学术界、理论界对它的讨论与阐述已有诸多展开，因此，就不全面论述与诠释，而只是对科学发展观某些重大问题进行生态经济学分析，揭示生态经济学视角下的科学发展观和最低代价生态内生经济发展之间内在的、本质的联系。

一、科学发展观是经济社会发展观和生态自然发展观的统一

从马克思学说的整体性来看马克思、恩格斯的发展观，我们可以得出一个必然结论：马克思、恩格斯的发展观，应当是经济社会发展观和生态自然发展观的有机统一观。这是马克思、恩格斯发展观的生态经济意蕴。也是我们党的科学发展观的生态经济意蕴。

（一）科学发展观是以人为本和以生态为本的内在统一

1. 马克思、恩格斯的生态自然观认为，“自然界，就它本身不是人

---

① 《中共中央关于完善社会主义市场经济体制若干问题的决定》（单行本），人民出版社2003年版，第12—13页。

的身体而言，是人的无机身体”，“人是自然界的一部分”，[①]这个科学命题告诉我们：人所面对自然界，是人自身的自然和人身外的自然的统一体，在其现实性上，它是一切生态（包括人类生态和社会生态）关系的总和；自然界所面对的人，是有机身体即血肉之躯和无机身体即外部自然界的统一体，在其现实性上，它是一切社会关系（包括社会生态关系）的总和。因此，在马克思、恩格斯的生态自然观的理论框架内，人是自然和社会的存在物，社会是人同自然界的统一。马克思、恩格斯的唯物史观和辩证法自然观是统一的。人的发展与全面发展和社会的发展与全面发展，一方面是要坚持以人为本的发展观，内在地包含着要以使经济社会和人的全面发展得以进行的自然生态环境为本的思想；另一方面要坚持以生态为本的发展观，它内在地包含着要以经济社会和人的全面发展得以进行的以人为本的思想。这样，我们必然得出一个合乎逻辑的结论：无论从唯物史观和辩证法自然观的统一观，还是从生态唯物主义的本体论的意义上说，以人为本就是以生态为本，或者说以生态为本就是以人为本。按照马克思、恩格斯的唯物史观和辩证法自然观的统一理论，把人放在经济社会发展的本位，是科学发展观的题中应有之义，这本身也内在要求把生态放在经济社会发展的本位，也是科学发展观的题中应有之义。所以，任何符合人类本性和自然界本性的发展，总是表现为以人为本与以生态为本相互交织、相互渗透、相互融合着起作用，形成人、社会、自然和谐协调发展。

2. 科学发展观第一次把以人为本作为我们党指导社会主义发展的世界观和方法论、根本思想与基本原则，在社会主义的旗帜上，表明了我们党对社会主义本质的发展认识的新境界。它揭示了以人为本是社会主义发展的本质与灵魂，它具有三层基本含义：一是对人的主体地位的新提升，这是对人在经济社会发展中主体地位与主导作用的全面肯定；二是突出了发展主体的价值取向，把全体人民的可持续发展与全面发展作

① 《马克思恩格斯全集》第42卷，人民出版社1979年版，第95页。

为发展的最高价值目标，作为推动发展的根本出发点和最终归宿；三是以人为本的第一要义是凸现人是社会发展的根本属性和最终目的，即把发展的目的归结为人的生活本身，从人的美好生活的高度来审视发展，始终坚持以人为根本，以人为目的来谋发展促发展，把关注人的生活世界，关注人本身的生存与发展的命运放在首位，从而确立把全体人民的身心健康和生命安全放在第一位，让全体人民真正地幸福地生活，促进经济社会和人的全面发展。这才是科学发展观的真谛。

3. 以生态为本的实质，就是经济社会良性运行与健康发展必须要以自然生态环境为基础，必须以生态发展与持久、稳定的供给能力为基础，把人的发展和经济社会良性进行与健康发展和谐地置于、融于自然生态环境良性循环之中，使经济社会和人的全面发展归属于生态自然；关心自然、尊重自然、保护自然、解放自然、建设自然就成为人的存在，即人类存在的组成部分。我们可以说，关心、尊重、保护、解放、建设自然，本质上就是关心、尊重、保护、解放、发展人类自己。正如胡锦涛同志所说的："保护自然就是保护人类，建设自然就是造福人类。"① 这个马克思主义的论断，深刻地阐释了保护自然与保护人类，建设自然与造福人类的内在统一性，强调了人的存在和自然的存在关系上的双向价值，集中表达了科学发展观的以人为本和以生态为本有机统一的生态智慧和生态经济伦理意蕴。

（二）科学发展观是经济社会发展观和生态自然发展观的内在统一

我们论证了科学发展观是以人为本和以生态为本的内在统一，就抓住了它是经济社会发展观和生态自然发展观内在的统一的本质与要害。

1. 科学发展观拓宽了对发展内涵的认识，围绕着什么是发展，为什么发展，什么样的发展和怎样发展等问题，赋予了发展更加丰富的内涵，对发展的本质属性构成做了新规定。因为，科学发展观将人、社会、自然看做一个有机整体来界定发展的内涵，使经济、政治、文化和生态四

① 胡锦涛：《在中央人口与资源环境工作座谈会上的讲话》，《光明日报》2004 年 4 月 5 日。

个基本要素构成发展的整体。它主张发展既包括物质的也包括精神的；既包括经济的，也包括社会的、政治的；既包括人也包括自然的；还强调发展既要看局部眼前的，也要看全局的整体的社会的长远的；既强调当代的发展也要关注后代的发展，只有这种多重统一的发展才是合理的，人道的科学发展。因此，科学发展观将中国特色社会主义发展视为经济发展、政治发展、文化发展和生态发展之间互动共存与和谐协调发展，不断促进经济社会和人的全面发展，实现社会主义发展的和谐与完美。

2. 科学发展观认为，经济政治文化生态相统一的发展，是中国特色社会主义的基本内容。按照唯物史观和辩证法自然观的统一理论，任何社会形态都是经济形态、政治形态、意识形态和生态形态的有机统一，任何社会的发展都应当是经济、政治、文化、生态历史共存与和谐的结果。尤其是21世纪人类发展正在进入生态时代，生态生产实践已成为人类实践活动的一项新型的基本形式，使现代社会主义发展更加凸显出经济、政治、文化和生态互动共存与和谐发展的根本特征。在这四大领域发展的有机统一中，经济发展是主导，政治发展是保障，文化发展是先导，生态发展是基础，四者紧密关联、相互渗透、相辅相成、统一于中国特色社会主义现代化发展之中，不断促进社会主义的物质文明、政治文明、精神文明和生态文明的全面协调发展。这正是科学发展观对我们究竟需要什么样的发展的新认识、新回答，充分反映了它作为全新发展理论的生态经济统一性向度。

3. 社会经济与自然生态相和谐、相协调的发展，是中国特色社会主义的科学发展的基本问题。现代发展是经济社会和自然生态的和谐协调发展，它既包括物质生产和精神生产的发展，又包括政治、文化、科教、社会的发展，还包括自然生态环境的发展，并且是经济发展必须与政治、文化、科教、社会发展与生态环境的发展相协调。因此，在当今人类社会发展尤其是当代中国社会主义发展中，经济社会与自然生态相互依赖，不可或缺，实现经济社会发展与生态自然发展的有机统一与和谐发展，这是中国特色社会主义发展的显著特征，也是构建社会主义和谐社会所必须坚持的发展方向与发展道路，集中体现了科学发展观作为全新发展观的生态经济思想特质。

4. 科学发展观把正确认识和处理发展过程中人与自然的自然生态关系作为发展的一个基本问题来回答的同时，还高度重视把人与人的社会生态关系作为发展的又一个基本问题来回答。当今严重的生态环境危机与其说是自然失调不良循环的表征，是“天灾”，毋宁说是人与人的社会生态关系不和谐、不协调的真实反映，是“以天灾形式出现的人灾。”按照社会生态学的观点，目前，世界系统运行几乎所有的生态环境问题都是由于根深蒂固的社会问题而产生的，即是社会经济、政治和文化机制的“反人性化”和“反生态化”。这就告诉我们，只有在人、社会、自然的复合生态系统整体框架中，才能够获得对经济社会发展和人的存在与发展的全面性的完整解读。科学发展观正是如此，它从人与人的社会生态关系和人与自然的自然生态关系两者互为逻辑前提入手，立足于正确认识与协调人与人的社会生态关系来处理人与人的自然生态关系，是一种人道主义的价值观；立足于正确认识与协调人与自然的自然生态关系来处理人与人的社会生态关系，是一种自然主义的价值观。这正是以人为本和以生态为本的双重价值取向的有机统一，是生态经济两重性在发展观上的根本表现，体现了科学发展观是经济社会发展观和生态自然发展观的统一。

二、科学发展观的主旨与要害

科学发展观的主旨是对发展的不合理性、非科学性的限制，追求合理的，科学的发展。邓小平同志的发展观的主旨是发展是硬道理，江泽民同志的发展观的主旨是发展是执政兴国的第一要务，科学发展观的主旨是科学发展。发展是硬道理，是第一要务，但发展必须建立在合理的，科学的基础之上，而发展必须是科学发展。只有科学发展，才算真正是好的发展和快的发展，离开了科学的发展，就没有真正又好又快的发展。

因此，这一主旨，不仅创造性回答了什么是发展，怎么才能更好更快的发展，而且进一步回答了发展是为了什么，什么样的发展才能“创造我们的幸福生活和美好未来”。传统发展观把发展看成是天然合理的，发展总比不发展好，发展快总比发展慢好。在这种发展理念支配下的发展，所关注的只是“如何发展得更快，”创造更多的物质财富，使经济系统运行落入“增长主义”或“发展主义”的“陷阱”。它在本质上是一种“不可持续发展的陷阱”，这是指人们经济活动无限制地追求经济高增长和最大限度地追求经济利益与物质财富占有过程中，人与自然，生态与经济，人类的个体与整体、部分与全局，眼前与长远，现在与未来之间有一种特殊的发展关系。这种特殊的发展关系集中表现为人与自然，人与人（社会），人自身的不和谐，不协调的发展关系，正如一位美国学者所说的，“我们的发展速度越来越快，但我们都迷失了方向。”科学发展观对发展的本质内涵的揭示，就把发展的合规律性和合目的性有机的辩证的统一进来。这突出表现在它使人们从把发展尤其是经济发展本身看作目的和唯一的价值尺度的迷宫中拯救出来了，凸现出了人的可持续生存与全面发展的终极目的和价值尺度，并将人际尺度和生态尺度有机地辩证地统一起来，恢复了发展和经济发展本来的面目，指明了科学发展的正确方向。

科学发展观是对多年来普遍存在的把“以经济建设为中心”理解为单纯的经济增长为中心，把“发展是硬道理”理解为 GDP 增长是硬道理，把发展是“第一要务”理解为只有发展经济才是第一要务等发展观的根本否定。在实践中，人们将发展等同于经济发展、经济发展等同于经济增长、等同于工业化与现代化的进程、等同于可持续发展。科学发展观将扭转这种发展手段和发展目的双重迷失的错误方向，使那种重经济发展、轻社会发展，重经济建设、轻生态建设，重经济总量扩大、轻经济质量提高，重物质财富增加，轻生态环境改善等不合理的、不科学的发展倾向，转移到经济、社会、生态相统一的全面协调可持续的科学发展轨道上来。

科学发展观的要害是指明了中国科学发展的现实道路，即21世纪中国的科学发展道路。改革开放以来，建设中国特色社会主义的发展实践，为科学发展观的形成提供了历史必然性和客观可能性的同时，更提出了现实必要性和极端重要性。在我国经济快速高速增长的空前繁荣的背后，因经济与社会大转型所引起的高社会风险和高生态风险，严重社会分化与社会排斥、严重环境恶化与生态退化，因政治体制不能适应转型而导致的政府协调治理能力低下，这些都成为社会和自然不良循环和不可持续发展的主要因素，成为严重制约中国当今与未来发展的挑战，这些同时表明目前中国发展还没有完全实现合理的、科学的发展。因此，科学发展观的提出，正是以胡锦涛为总书记的党中央领导集体主动回应挑战，在发展观上作出重大调整，在发展思想上进行重大转变，在发展方略上实行重大更新，这些就是科学发展观所指明的科学发展道路，可以回应那些对于中国当今和未来发展的严重挑战，求解实现全面建设社会的整体发展目标这个当代中国的总主题。

目前我国仍处于不发达的社会主义初级阶段，在发展的道路上面临着许多困难和问题。概括起来说，有两大矛盾：一是不发达的生产力与落后的社会生产同人们日益增长的物质文化生态需求的矛盾，解决这个主要矛盾要靠发展；二是经济社会发展同人口、资源、环境压力越来越大的矛盾，解决这个生态经济基本矛盾要靠发展。总之，解决上述两大矛盾的唯一出路，就是要走出一条中国社会主义现代化建设的科学发展道路。对此，胡锦涛致“21世纪论坛”2005年会议的贺信中向全世界宣布，科学发展观为我们指出了科学发展道路，他说：“我们强调要树立和落实以人为本、全面、协调、可持续发展的科学发展观，就是要坚持走生产发展、生活富裕、生态良好的文明发展道路，建设资源节约型、环境友好型社会，实现经济发展与人口、资源、环境相协调，促进人与自然和谐相处，保证一代接一代地永续发展。”温家宝在“21世纪论坛”2005年会议开幕式的演讲中还指出：“我们明确提出了坚持以人为本，全面、协调、可持续发展的科学发展观，提出了构建社会主义和谐社会的重大任务。其根本要求，就是要坚持把发展作为治国理政的第一要务，聚精会神搞建设，一心一意谋发展。同时要创新发展模式，走科学发展道路，更加注重统筹协调发展，促进人与自然和谐；更加注重提高经济增长的质量和效益，降低资源消耗，保护生态环境；更加注重社会公平和正义，激发社会活力，协调社会利益，构建和谐社会。”胡锦涛和温家宝的论述，不仅总结了我国改革开放和现代化建设的成功经验和深刻教训，而且总结了改革开放以来我国探索科学发展道路的基本理论和基本实践，是对中国马克思主义生态经济协调可持续发展理论的科学概括，它构成中国化的马克思主义经济发展观的基本内容。

由上可知，生态经济学视角下的科学发展观，深刻地揭示了中国社会主义的现代化的生态与经济内在统一的经济发展道路，经济发展目标，经济发展战略，经济发展模式等，集中体现了经济社会发展和生态自然发展双赢的科学发展道路，而最低代价生态内生经济发展是在人、社会、自然复合生态系统层面上，探讨与解决当今中国社会主义经济发展问题，正是实现这条中国的科学发展的必由之路和最佳模式，因为它体现了科学发展观是以人为本和以生态为本的内在统一，反映了科学发展观是经济社会发展观和生态自然发展观的有机统一；它不仅能够实现中国现代经济良性运行与科学发展，而且能够真正求得社会经济系统和自然生态系统的良性循环与和谐发展，不断促进人、社会、自然之间和谐协调发展。

第二节　科学发展观、科学发展道路与最低代价生态内生经济发展模式的一致性

我们通过对传统发展观、发展道路与最高代价生态外生经济增长模

式的理性反思与深刻批判，就能认识到在生态经济学视角下的科学发展观，科学发展道路与最低代价生态内生经济发展模式，在理论上的内在联系和实践上的高度统一。在我国现阶段，科学发展观指明的科学发展道路，主要是要探索一条避免“先污染后治理、边治理边污染”的新型工业化道路，推动整个社会走上生产发展、生活富裕、生态良好的文明发展道路，其核心问题和关键所在，就是构建以最低代价生态内生经济发展模式为基本内容的生态经济协调可持续发展模式及其运行机制。只有这样，才能正确地有效地解决当今中国经济发展中普遍存在着的不合理、不协调、不和谐的非持续发展问题，使之转移到全面、协调、可持续的科学运行轨道上来，使中国经济发展真正成为生态代价、社会代价、人的代价最低的经济发展。

一、科学发展观的价值观与生态经济价值诉求

（一）科学发展观的价值观的真谛

科学发展观是马克思社会历史观与主体价值观的辩证统一。人类社会历史发展中价值目标的核心实质就是人的自由而全面发展。因此，科学发展观所具备的是以人的全面发展为核心的“人—社会—自然”有机整体价值观。它指出：要“坚持以人为本”，“要把人民的利益作为一切工作的出发点和落脚点，不断满足人们的多方面需求和促进人的全面发展。”[①] 这一论断深刻地表明了科学发展观承继和弘扬了马克思、恩格斯评价发展的历史尺度与经济尺度统一的理论传统，凸显其深厚的人文意蕴，彰显出鲜明的价值特征。这种“以人为经济与社会发展的核心，将人的全面发展视为发展的根本目的和标志，体现了科学维度与价值维度的内在统一。”具体而言，科学发展观全面论述了中国社会主义现代化建设的价值内涵有四个基本方面：（1）以人为本为其本质与核心，渗透于

① 温家宝：《提高认识，统一思想，牢固树立和认真落实科学发展观》，《人民日报》2004 年 3 月 1 日。

社会全面、协调、可持续发展之中；（2）系统地界定了发展主体，社会主体的价值选择具有重要的作用；（3）明晰了当代中国社会发展的价值目标；（4）明确了评价社会发展的价值标准等①。科学发展观的这种价值取向，体现了马克思主义自然、人、社会有机整体和谐协调发展的基本原理，是以人为本的经济社会发展观和以生态为本的生态自然发展观的有机统一观②。它取代工业文明时代的高代价的发展观，成为生态文明时代低代价的发展观，实质上是自然、人、社会有机整体和谐协调可持续的低代价发展观，是人类文明发展范式的一次革命性变革，是对马克思主义发展观的重大理论创新与新发展。在科学发展观的统领下的中国特色社会主义经济发展道路与发展模式，应当是最低代价的发展道路与发展模式。因此，最低代价生态内生经济发展，无疑包含着经济科学发展的意蕴。在后危机时代，我们探索创新驱动，内生增长的经济发展道路，追求经济科学发展，这是最低代价生态内生经济发展的一个理想目标，或者说，最低代价生态内生经济发展是科学发展得以实现的现实经济发展模式和基本特征。

以人为本还是以物为本，这是任何发展观必须解决的最基本问题。对这个问题有两种根本不同的回答：一种是以物为本的传统发展观，一种是以人为本的科学发展观，以物为本是相对于以人为本而言的。“物”主要是指由经济增长带来的物质财富的增加，以物为本的发展观是工业文明的基本特征，是一种物质至上的价值观，它是把物质财富及其增加甚至将物质财富的增长速度即经济增长速度视为发展的目的和唯一尺度；它看不到发展的过程与前景和发展主体的价值选择密切相关，更意识不到发展的真正的价值基础，使人是发展的目的丧失了，热衷于对物质利益和物质财富的极端而疯狂的追求。这就是“人”变成了实现经济增长的工具和手段，从而造成了马克思曾经指出过的人的劳动及人自身异化的现象，造成人的畸形片面发展，变成了一种畸形的“经济人”、“工具

① 田启波：《科学与价值：科学发展观的双重哲学维度》，《马克思主义研究》2005年第1期。
② 刘思华：《生态马克思主义经济学原理》，人民出版社2006年12月版，第520—533页。

人”，成为马尔库塞描述的单向度的“人”①。与此相反，以人为本的科学发展观确认人是发展的最高价值目的，是以人的全面发展为核心的整体价值观，它将使人的主体性，人自身的发展纳入到“人—社会—自然”有机整体发展之中，这是对现代经济社会发展和社会主义发展价值追求的新提升，规定了现代经济运行与发展的根本目的，是提高全体人民的生存与发展质量，让全体人民真正地幸福地生活，使以人民群众利益为本成为科学发展的价值所在和根本落脚点，这正是科学发展观的价值观的真谛。

（二）科学发展观的生态经济价值向度

科学发展观要求人们重新充分认识自然生态对人类生存与生活的双重意义和价值，高度重视自然界的生态价值和经济价值即生态经济价值，在充分肯定人的价值和权益的同时，要充分肯定自然生态的价值和权益，自觉保护自然经济对经济社会发展的持久支撑能力，使经济增长与发展，人的可持续生存与全面发展，社会的全面进步和谐地置于自然生态，社会生态，人类生态各方面生态关系循环的协调发展之中。这就是科学发展观和价值观倡导的一种全方位的生态关怀。科学发展观所阐明的可持续发展的价值定位也是以人为本和以生态为本的价值取向的双重统一，既是以人的生存与发展为导向的可持续发展，又是以自然的健康、稳定、发展为导向的可持续发展。使人和自然都是发展目的的价值取向获得双重确立，并使自然的生态可持续发展对人的可持续发展既是手段又是目的达到了完美的统一。因此，科学发展观追求的生态经济价值的实质，就是以最小的发展代价换取最大的生态经济发展效益，彰显出鲜明的生态经济价值特征。

科学发展观的生态经济价值取向突出表现为要把经济发展的“人—社会—自然”的代价，限制在最小限度，以最小的“人—社会—自然”的代价换取最大的生态经济发展，这是科学发展观所强调的发展价值的

① 田启波：《科学与价值：科学发展观的双重哲学维度》，《马克思主义研究》2005年第1期。

全面性、协调性、可持续性的根本原则和基本尺度。这个“最小最大”的科学发展原则公式，当然是首先应当作为经济发展的根本原则或公式。正如胡锦涛同志指出：“科学发展观，是用来指导发展，不能离开发展这个主题，离开了发展这个主题就没有意义了。发展首先要抓好经济发展。”① 温家宝也指出：我们党的执政兴国第一要务是发展，首先是要发展经济。因此，科学发展观追求全面地，最大限度地减少经济发展的代价。以最小经济发展成本实现生态经济社会有机整体发展的最大效益，这就是经济效益、社会效益、生态效益、人文效益的最佳统一。正是在这个意义上说，追求生态经济价值最大化，是科学发展观的价值观的题中应有之义。

（三）科学发展的“最小最大”生态经济原则

主要可以从三个方面看：第一，最大限度地降低了经济发展的生态环境成本，彻底摒弃以牺牲环境为代价来谋求经济增长的做法；第二，最大限度地降低经济发展的资源成本，彻底摒弃以高消耗自然，人文和经济资源为代价来支撑经济增长的做法；第三，最大限度地降低经济发展的社会成本，彻底摒弃以牺牲人与社会的全面发展为代价实现经济增长的做法。只有这样，才能把发展首先是经济发展的生态代价和人与社会的代价降低到最低限度，这样的发展与经济发展才是合理的、科学的发展。无疑，这是科学发展观的经济社会发展价值和生态自然发展价值有机统一的整体价值追求的客观要求，也是实践科学发展的“最小最大”生态经济原则的必由之路。

用科学发展观统领经济社会发展，实践科学发展的“最小最大”的生态经济原则，必须大力发展循环经济，全方位发展绿色经济。我国发展循环经济总体战略目标是：用50年左右的时间把我国的全面建成人、社会、自然和谐统一的循环型社会②。这实质上全方位生态关怀的生态社

① 胡锦涛：《在中央人口与资源环境工作座谈会上的讲话》，《光明日报》2004年4月5日。

② 这是国家发展和改革委员会宏观经济研究院“我国循环经济发展战略研究”课题组提出的我国发展循环经济的总体战略目标，《光明日报》2005年11月14日第5版。

会，又叫可持续社会。2005年7月2日，国务院《关于加快发展循环经济的若干意见》中提出："树立和落实科学发展观，以提高资源生产率和减少废物排放为目标"并规定按照减量化，再利用、资源化原则，采取各种有效措施，以尽可能少的资源消耗和尽可能小的环境代价，取得最大的经济产出和最少废物排放，实现经济环境和社会效益相统一，建设资源节约型和环境友好型社会。"在这里，国务院根据科学发展观的价值观，明确提出了发展循环经济的"最少—最大—最少"的生态经济公式或原则，这是实现科学发展观的经济社会发展价值和生态自然发展价值有机统一的整体价值追求的基本原则。

二、最低代价生态内生经济发展模式是科学发展道路及发展模式的最佳实现方式

从生态马克思主义经济学来看，科学发展观指明的科学发展道路的本质与精华，就是生态自然与经济社会全面协调可持续发展的新道路及新模式，它的最佳发展方式即实现方式和理想模式，就是最低代价生态内生经济发展模式。本书从第二章到本章，分别论述了最低代价生态内生经济发展模式的历史演变、时代特征、理论基础、核心理念、基本内容、数学模型、实现原则等，在此，再强调几点：

1. 最低代价生态内生经济发展模式，作为生态自然与经济社会全面协调可持续发展的最佳发展方式与经济发展模式，其核心理念是将生态环境和不可再生的自然资源作为"生态资本"即"生产要素"，纳入经济制度、经济模式与运行机制之中，成为现代经济运行与发展的内生变量。

2. 最低代价生态内生经济发展模式追求将经济社会生活对自然生态环境的需求降低到最低程度，最大限度地利用进入经济系统的物质和能量，提高资源利用率，使"财富翻一番，资源使用减少一半"，最大限度地减少污染物排放，提高经济运行质量和效益，以最小的生态代价和

人与社会的代价，达到经济社会发展和生态自然发展的双赢目的。因此，只有建立起最低代价生态内生经济发展模式，才能从根本上转变粗放型经济增长方式，才能从根本上解决能源、资源和生态环境对我国经济社会发展的瓶颈制约日益凸显的问题。不断提高我国现代经济发展的整体素质和竞争力，确保我国经济运行与发展和生态运行与发展进入良性循环的可持续发展轨道。

3. 最高代价生态外生经济发展模式的主要特点是高开采、高投入、高消耗、高排放，低利用、低产出、低质量、低效益，与此相反，最低代价生态内生经济发展模式的主要特点是低开采、低投入、低消耗、低排放，高利用、高产出、高质量、高效益。只有这种理想模式，才能解决什么样的发展才是科学发展和如何实现科学发展的问题，这就是我们所主张的最低代价生态内生经济发展模式的要旨。

第三节　我国实现最低代价生态内生经济发展的基本思路（上）

最低代价生态内生经济发展是21世纪中国经济全面协调可持续发展的必由之路，也是社会主义和谐社会建设发展的客观要求。因此，我们要根据最低代价生态内生经济发展理论与模型的要求，提出我国实现最低代价生态内生经济发展的基本思路。这个问题，本质上是以科学发展观为指导，走科学发展道路，实现我国经济的科学发展问题。至于我国实现最低代价生态内生经济发展的具体措施与政策，这应当是国家和政府的实际部门与决策部门的工作任务，这里不述及。

一、全面落实科学发展观，加快和谐社会建设，把经济发展切实转入科学发展的轨道

党的十六届五中全会要求我们，“要坚定不移地以科学发展观统领经济社会发展全局”，党的六中全会又强调指出，“坚持以科学发展观统领经济社会发展全局。”因此，以科学发展观为指导，构建最低代价生态内生经济发展模式，实现中国经济的科学发展，这是中国经济走可持续发展道路的战略重点与发展思路。

（一）以科学发展观为指导，实现我国经济社会发展和生态自然发展的有机统一，是构建最低代价生态内生经济模式，实现我国经济的科学发展的根本要求

落实科学发展观，我们首先要转变发展观念，摒弃那种单纯追求和极力实现经济规模的无限扩张和物质财富的无限增加的观念。这种 GDP 增长至上的传统发展观念实质上是经济第一主义。它是包括西方经济学在内的传统经济学价值观与发展观的典型表现，是经济增长与发展付出高昂的人—社会—自然的代价的主要原因。总结我国过去的经验教训，经济第一主义可以概括为“四个唯一”的观念：在发展观上，把 GDP 作为体现国家财富和社会进步的唯一标志；在经济观上，把实现个人利益作为人们经济活动的唯一目的；在实现观上，把追求 GDP 的不断增长作为经济运行的唯一目标；在价值观上，把 GDP 的高增长作为衡量发展的唯一尺度。这些充分反映了传统发展观割裂了经济和社会、经济和文化、物质价值与精神价值和生态价值、效率和公平、经济增长和人的发展之间的有机联系，破坏了人—社会—自然复合系统的有机性和整体性，造成人、社会和自然界的片面畸形不可持续发展。直至今日，有的部门和地区领导者依然把“发展是硬道理”简单地理解为“增长是硬道理”，把发展是“第一要务”简单地理解为 GDP 增长是第一要务，依旧把“以经济建设为中心”视为“以增长速度为中心。”这些情况表明，真正全

面落实科学发展观，转变经济发展观念，走出追求单纯的经济增长的认识误区则是当务之急，只有这样，才能在实践中彻底改变片面的、畸形的、不可持续的经济增长，与传统经济发展模式即最高代价生态外生经济发展模式决裂，建立起最低代价生态内生经济发展模式。

（二）以科学发展观为指导，加快建设社会主义和谐社会，是构建最低代价生态内生经济发展模式、实现科学发展的根本目标

科学发展观否定了传统发展观不公平、不合理（即不正义）、不和谐、不协调的社会目标，摒弃了以忽视社会目标和生态目标为代价换取经济目标实现的做法，注重经济、社会、生态三大发展目标的有机统一与同步实现。这就充分体现在建设社会主义和谐社会的目标任务和基本原则中。坚持以人为本和以生态为本的统一，始终把最广大人民群众的根本利益作为党和国家一切工作的出发点和落脚点，不断满足人民群众日益增长的物质文化生态需要，促进人的全面发展和社会全面进步。这集中体现发展经济的三大目标的有机统一。构建社会主义和谐社会的一个核心问题，就是实现社会公平正义，依法逐步建立以权力公平、社会公平、规则公平、分配公平为主要内容的社会公平正义保障体系，才能使全体人民群众共享经济发展的成果。传统经济发展模式，它以经济增长为唯一目标，排除了社会发展目标和生态发展目标，使它具有“反社会”和“反生态”的性质，就在于它对人、社会、自然的不公平正义。就以它的“反自然”来说，余谋昌先生曾指出：“一是对他人不公正，损害了他人的利益；二是对后代的不公正，损害了后代的资源开发利用；三是对其他生命和自然界不公正，损害了生命和自然生态系统的持续生存。”[①] 可以说，传统经济发展模式不仅损害自然界（即人的无机身体），而且损害了人类自身（即人的有机身体），还损害了人类社会。因此，我们构建最低代价生态内生经济发展模式，必须按照建设社会主义和谐社会的总体要求，不仅要为社会主义和谐社会建设提供强大的物质基础，

① 余谋昌：《创造美好的生态环境》，中国社会科学出版社1997年版，第146页。

而且要做到经济公平正义、社会公平正义、生态公平正义的同步。实现使经济发展、社会发展、生态发展三大目标的有机统一与协调发展，从而有利于坚持把最广大人民群众的根本利益作为经济发展的根本出发点和最高标准，使经济发展的目标真正落实到满足全体人民群众日益增长的物质文化生态需要上，不断提高其生活水平和生活质量。

（三）以科学发展观为指导，推进我国人—社会—自然复合系统的整体发展，是构建最低代价生态内生经济发展模式，实现我国经济的科学发展的根本要求

科学发展观和社会主义和谐社会理论明晰了当代中国经济社会发展的根本价值目的。简言之，就是满足人的全面需要、促进人的全面发展，才是最终价值目的，并将这一价值目标渗透于人—社会—自然复合系统全面协调可持续发展之中，推进其整体发展。

然而，最高代价生态外生经济发展模式这个典型的传统经济发展模式，将经济发展的全部价值放在追求经济收益最大化的唯一目的上，不惜以牺牲多数人的利益与发展，增进少数人的利益与发展；不惜牺牲生态环境价值，换取经济价值与少数人的经济利益，必然导致人—社会—自然的片面、畸形与不可持续发展。尤其是近20多年来我国盛行的高开采、高投入、高消费、高浪费、高污染、低效益的粗放扩张型经济增长方式，高消费、高浪费、高污染、低收益的奢侈浪费型的消费方式，使我国经济发展付出了高昂的人、社会、自然的代价，要彻底改变这种状况，就必须认真落实科学发展观，加快社会主义和谐社会建设的步伐，彻底变革传统经济发展模式，坚持以人为本与以生态为本相统一、经济社会发展和自然生态发展相统一、民主与法制相统一、公平与效率相统一、活力与秩序相统一、科学与人文相统一、人自身发展与社会发展相统一、当代人发展与后代人发展相统一、局部利益与全面利益相统一、个人利益与整体利益相统一、近期利益与长远利益相统一。只有达到这些统一的经济发展，才算是真正的科学发展。无疑，这种多元化的统一性，是我们构建最低代价生态内生经济发展模式的根本要求。显然，满

足这种根本要求并非容易之事，确实是一个较长的发展过程，但我们必须努力朝着这个方向去做。

二、正确的战略目标选择是建立最低代价生态内生经济发展模式的重要前提

近20多年来，我国经济发展的正反两个方面的经验告诉我们，推进经济增长方式与经济发展模式的转变，基本前提是要作出正确的战略选择，调整经济发展战略，这就是在坚持生态环境良性循环发展战略的基础上，确定提高效率、优化结构、改进质量、增进效益的经济发展目标，选择合理的经济增长率，保持适度的经济增长率。片面追求经济高速超高速增长的发展战略，只能使经济继续在传统计划经济体制下那种数量速度型的、盲目推进经济规模扩大的老路上前行。这是不可能实现粗放型经济增长方式与传统经济发展模式的根本转变的。

（一）我国的基本国情决定了我国经济发展慢了不行，过快也不行

在20世纪80年代初期，我国经济学界有力地批判了传统经济发展战略，使我们对片面追求经济高速增长战略目标的弊端有了比较深刻的认识，坚决主张和大力推进数量速度型战略向质量效益型战略转变，并取得初步成效。但是，这种转变很快受阻，远远还没有实现。原因何在？在党的十四届五中全会上，江泽民同志就指出：转变经济增长方式早在改革开放之初就已经明确提出，虽有一定进展，但总体效果不明显，其原因是复杂的、多方面的，然而，“最大的问题是根深蒂固的速度偏好，致使增长的粗放型特征无法从根本上得到扭转。”江泽民同志这个看法，抓住了问题的要害。这些年来，各级地方政府和各个部门明显的速度偏好和强烈的赶超意识，使盲目扩大规模与追求超高速经济增长的惯性很大，全国各地普遍实施高速超高速经济增长为发展目标的战略选择，使我国经济增长速度一直很高。因此，几乎一两年就发生讨论是否经济过热或慎防由偏快变过热的问题。在2004年7月，刘思华教授指出：“人

口大国、资源小国、生态弱国是我国基本国情，由此决定了我国抗寒能力比较小，经济冷了不行。“这是因为13亿人口首先要吃、穿、住、行……还要保障庞大的就业大军就业。”“中国的基本国策，也决定了我国抗热能力比较小，经济热了也不行。这是因为我国经济过热首当其冲是资源和环境的压力骤然增长……从而加剧了资源短缺的压力、加大了环境容量负荷力的压力、增加了生态承载力的压力。”因此，“在当代‘中国’经济过热的最大的受害者，就是中国的生态系统，它包括自然生态和人类生态，并直接危害中国的生态安全。这就是中国经济怕冷更怕热的生态根源。”① 温家宝总理在2005年3月答中外记者问讲到：“经济发展慢了不行，那样就业压力就会更大……经济发展过快也不行，那样经济运行紧张，难以为继。”② 对于经济增长过快过高对经济发展不利的问题，邓小平同志早就说过：“速度过高，带来的问题不少，对改革和社会风气也有不利影响，还是稳妥一点好。”③

（二）所谓稳妥一点好，就是要使经济平衡运行，选择既不低又不高的适度的经济增长率

那么，我国今后选择合理的经济增长率，保持适度的经济增长率，应当是多少呢？根据“十一五”规划纲要的经济社会发展的主要目标和我国经济发展趋势，笔者认为，在2020年前，我国经济增长战略目标应当在7.5%至8.5%的适度经济增长率的变动区间。这是符合我国实际的正确的战略选择。实现这个发展目标，才能有效地促进经济增长方式的根本转变，建立起最低代价生态内生经济发展模式，实现经济的科学发展。我国“十一五”规划纲要提出的“十一五”期间GDP年均增长7.5%的经济增长率目标，是个预期性指标，这些的实践经验来看，在执行中不仅可能而且一定会超过的。故笔者把这个预期性目标，作为下限可能是符合“十一五”期间的实际的。如果超过8.5%的上限，仍然达

① 刘思华：《关于科学发展观的几个问题》，《内蒙古财经学院学报》2003年第3期。
② 温家宝：《答中外记者的讲话》，《楚天都市报》2005年3月15日。
③ 《邓小平文选》，人民出版社1993年出版，第143页。

到9%以上，甚至仍然保持10%左右的高速超高速增长，那么，我国生态环境资源的瓶颈制约将全面显现，生态与经济矛盾尖锐将令中国经济陷入生态经济的恶性循环之中，我国经济发展将会付出更大的代价。

三、大力推进“黑色发展”向绿色发展转型，真正实现科学发展

最高代价生态外生经济发展，实质上是一种“黑色发展”。寻求最低代价生态内生经济发展，实质上是一种绿色发展。绿色发展的基本思路是：建设生态文明，建设资源节约型、环境友好型、生态安全型社会，发展低碳经济、循环经济，促进绿色经济全面发展；坚持节约发展、清洁发展、低碳发展、循环发展、安全发展、低成本低代价发展，实现可持续的科学发展，推动经济社会全面协调可持续发展。

（一）建设生态文明，探索中国特色社会主义经济的绿色文明发展新路

以胡锦涛为总书记的中央领导集体的生态文明观，指明中国特色社会主义经济社会发展生态化即绿化的发展方向。生态文明是人类文明发展迄今最高的、崭新的文明形态，就在于它的核心和灵魂是实现人与自然相和谐的自然生态发展。因此，建设生态文明，首先是要树立人与自然和谐相处的自然生态发展观。践行这种新的生态文明发展观的首要目标，就是“建立和维护人与自然相对平衡的关系。”① 保持自然生态的可持续性，其主题与要义是按照自然生态规律的要求绿化经济社会发展，实现经济社会生态化即绿化。正如胡锦涛所指出的那样：“在开发利用自然中实现人与自然的和谐相处，实现经济社会的可持续发展”②、“保护

① 中共中央文献研究室编：《科学发展观重要论述摘编》，中共中央文献出版社2008年版，第38页。

② 中共中央文献研究室编：《科学发展观重要论述摘编》，中共中央文献出版社2008年版，第1页。

自然就是保护人类，建设自然就是造福人类。要加倍爱护和保护自然，尊重自然规律。"[①] 这就告诉我们，建设生态文明，必须强调遵循自然生态规律，在保护自然、建设自然生态，并与自然和谐相处、共生共繁、协调发展过程中实现经济增长与发展。这样的增长与发展，才是绿色增长与绿色发展。从文明形态对人与自然发展关系的影响而言：工业文明可以称之为"黑色文明"，生态文明是人与自然和谐发展绿色文明；工业文明的经济形态，是"黑色经济"，生态文明的经济形态是绿色经济。所以，可以这么说，党的十七大首次把建设生态文明的发展理论写入党代会报告，谱写了发展绿色经济与发展中华绿色文明的新篇章。

（二）积极发展低碳经济，促进绿色的低碳发展

2007 年 9 月 8 日，胡锦涛同志在亚太经合组织第 15 次领导人会议上郑重提出了四项建议，明确主张"发展低碳经济，发展低碳能源技术，促进碳吸收技术发展，增加碳回归。"[②] 这表明了我们国家和政府发展低碳经济，促进低碳生产、低碳消费，实现低碳发展的绿色理念和决心，令世人瞩目。2009 年 9 月，在联合国气候变化峰会上，他再次强调应对气候变化，积极发展低碳经济。2009 年 8 月 12 日，温家宝总理主持国务院常务会议，研究部署了实施应对气候变化和发展低碳经济的国家方案，提出"培育以低碳排放为特征的新的经济增长点，加快建设以低碳排放为特征的工业、建筑、交通体系"，"开展低碳经济试点示范，推动资源节约、环境友好的生产方式、生活方式和消费模式"。因此，我们必须按照党中央、国务院的战略部署，积极发展低碳经济，构建绿色低碳经济发展模式，这是发展中国特色社会主义经济的战略任务，实现最低代价生态内生经济发展即绿色发展的重大举措。

（三）大力发展循环经济是实现最低代价生态内生经济发展的最佳

---

① 中共中央文献研究室编：《科学发展观重要论述摘编》，中共中央文献出版社 2008 年版，第 37 页。

② 胡锦涛：《在亚太经合组织第十五次领导人非正式会议上的讲话》，《光明日报》2007 年 9 月 9 日。

形式与根本途径

发展循环经济不仅是学术界的共识，而且构成中国化马克思主义生态经济协调可持续发展的一个重要论点。当然，更重要的是在实践上已成为我国推进经济增长方式转变，建立新的经济发展模式的发展方略。从2002年至2006年间，党和国家领导人江泽民、朱镕基、胡锦涛、温家宝等都对发展循环经济的重大意义和作用作过论述。胡锦涛指出："积极发展循环经济，实现自然生态系统和社会经济系统的良性循环。"循环经济确实是生态环境内生经济发展模式的最佳形式，是一种与生态环境相和谐、相协调的经济发展模式，是实现生态环境与经济社会双赢目标的有效途径。因此，发展循环经济是我们党、国家和政府落实科学发展观、建设和谐社会的一个重大战略部署。温家宝总理主持召开国务院常务会议研究部署发展循环经济问题。2005年7月国务院发出了《关于加快发展循环经济的若干意见》的通知，明确提出了发展循环经济的基本要求是，"以尽可能少的资源消耗和尽可能小的环境代价，取得最大的经济产出和最少的废物排放，实现经济、环境和社会效益相统一，建设资源节约型和环境友好型社会"，并明确规定了发展循环经济的指导思想、基本原则和主要目标、重点工作和重点环节，强调了发展循环经济的宏观指导，加快循环经济技术开发和标准体系建设，建立和完善促进循环经济发展的政策机制和坚持依法推进循环经济的迅速发展。

循环经济体现生态系统与经济系统的耦合。经济系统的运行机制是"增长型"的，而生态系统的运行机制是"稳定型"的（鲍尔丁，1969）。因此在生态经济系统中，不断增长的经济系统对自然资源需求的无止境性，与相对稳定的生态系统对资源供给的局限性之间，就必然构成一个贯穿始终的矛盾。这个矛盾推动经济发展模式的创新，理性的增长模式强调生态系统与经济系统相互适应、相互促进、相互协调。循环经济的宗旨是进入经济系统的物质流最小化和对进入经济系统的物质流的利用最大化以及废弃物产生的最小化和无害化。这样，经济系统的运动在满足自身扩张的同时，对生态系统的扰动却大大减弱。循环经济学的理论价值不仅局限于此，其意义在于寻求经济增长的生态环境内生化机制、协调扩张型经济增长机制与稳定型生态平衡机制的矛盾关系。也就是说，循环经济的运行机制与传统经济大不相同，需要对其进行深入研究。

1. 传统经济的运行机制。经济运行机制的功能主要是经济机制在运行过程中的调节功能。一般认为，经济运行机制由自发生成的市场机制和理性设计的政府调控机制组成。传统线性经济是工业经济加市场经济，运行机制以市场调节和政府调控为主，在物质流动的方向和规程上是单向线性的，而且由于物质流与价值流的脱节，导致经济系统过度追逐交换价值而造成物质流动与社会最终需求的冲突，从而导致生产过剩和经济危机，并产生巨大的生产性浪费。其次，工业经济以 GDP 为目标，为加速工业化进程，通过资源替代技术和劳动，获得生产的最大化，资源消耗的速率和规模以及产生的环境压力远远超过资源存量和再生能力，环境负荷和生态阈值也被突破，工业的巨大成就伴随着生存环境的急剧恶化。循环经济是一种新型经济形态，以资源存量、环境容量和生态阈值为限度，有节制地发展经济，在实现既定福利目标的同时，尽可能地减少进入经济系统的物质流，最大限度地利用进入经济系统的物质（能量），其具体手段和形式就是集约生产、循环再生、综合利用，这就要求在制度体制、流程管理、组织设计等方面对经济系统进行重组。也就是对传统经济运行机制进行转换。对传统经济运行机制进行转换并不是将其全部推倒完全建立一个新机制，而是对其进行补充完善，尤其是突出生态化特征。从可持续发展的角度看，传统经济运行机制的缺陷主要在于物质流与价值流的分离，即物质消耗没有得到价值补偿，也没有得到有效的物质替代，导致经济增长难以为继。具体到循环经济而言，在物质流与价值流分离的同时，物质流与信息流也没有协调起来，物质循环和信息传递的脱节导致即使是有价值的物质资源也难以得到循环利用。

2. 循环经济的运行机制。循环经济的运行机制是指在一定的经济环境中，在一定的经济条件和经济因素的约束和引导下，适应循环经济发展需要的经济资源分配、调节机制。主要指循环经济运行的经济条件、动力机制、微观基础、经济关系的演化及其制度安排等方面。由于鲜明的生态化导向，循环经济与传统经济的纯价值循环是不同的，其关键在于运行过程中微观基础发生了变化；由于经济活动受人的本性驱动，经济利益诉求导致生态经济系统与生态系统的纯物质（能量）循环不同，其关键在于由微观基础不同决定的运行机制的变化。

（1）我们需要了解循环经济的作用形式。产业生态系统的生态经济原理是竞争、共生、自生。根据这一原理，循环经济的作用形式表现为企业之间的横向共生、产业链之间的纵向闭合与产业生态网络内部的系统耦合，在微观领域形成具有柔性结构和功能导向的新型经济形态，最终实现就业增加、价值增加、人力资本开发以及经济、社会、生态三维和谐的多种效应。循环经济的一个重要特征就是模拟自然生态系统，在传统经济系统（生产者、消费者、中间商）中引入一个新的角色——“分解者”，这个角色承担了扩张型的经济系统与稳定型的自然系统之间缓冲和磨合的任务。

第一，企业之间：横向共生。建立企业内部不同工艺流程和不同产业之间的横向共生是形成闭环循环的重要形式，主要是通过不同工艺流程的横向耦合及资源共享，为废弃物找到合适的“分解者”，建立产业生态系统的“食物链”或“食物网”，实现物质的再生利用和分层利用。

第二，产业链之间：纵向闭合。循环经济产业链要求改变现有土地利用的思维模式，改变产业流程减少废物，使产业适应环境而不是改变环境来适应产业，通过废物资源化和副产品交换实现资源利用在产业链之间形成闭合回路。

第三，产业生态网络内部：系统耦合。生态化产业经济要求系统内部以互联的方式进行物质交换，以最大限度利用进入系统的物质和能量。由于存在反馈式、网络状的相互联系，系统内不同参加者之间的物质流远远大于出入系统的物质流。它通过两个或两个以上的生产体系或环节之间的系统耦合，使物质、能量能多级利用、高效产出，资源、环境能系统开发、持续利用。

（2）在循环经济的运行模式上，循环经济由宏观层面的经济大系统和微观层面的企业和家庭小系统组成。在整个循环过程中，减量化的主体部分在于企业的清洁生产，再利用的主体部分在于建立废旧产品回收体系，再循环的主体在于发展资源再生产业。三大产业体系（新经济产业、动脉产业和静脉产业）构成循环经济的物质流和价值流平台。

3. 循环经济运行机制的构成要素。价格机制在循环经济中仍然是基础性的作用，不过，需要改变的是资源价格形成机制和环境生态资源的定价机制。在资源配置机制方面，除了传统的市场和政府外，还要发挥信息、信任、社会资本、集体行动等因素在资源配置尤其是在环境资源配置领域的作用，减少市场失灵和政府失灵。

因为，在市场失灵的领域并不必然意味着政府的介入，反之亦然。如果把经济系统的调节活动分为事前调节和事后调节，那么"虚拟交换前置"和基于"生态转型"的公众参与是一种事前调节，而市场和政府对经济活动的调节则属于事后调节。事前调节主要是克服因信息不充分而产生的资源配置不当现象，通过低成本的信息引导自然资源（环境资源）在企业实际经营决策之前进行配置；事后调节主要是克服价格发现障碍而产生的资源配置不当现象，通过有效的制度安排引导企业的资源节约和环境友好活动。

经济主体的激励约束机制包括消费者和生产者两方面。消费者的消费约束不仅仅是预算约束，还有环境成本预算和生态需求偏好的行为约束。同样，生产者的决策约束不仅有直接的成本约束，还有生产者责任约束以及利益相关者参与的治理约束。因此，在微观领域，循环经济就形成了以消费者的生态消费和生产者的生态管理为微观基础的运行机制。

基于生产者责任延伸和生态管理，企业在生产经营领域就要全面全过程地推行循环经济，按照"从摇篮到摇篮"的理念指导整个经营流程。由于规模经济、范围经济、网络效应、互补效应、协作效应等经济规律的作用，循环型企业的发展必然向循环型产业链和循环型网络演化，从而实现整体性、结构性、系统性和动态性节约。

在利益分配方面，不同的利益主体在不同的利益关系和循环经济运行的不同环节所承受的收益和责任是不同的。根据物质流和价值流匹配原则，对动态变化中的主体利益进行合理分配。

4. 发展循环经济的政策支持。

(1) 财政政策支持。发展循环经济的财政政策支持包括财政直接投资政策、财政购买政策和财政补贴政策三种类型。

实施财政直接投资政策：一是投资于废旧物品交易中心建设。在循环经济发展模式中，废旧物品在社会系统中的循环多次利用不仅需要通过机制的建立与完善加以推进，而且需要现实的废旧物品交易中心，它是废旧物品在社会系统循环利用的载体，但这一载体仅靠市场机制是难以建立的。因此，需要政府划拨相应资金，进行科学规划，建立现代网络技术支撑的废旧物品交易市场，定时发布交易物品信息，为公众提供废旧物品的购销服务。二是投资于循环经济发展的配套公共设施建设。循环经济发展的配套公共设施作为一种公共产品，需要政府供给，如大型水利工程、生态型产业园区、生态农业基础设施、城市地下管道、交通道路等的规划与建设。三是投资于企业生产设备。一般来讲，企业的生产是按照市场经济规律运行的，政府不予干预。对于具有发展循环经济潜力和基础的企业，政府应该从财政上以股份的形式提供资金支持，并在数年内（如三年）政府不分红，规定年限以后分期享受分红并逐渐退出资金。四是投资于生态环境保护与建设。生态环境保护与建设是一项以政府为主导的公益性活动，需要政府多方面的支持，特别是财政资金的支持。政府应在财政支出中增列生态环境保护与建设支出预算科目，安排专项资金，专门用于一些公益性很强的环境保护基础设施建设、生态改善与修复、跨区域重大污染综合治理等方面的投资任务。五是投资于科技进步。设立促进循环经济理论创新和实践发展的课题，为循环经济理论创新、循环经济发展规划制定、循环经济技术创新等活动提供资金支持。

实施财政购买政策：一是优先购买利用高新技术生产的绿色产品。这部分产品是在循环经济思想指导下，借助于高新技术生产出来的，不仅能满足人们的日常需要，而且环境污染小、使用功能退化后方便回收再利用，但上市时间短、生产规模小、生产成本和市场价格高，一般消费者难以承担，需要政府优先采购。二是优先购买节约型产品。政府在采购中应对有利于节约能源、节约用水、节约用材等符合循环经济要求的产品，如节能家电、新能源产品、节水型设备等实行优先购买。三是优先购买循环型企业生产的产品。目前，我国已启动了两批国家级循环经济试点企业，各省市也在着手培育循环经济试点企业，各级政府在采购时应优先购买这些试点企业生产的产品，推动试点取得成功。四是优先购买资源循环再生产品。废纸、废塑料、废金属等产品回收后可以实现再生利用，生产出可供人们再次使用的产品，政府在采购中应规定这些利用再生材料生产的产品的最小购买比例。通过政府的购买行为，引导公众的消费倾向，以消费带动生产，进而引导企业的生产方向，形成经济系统与社会系统的互动发展。

实施财政补贴政策：一是物价补贴。对于利用高新技术生产的产品，销售价格一般高于同类可替代产品的市场价格，政府应对这部分产品给予补贴，并规定其销售价格接近于同类可替代产品的市场价格；对于利用废旧资源生产的产品，销售价格一般低于同类可替代产品的市场价格，政府也应对这部分产品给予补贴，使其实际价格接近于同类可替代产品的市场价格。通过对两类产品的价格补贴，鼓励企业发展循环经济，同时也对依然秉承传统生产经营方式的企业间接施加了压力。二是重大循环经济项目补贴。对于企业的重大循环经济项目，一般企业是难以承担的，政府应给予适当的财政补贴或贷款贴息，缓解企业发展循环经济的成本压力。三是税前还贷。对于发展循环经济的企业，政府在计算其所得税时，将应当归还的贷款从纳税基数中扣除。四是加速折旧。对能够取得明显经济效益和社会效益的节能设备、无污染或少污染设备进行加速折旧。企业为提高资源综合利用效率而采购的先进设备，税务机关在审核后允许其加快设备的折旧速度，从而鼓励企业更新改造旧设备。

（2）税收政策支持。税收政策应在资源开采环节、资源消耗环节、废弃物产生环节、资源再生环节、消费环节对生产生活活动进行调控，鼓励和约束各主体发展循环经济。

在资源开采环节，改革和完善资源税。一是扩大征收范围。在现行资源税的基础上，将那些必须加以保护、开发和利用的资源列入征收范围，如水、土地、草原、森林、野生动植物、地热等自然资源，并按其外部成本、稀缺程度及经济社会效益等因素确定单位税额，从而限制对各类自然资源的过度开采或低效开采，从源头上减少对生态的破坏。二是完善计税依据。对于矿产资源，由现在的按企业产量征收改为按划分给企业的资源探明储量征收，并根据企业在开采资源过程中对生态环境的破坏及修复程度加以增减调整；对于其他资源，按资源开采数量征收，并根据企业在开采资源过程中对生态环境的破坏及修复程度加以增减调整。三是提高征收标准。在理顺资源价格体系的同时，适当提高资源税的征收标准，特别是对非再生性、非替代性、极为稀缺的资源应课以重税。四是鼓励利用替代资源和可再生资源。对生产替代资源和可再生资源的企业及个人给予各项税收优惠，鼓励替代资源和可再生资源的生产，减少不可再生资源，特别是稀缺资源或污染严重资源的开采。在资源消耗环节，改革和完善所得税、增值税。

在所得税方面，对于循环型企业和生产节能、节水和环保等与循环经济相关的产品设备的企业，适当降低所得税税率，延长优惠期限；对于从事循环经济技术研发的技术人员，适当降低所得税税率或提高个税起征点；对于从事为生产资源节约型产品服务的技术转让、技术服务、技术培训、技术承包、技术咨询等活动的单位和个人，所得收入可免征或减征企业及个人所得税。

在增值税方面，加快推进全国范围内由生产型增值税向消费型增值税的转型；选定一批节约效果显著但因市场价格过高制约其推广的重大节能、环保设备和产品，在一定期限内实行增值税减免政策；为促进企业实施清洁生产，对其所购买的清洁生产设备实行增值税减免政策。在废弃物产生环节，征收环境保护税和绿色关税。

在环境保护税方面，一是征收污染性产品税，即对在生产、消费或处理过程中污染严重、生态环境破坏力强的产品征税，从而压缩污染性产品的利润空间，限制其生产；二是征收水污染税，即对于排放污水的企业，根据企业所排污水的危害性及实际排放量采用差别税率征税，对于排放污水的居民，根据居民用水量采用无差别的定额税率征税；三是征收大气污染税，即对于排放废气（如二氧化碳、二氧化硫等）的企业及个人，根据其所排废气的浓度及排放量采用差别税率征税；四是征收垃圾税，即对于生活垃圾，依据垃圾重量采用无差别的定额税率征税，对于工业垃圾，按垃圾种类和重量采用差别税率征税。

在绿色关税方面，对一些污染环境、影响生态环境的进口产品课以进口附加税，同时对国内紧缺的资源、节能减排设备、污染治理设备、清洁能源生产设备、环境监测仪器、废弃物无害化处理技术以及获得环境保护标志的产品等减征进口关税；降低或取消国内资源（煤炭、原油、金属等）、初级产品、半成品、生产过程高污染和高耗能产品等的出口退税率，同时适当提高循环型企业生产的产品、深加工产品等的出口退税率。

(3) 金融政策支持。在循环经济发展中，不仅需要政府在财政、税收优惠政策方面提供的资金支持，而且需要在政府的鼓励和引导下，创造公平竞争的市场秩序，充分发挥政策性银行和商业银行的功能，建设和完善中小金融机构，同时积极引进国外资金支持我国循环经济发展，从而为循环经济发展提供良好的金融环境。

一是强化政策性银行的支持作用。目前，我国已经设立了国家开发银行、中国农业发展银行、中国进出口银行三家政策性银行，均直属国务院领导。在推动我国循环经济发展中，三家政策性银行应强化其金融支持作用。国家开发银行应调整信贷结构，一方面，将更多资金投向循环经济领域，用于循环型企业改进生产工艺和购买先进设备、生态型产业园区建设、区域重大循环经济项目、新能源开发等，并适当调低贷款利率，降低循环经济发展主体的运营成本，同时扶持环境产业发展；另一方面，减少对高耗能、高耗材、高污染的产业及企业的资金支持，并适当调高贷款利率，限制这些产业及企业的发展。中国农业发展银行应根据区域循环经济发展状况和国家政策导向，将投资重点转向农业循环经济发展和农村基础设施建设，支持农业结构调整、农业产业化发展、农产品深加工、现代农业技术研发等，推动农业产业生态化、生态产业化发展，全面提高农业经济效益、生态效益和社会效益。中国进出口银行在产品出口方面，应对出口耗能耗材量小、环境污染小、高附加值、利用再生资源生产等产品的企业实行优惠贷款，鼓励其产品出口，而对出口原始资源，耗能耗材量大、环境污染大的产品，低附加值产品等的企业实行紧缩贷款，限制其产品出口；在进口方面，对进口原始资源、先进生产设备、高新技术、低污染且易无害化处理产品等的企业实行优惠贷款，鼓励其进口产品，而对于进口污染严重且难以无害化处理产品的企业实行紧缩贷款，限制其进口产品。此外，考虑成立循环经济发展银行，专门为发展循环经济的企业及个人提供融资支持。

二是加大商业银行信贷投放力度。严格把握新增贷款投向，推进“绿色信贷”建设：一方面，对国家限制的高耗能、高污染产业，盲目投资、低水平重复建设项目，坚决不予以信贷支持，已投信贷逐渐减退；另一方面，对国家鼓励的环境产业、新能源产业、生态农业以及其他产业中的循环型企业等予以信贷倾斜，逐步加大信贷投入，鼓励发展循环经济和生产替代能源。

三是建设和完善中小金融机构。大力扶持农村信用合作社，加快地方性商业银行建设，鼓励民间金融组织发展，培育和发展资本市场，充分利用国外资本。

（4）产业政策支持。从产业发展角度来看，循环经济发展需要政府在产业结构、产业组织、产业布局等方面提供全方位的政策支持，改善产业内部及产业之间的资源配置，引导产业内各企业的经营活动。

在产业结构方面，综合利用财政、税收、金融、法律等手段和必要的行政手段，积极推进产业结构优化升级，严格限制高耗能、高耗水、高污染产业的发展，淘汰落后工艺、技术和设备，综合利用财政、税收、金融、法律等手段和必要的行政手段，大力发展支持循环经济发展的高新技术产业、新能源产业、信息产业、环境产业、再生资源产业等。

在产业组织方面，制定鼓励企业兼并、重组、建立战略联盟等的有关政策，培育一批具有较大规模的循环型企业，使其能对产业内其他企业产生带动导向作用；通过政府行为和市场机制的有机结合，以产业链为主线，以大型企业为核心，以中小企业为节点，构建功能完善、大小企业分工合作的现代产业组织结构。

在产业布局方面，根据地理区位、资源分布和产业特征，在吸取国内外生态工业园区建设试点经验的基础上，各地地方政府在土地、水资源、用电等方面出台优惠政策，在全国范围内广泛建立生态型产业园区，提高产业集聚水平，形成资源高效循环利用的产业链，提高资源产出效率。

（四）建设资源节约型社会，走资源节约的可持续经济发展道路

所谓资源节约型社会，是社会生产与再生产以物质资源高效利用与节约利用的社会的生产方式和消费方式。用经济学术语来说，就是用最小的资源成本获得最大的资源效益，是资源成本和生态代价最低的经济社会。建设资源节约型社会的核心是建立资源节约型经济。建立资源节约型社会是党、国家和政府落实科学发展观、建设和谐社会的又一重大战略部署，是关系到我国经济社会发展和中华民族兴衰，具有全局性和战略性的重大决策。温家宝主持国务院常务会议研究部署建设资源节约型社会问题，并于2005年7月发出了国务院关于做好建设节约型社会近期重点工作的通知。通知明确指出，加快建设资源节约型社会，在生产、建设、流通、消费各领域节约资源，提高资源利用效率，减少损失浪费，以尽可能少的资源消耗，创造尽可能大的经济社会效益。可见，只有建设资源节约型经济社会，才能实现最低代价生态内生经济发展。建设资

源节约型经济社会，必须认真做好几方面的重要工作：

1. 建设资源节约型经济社会是社会生产与社会生活的全面节约。依据马克思的社会再生产理论，节约经济社会是社会生产和再生产全过程的节约，在生产、建设、流通、分配、消费各个领域，都必须尽量减少各种资源的占用和消耗。

2. 要在保护中开发资源，在开发中保护资源；坚持资源开发与节约并举，把节约放在首位，实现合理使用，节约和保持资源相统一，提高资源利用率。

3. 建设资源节约型经济社会，必须做到全部生产要素的节约，它包括自然资源、人力资源、物质资本资源、知识技术资源等。

4. 要积极推进资源利用方式，从粗放向集约转变，走出一条适合中国国情的资源节约型的经济发展新路子。

（五）建设环境友好型经济社会，大力推进经济社会和环境保护协调发展

所谓环境友好型社会是指社会生产和生活不对自然生态和环境产生破坏，在环境承载力允许的范围内实现经济社会发展的发展模式。用经济学术语来说，就是最大的经济活动和发展行为要以最小的环境成本为代价。建设环境友好型社会的核心是建立环境友好型经济，即不破坏环境的经济，这就是可持续发展的经济。建设环境友好型经济社会，是建设和谐社会的重要组成部分和基本内容，也是我们党、国家和政府落实科学发展观建设和谐社会的又一重要战略部署，是关系我国经济社会发展和中华民族兴衰，具有全局性和战略性的重大决策。

2006 年 2 月国务院作出了“关于落实科学发展观加强环境保护的决定”，作出了建设环境友好型社会的战略部署。2006 年 4 月温家宝总理在第六次全国环保大会上根据该决定的精神，作了“全面落实科学发展观加快建设环境友好型社会”的重要讲话，提出了今后五年建设环境友好型经济社会与环境保护的目标和主要任务及其几个方面的重要工作，其关键在于加快实现三个转变：一是从重经济增长轻环境保护转变为保

护环境与经济增长并重，把加强环境保护作为调整经济结构、转变经济增长方式的重要手段，在保护环境中求发展。二是从环境保护滞后于经济发展转变为环境保护和经济发展同步，做到不欠新账、多还旧账，改变边污染边治理、边治理边破坏的状况。三是从主要用行政办法保护环境转变为综合运用法律、经济、技术和必要的行政办法解决环境问题，自觉遵循经济规律和自然规律①。可见，建设环境友好型经济社会的过程，实质就是建立最低代价生态内生经济发展模式的过程。

（六）建设生态安全型经济社会，促进生态经济协调可持续发展

所谓生态安全型社会是指社会生产、分配、流通、消费、再生产各个环节生态化发展，在促进生态与经济良性循环与协调发展中实现经济社会协调发展的发展模式。用经济学术语来说，就是经济社会活动要以最小的生态成本获得最大的生态效益，保持生态资本存量的非减性，从而维持生态安全。建设生态安全型社会的核心，是建立生态安全型经济，即保障生态安全的经济，这更是可持续发展的经济。建设生态安全型经济社会是建设和谐社会的重要内容和基础工程，是中国社会主义现代化道路和中华民族发展史上的伟大壮举，是建立最低代价生态内生经济发展模式，实现生态环境和经济社会双赢发展的必由之路。

建设生态安全型经济社会的关键问题，是加强生态环境建设，维护国家生态安全。1998 年 11 月，国务院发布了《全国生态环境建设规划》，对我国生态环境建设的指导思想、基本原则、总体目标、方针政策、实施步骤及其措施等都作出了明确规定，其远期目标即 2031 年至 2050 年间，全国建立起基本适应可持续的良性循环生态系统，使全国大部分地区基本实现山川秀美，形成生态与经济协调可持续的生态经济系统，这就建立起了生态安全型社会。建设生态安全型社会和建设资源节约型社会与环境友好型社会是统一于建设和谐社会之中，三者之间既有区别又有联系，相互依存、相互促进，只有节约，友好对待生态安全，

① 温家宝：《全面落实科学发展观加快建设环境友好型社会》，《光明日报》2006 年 4 月 24 日。

才能确保生态安全。建设生态安全型经济社会，要大力抓好生态省建设。通过生态省建设，使我国现代化建设进入大规模生态建设和大规模经济建设同步运动与协调发展的新阶段，才能逐步建立起最低代价生态内生经济发展模式。

（七）全方位发展绿色经济，是实现最低代价生态内生经济发展即绿色发展的根本途径

以胡锦涛为总书记的党中央，在我们党的历代中央领导中首次提出发展绿色经济和绿色产业的新发展理念，开启了我国经济发展绿色转型与步入绿色经济发展的新航程。2009 年 6 月 17 日的国务院常务会议明确提出“大力发展绿色经济”。其后，党中央和国务院的领导同志在国内外的一些重要会议上，都强调我国应对金融危机和气候变化，打好转变经济发展方式、调整经济结构的硬仗，都必须大力发展绿色经济。胡锦涛在联合国气候变化峰会上强调“大力发展绿色经济，积极发展低碳经济和循环经济”；温家宝在第三届夏季达沃斯年会上提出要加快发展低碳经济、绿色经济，努力占领国际产业竞争的制高点；李克强在 2009 年 6 月至 7 月的一些会议上，反复强调发展绿色产业和绿色经济的重要性、紧迫性和重大意义。他说：“发展绿色产业，是世界产业结构调整变化的一大趋势，发展前景十分广阔。在我国推进节能减排、发展绿色经济，是当前扩内需、保增长、惠民生的重要举措之一，也是从我国国情出发，调整经济结构、增强发展后劲、化解资源环境瓶颈制约的长远之计。”①他在 2009 年 11 月和 12 月的两次会议上又进一步指出：“发展绿色经济、低碳经济、循环经济已成为世界的一大趋势”，“可以也应当作为中国经济结构战略性调整的重要抓手和现实突破口。”② “绿色经济的本质是以生态经济协调发展为核心的可持续发展经济。”③ 绿色经济就实质内容而

① 李克强：《推进节能增效　发展绿色产业》，《光明日报》，2009 年 6 月 19 日。

② 李克强：《在中欧战略伙伴关系研讨会和考察中国环境科学研究院的讲话》，《光明日报》，2009 年 12 月 9 日和 11 月 20 日。

③ 刘思华：《绿色经济论》，中国财政经济出版社 2001 年版，第 3 页。

言，既是通过生态发展而进行的经济发展，又是通过经济发展而进行的生态发展，是两者内在统一与协调发展的可持续发展经济。前面所说的循环经济、资源节约型经济、环境友好型经济、生态安全型经济都是绿色经济的实现形式，它们既是自然意义上的生态环境发展，又是社会意义上的经济社会发展，是实现生态自然和经济社会双赢发展目标的有效形式，也是发展绿色经济，实现最低代价生态内生经济发展的最佳模式。绿色经济的各种具体载体就是各种绿色产业。因此，优化产业结构，全方位发展绿色产业经济，是全方位发展绿色经济的核心问题。

四、大力发展绿色产业经济，推进产业结构的绿色转型

要实现最低代价经济发展，必须调整与优化经济结构，这集中表现为调整与优化产业结构，使原有粗放型的产业结构逐步转向集约化、节约化、绿色化的产业结构，其核心是实现黑色产业结构向绿色产业结构的根本转变，大力发展绿色产业经济。

（一）尽管目前我国经济结构处于由低级向高级演变过程之中，但目前我国经济结构仍然处于低效益、低水平的状态，存在着诸多不协调

目前我国产业结构所存在的主要问题如下：

1. 产业结构升级滞后成为经济运行中的主要制约因素，产业结构调整已成为维持国民经济稳定增长的关键。虽然我国经济实力日渐增强，但生产技术体系未出现相应的调整，高技术含量的产品供给能力十分有限，许多行业的产品差异化较小，普遍集中在同一品种和档次上。技术水平方面的不足致使供给不能满足消费者不断升级的需求，并且在一些行业形成了过度竞争的格局。

2. 国家支柱产业及高新技术产业尚未成为拉动经济增长的主要力量。科技产业的发展缺乏基本的制度保障，相关的政策法规体系尚不完善。例如，优惠的税收政策；对战略地位突出的行业实行贸易保护，尽快完成进口替代；健全知识产权保护制度，以完善科技进步的利益机制。

3. 生产规模偏向中小型，经营较为分散，阻碍了竞争力的提升。在工业生产领域，许多重要产业的整体规模与技术水平严重不对称，尽管产量增长十分迅速，然而与先进水平相比仍存在技术上的差距。这种粗放型的经济增长，对资源利用的效率低，产生的经济效益少。手工劳动仍普遍存在于农业和其他一些技术构成较低的产业中。极大多数企业的生产技术落后，创新能力不足，产品适应不了市场的需求变化。此外，大量的重复低水平建设，最终导致了供大于求的现象。

4. 第三产业的发展潜力巨大，有待充分挖掘。当前我国第三产业出要由零售、餐饮娱乐、旅游等流通行业和生活服务业构成。从第三产业内部结构看，发达国家主要以信息、咨询、科技、金融等新兴产业为主，而我国的商业餐饮、交通运输等传统服务业比重较大，占40%以上；邮电通讯、金融保险等基础性服务业以及信息咨询、科研开发、旅游、新闻出版、广播电视等新兴服务业虽然发展较快，但比重仍然不高，发育仍然不足。此外，我国服务业产品创新不足，服务品质和技术水平不高，在组织规模、管理水平与营销技术上与国外服务业都存在相当大的差距，难以适应激烈的国际竞争需要。第三产业市场中的规则还不完善，部门中普遍存在过量进入、违法违规、政企不分、政事不分等无序现象。传统的分配、消费方式限制了第三产业社会化发展的空间，如福利制度、社会服务体系、城乡壁垒等。

5. 产业结构的结构能源效益差。能源消费弹性系数反映 GDP 增长1个百分点能源消费所增长的百分比。能源消费弹性系数下降，说明能源产值率提高，能源利用率提高。在“七五”、“八五”、“九五”三个计划期中，我国能源消费量年均增长速度分别是6.5%、6%、-0.07%，能源消费弹性系数始终小于1；而进入“十五”时期以后，我国能源消费速度开始加快，并且逐步超过同期国内生产总值的增长速度，平均能源消费增长速度和平均能源消费弹性分别达到10%和1.03；尤其是2003年至2004年，我国能源消费增长均超过15%，远远高于我国 GDP 增长速度，能源消费弹性系数更是高达1.53和1.59。

能源消耗增长速度超过 GDP 增长速度是不正常的。韩国 1980 年人均消耗能源是 1.2 吨标准煤，到 2003 年，人均消耗达到 4.5 吨标准煤，翻了两番，年均增长率达到 7.5%。但 1999 年至今，其能源消耗增长速度始终没有超过 GDP 增长速度，单位能源消耗一直维持在稳定水平。而从改革开放初期到 2005 年，我国能源消费弹性系数始终处于波动之中。2002 年之前，我国单位 GDP 产出中的能源消耗呈现出降低的发展态势，其中 1997 年至 1998 年间甚至出现了总能源消耗减少、能源产出增加的良好现象。但 2002 年以来，随着我国城镇建设的加快发展，钢铁、水泥、电解铝等高耗能产业迅速扩张，重工业投资加速，高耗能部门在国内生产总值增加值中所占有的比例越来越大。

超过能源消费弹性系数 1 表明，我国经济的高增长是建立在高消耗的基础之上的。冶金、建材、化工等高能耗产品产量的大幅增长，刺激了能源需求，也使得能源供需不平衡的矛盾显现出来。2005 年，全社会能源消耗总量为 22.2 亿吨标煤，其中工业企业能耗 15.8 亿吨，占 71%；在工业中，钢铁、建材、化工、石油化工、有色金属五大行业又占工业全部能耗的 69%。这种情况显示出我国低能源效益产业比重提高，而高能源效益产业比重相对减少，产业结构的结构能源效益不但没有提高，反而变低了。

目前，我国正处于不断加快的工业化进程之中，对能源的大量需求是不可避免的。同时，发达国家向发展中国家转移高能耗产品生产的趋势，对我国经济结构的调整形成了挑战。只有不断促进我国产业结构的绿色转型，才能以较少的能源消耗实现经济的高速增长。控制高耗能产业，发展高科技产品和第三产业是未来我国产品结构和产业结构调整的主流方向和重要任务。

6. 产业发展模式粗放，污染问题突出。我国的产业发展模式尚未根本改变，高物耗、高能耗、高污染的“三高”问题依然十分突出，工业发展仍循着先污染后治理的老路，使得我国的环境承载力严重透支。目前，我国 70% 的江河水系受到污染，流经城市的河流 95% 以上受到严重污染；1/3 的国土被酸雨覆盖，世界上污染最严重的 20 个城市我国占了 16 个；4 亿城市人呼吸不到新鲜空气；每年 200 多万癌症病死者中，70% 跟环境污染有关；我国每年因环境污染造成的损失约占 GDP 的 10% 左右。大量使用化学物质的现代农业和重化工业的快速发展成为当前环境污染问题的主要源头，对原本就十分脆弱的生态环境造成了巨大压力，调整产业结构和产业发展模式已成当务之急。

环保产业和生态产业发展严重滞后，正在演变为生态经济结构危机；生产结构与资源结构存在着尖锐矛盾，资源短缺与资源浪费并存；生产结构与消费结构呈现尖锐矛盾，相对过剩与消费不足并存；全局性衰退产业问题日趋严重，主导产业作用不强；重复建设和地区结构趋同化现象严重，某些行业生产能力过剩，资源浪费惊人等。这些都极大阻碍着我国产业结构优化、升级与高度化。因此，要实现最低代价生态内生经济发展，必须调整和改变目前这种最高代价生态外生的产业结构，推进数量型与粗放型产业结构向质量型与集约型的产业结构的转换，其实质是推进目前黑色产业结构的低技术、低附加值和低效益向绿色产业结构的高技术、高附加值和高效益的转换。

（二）产业结构的软化与绿化，即产业结构的知识化与生态化及其相互协调与融合发展，这是 21 世纪产业革命及产业调整的实质与方向

当今产业结构调整转换与优化升级，实质上是产业知识化与知识产业化和产业生态化与生态产业化的相互协调与融合发展。所谓产业结构软化，是指在社会生产和再生产过程中体力劳动与物质资源的投入相对减少，脑力劳动和科学技术的投入相对增多。因而产品中包含的知识越来越多，而物质越来越少。这样在产业经济发展中的能源、资源、资金等硬资源（即物质资本）的作用相对降低，而知识、信息、智能等软资源（即智力资本）的作用相对上升，使产业结构因知识与科技含量的极大增加而软化。因此，从根本上说产业结构软化是产业经济的知识化与知识的产业经济一体化，是知识诸如信息、科技、管理等软资源已成为产业结构经济升级的核心资源，是产业经济发展的主导因素。产业结构

软化现象发生在所有的产业部门，是全部产业经济及整个国民经济的软化。所谓产业结构绿化，是指社会生产与再生产过程中投入资源少，各种资源利用率高，产出的产品或服务多，废物最少，污染最轻，甚至无环境污染与生态破坏，使产业经济发展建立在生态环境良性循环的基础上，因此，产业结构绿化，使整个社会生产技术工艺过程和经营管理过程生态化，变社会生产或服务过程为自然生态过程或纳入自然生态过程，实现产业结构的集约化、节约化、绿色化。可见，产业结构绿化的本质是产业经济的生态化与生态的产业经济化的一体化，是生态环境从经济发展的外在因素转化为内在因素，并在21世纪产业经济发展与产业结构优化升级中的基础作用日益增强。产业结构绿化现象发生在所有产业部门，是全部产业经济及整个国民经济的绿化①。

21世纪我国产业结构的调整优化升级的战略重点，是全面加强农业生态经济基础，加快传统农业向现代农业的转变；用知识化和生态化改造和提升传统第二、第三产业；加快创建以信息产业为代表的知识产业，使知识、信息产业绿色化；把大力发展高新科技产业作为我国产业结构软化与绿化的主攻方向；努力培植生态产业，推动绿色产业经济迅速发展等。产业结构绿化可以归纳为两个方面：一是生态产业（又称之为狭义的绿色产业）的兴起，它包括生态建设产业、环境保护产业及其资源产业；二是传统的第一、第二、第三产业和知识产业的绿化趋势日益加强，这是用生态化改造全部传统产业经济。在现实经济生活中，生态农业、生态工业、生态商业、生态旅游业、生态建筑等，都可以视为绿色产业即广义的绿色产业，是发展绿色经济的载体。因此，全面发展绿色产业，不仅要培育狭义的绿色产业，而且要大力发展广义的绿色产业，使各种产业经济绿色化。

要实现最低代价生态内生经济发展，必须大力发展绿色产业。发展绿色产业不仅要推动生态环保产业的发展，更要使我国传统产业朝着生

① 刘思华：《刘思华文集》，湖北人民出版社2001年版，第438—440页。

态化、绿色化的方向转变，以实现我国产业结构的绿色转型。关于绿色产业的定义，国际绿色产业联合会发表了如下声明："如果产业在生产过程中，基于环保考虑，借助科技，以绿色生产机制力求在资源使用上节约以及污染减少（节能减排）的产业，我们即可称其为绿色产业。"在学术界又存在狭义和广义之分。狭义的绿色产业是指生态产业，包括生态建设产业、环境保护产业及其资源产业；广义的绿色产业则是生态化的传统产业经济，包括生态农业、生态工业、生态商业、生态旅游业、生态建筑业等。绿色产业的兴起与发展是当今世界经济发展和后危机时代产业革命的实质与方向。

产业革命和工业文明催生了绿色产业的兴起。工业化所产生的效益及其成果是不可估量的，但传统工业所产生的"三废"对自然环境造成了巨大的污染。工业废气分为气体状态污染物和气溶胶状态污染物两大类，包括烟尘、黑烟、臭味、刺激性气体以及有害气体。工业废水包括含有各种各样的有机物、无机物、有毒物的废水，也包括含热、色、味的废水。工业废渣包括矿业废渣、冶炼废渣、煤灰渣及工业垃圾等。工业中的"三废"未经处理就排放，不仅会使得生态环境遭受破坏，人类的生存也面临着严重的威胁。大量职业病的出现以及由环境污染所诱发的其他病症，使人们的身心健康受到了极大的摧残。

工业化推动城市化向更高水平发展，城市化所带来的物质文明和精神文明促进了社会的发展。然而，随着城市数量的增加以及城市人口的急剧增多，城市里大量的生活垃圾对环境造成了极大的污染。我国是世界上垃圾包袱最重的国家，人均每年垃圾产量约为440千克。2000年和2001年，我国城市生活垃圾产量分别为1.18亿吨和1.35亿吨。城市历年的垃圾存量高达66亿吨，侵占了35亿多平方米的土地，已有2/3的大中城市被垃圾包围，有1/4的城市不得不把解决垃圾危机的途径延伸到乡村。城市垃圾的二次污染导致了城乡结合区域的生态环境急剧恶化。

在农业的工业化、科技化生产中，化肥和农药的大量使用虽然提高了产量并且比传统的方法更方便更见效，但农药和化肥的危害既严重又长远。农药不仅会破坏土壤的生态环境，并且农药所含的毒素将会随着生物链不断转移、沉积，一旦人们使用了带有农药残留物的食品，身体健康便得不到保证。此外，由于过分依赖化肥而使农田的土质遭到破坏，农产品的品质下降的例子屡见不鲜。

正是由于以上所述的诸多原因，使得人们在享受到工业化和城市化所带来的成果的同时，也从身边日益恶化的环境中反思工业化进程所带来的效应，并深刻地意识到绿色环保的重要性。总体上说，人类在维护生态平衡、保护地球家园上的共识推动了绿色产业革命的兴起。

进入21世纪以来，世界工业文明的发展进入了高速发展的轨道。一国经济的发展对石油、矿产资源的依赖程度更高了，而同时生态环境所遭受的污染和破坏程度是前所未有的。资源短缺、环境污染和生态破坏已成为了全球性的三大危机。其中“温室效应”受到人们的关注度及其引起的危害越来越大。相关研究指出，二氧化碳的排放速度已超出地球可吸收的速度一倍。目前，大气中的二氧化碳含量已达到380ppm（大气中二氧化碳的稳定含量应该维持在250ppm，即每百万大气分子中不多于250个二氧化碳分子），为210万年来最高值。1800年工业革命至今，二氧化碳的排放已经增长了2%。如果不能对温室气体的排放进行有效控制，气候将加速恶化，洪水和干旱天气将会频繁出现，甚至发生不可逆转的灾难性气候事件。

1989年联合国环境规划署提出了“清洁生产”的概念，其要点在于要求生产过程中采取整体性环境保护策略。“清洁生产”强调三个观念：(1) 清洁能源。节约和充分利用能源，利用可再生能源等。(2) 清洁生产过程。使产品制造过程中所产生的废弃物达到最小化。(3) 清洁产品。减少对不可再生资源的消耗，延长产品的使用周期等。清洁生产意味着提高生产技术，降低生产成本，其中蕴藏着巨大的商机。发达国家率先瞄准了这一重要的市场部分，掀起了世界绿色产业革命的浪潮。

在绿色机械工业领域，出现了汽车工业的绿化和工业废气、废渣、噪声治理控制大型机械制造的绿化。自20世纪80年代以来，发达国家便加紧了对绿色汽车工业领域的研究与开发，取代汽油而依靠电力和其他能源驱动的汽车，已开始在日本和美国进入产业化阶段。对传统的汽车尾气起到净化作用的处理器的生产业，不但没有加大汽车制造商的生产成本，相反，在以保护自然环境为目标的行为受到政府和消费者称赞的同时，更令其获得了可观的经济效益。近年来，各国积极倡导节能减排的环保目标，全球汽车工业在新能源汽车方面做出了进一步的技术创新，主要包括对清洁柴油、灵活燃料和生物燃料、混合动力、氢气内燃机以及燃料电池等替代能源及新动力技术的开发和运用。在机械制造业，主要涉及化工、冶金、供暖、汽车、造纸、建筑业等领域。美国、日本、德国等发达国家已处于世界领先地位。

在绿色能源产业领域，从20世纪90年代以来，发达国家一方面对众多的燃煤电厂进行了脱硫和烟尘治理，有效减少了废气的排放量。另一方面，美国、日本等国家通过对燃煤电厂进行脱硫除尘技术的研究和开发，不仅为本国的环境保护做出技术和产品上的创新，同时，在向发展中国家提供技术与产品中取得了高额的利润。目前，各国加紧了对新能源的研发力度，并将新能源作为未来重点发展的产业，主要包括对风能、太阳能、生物能、智能电力系统、核裂变、二氧化碳捕集、运送和贮存等运用技术的研究。此外，农业、旅游、商业等产业领域的逐步绿化推进了绿色产业在更大范围内的扩展和延伸。

（三）全面发展绿色产业，加快绿色产品（包括绿色食品）发展，推进产业结构的生态化，实现最低代价生态内生经济发展

产业结构绿化的关键是大力发展绿色产品，对产品“从摇篮到坟墓”的全程进行绿化控制，这是包括生产、加工、运输、销售、消费的全过程对生态环境无污染、无破坏或污染最轻、生态破坏很少的绿色产品。

首先，大力发展绿色产业，鼓励绿色产品的生产。所谓绿色产品是指其在营销过程中具有比目前类似产品更有利于环保性的产品。狭义而言，绿色产品是指不包括任何化学添加剂的纯天然食品或天然植物制成

的产品；广义上它是指生产、使用及处理过程符合环境要求，对环境无害或危害极小，有利于资源再生和回收利用的产品。将绿色产品逐步取代传统的同类产品，并扩大绿色产品的涵盖范围，能够有效地起到减少污染的作用。绿色产品是绿色产业的主要内容和绿色经济的重要基础，没有绿色产品就谈不上发展绿色产业，更谈不上发展绿色经济。绿色产品可以分为两类：一类为非食品的绿色产品，即穿、用、住、行、医、保健等方面的消费品；一类为可食用的绿色食品。国际上绿色产品的发展十分迅速。1985 年全球开发出的绿色产品仅占新产品总数的 0.5%，到 1990 年上半期已上升到 9.2%，增长了 18 倍。进入 20 世纪 90 年代后，绿色产品在发达国家迅速发展，而且发展势头不减。发达国家的绿色产品主要集中在食品、电器、汽车等领域，例如，世界上对“绿色汽车”的积极研制，照相机的回收处理，低汞或无汞的“绿色电池”等。当前我国食品安全问题非常严重，大力发展无污染、安全、优质、营养类的绿色食品，确保人体生态健康和自然生态健康，是全面落实科学发展观，实现经济社会的科学发展的客观要求与必然进程。

其次，改进和创新生产技术，加强对高新技术产业的发展。我国生产企业普遍存在经济效益低下、利用资源的效率不高等状况，生产的大部分产品都属于粗加工，其技术含量低、附加值也很低。中国制造仅凭廉价的劳动力和廉价的资源所形成的低价格“优势”，难以长期维持，也不利于我国出口业的持续发展。改进和创新生产技术以提高对资源的利用效率，并减少污染物的排放，是我国工业化过程中所应着重转变的。同时，高新技术产业的发展可提高我国产品的国际竞争力，使生产产品的能源消耗量降低。

最后，加大发展第三产业的力度。改革开放以来，我国第三产业发展得很快，但存在总量偏小和行业结构不合理的问题，发展水平滞后。目前，绝大部分发达国家的第三产业比重在 70% 左右，大部分发展国家在 50% 左右，而我国的第三产业比重长期徘徊在 30% 至 40% 之间。第三产业的发展不仅可以增加我国国民生产总值，也使每单位 GDP 所耗费的资源大大降低了。

（四）全面发展绿色产业，既是我国绿色产业发展的中心环节，又是绿色经济发展的战略重点

我国绿色产业经过20多年来的发展所取得的成绩是有目共睹的。据国家环保总局统计资料显示，2006年，对全国76185家工业企业进行调查得出以下数据，所调查的企业的工业总产值达到14.3万亿元，占当年GDP的67.8%。企业中共有26.8万人专职从事环境保护工作。这些企业共有7749套废水污染物在线监测器；7.6万套废水治理设施，去除化学需氧量等污染物1203万吨，投入设施运行费388.5亿元，比上一年增加40.4%。约240.2亿吨工业废水通过67074个污水排放口（其中含1156个直接排入海的污水排放口）排入环境中。在用的8.0万台工业锅炉和8.3万台炉窑，共安装了3028套废气污染物在线监测仪器、15.5万套废气治理设施，投入设施运行费464.4亿元，比上一年增加73.9%。这些治理设施共去除烟尘23565套，去除二氧化硫1439万吨。

截至2006年年底，全国共有城市污水处理厂939座，比2005年增加175座。城市污水处理率为57.1%。我国已建各种类型、不同级别的自然保护区2395个，总面积达15153.5万公顷，约占国土面积的15.8%。全国排污费征收总额达到144.1亿元，比上一年增加17.0%。全国环境污染治理投资2566.0亿元，比上一年增加7.5%，占当年GDP的1.22%。

另有数据表明，中国“十一五”期间对环保产业的投资力度进一步增大，主要的环保目标为实现单位产值能源消耗五年降低20%；主要污染物排放总量五年减少10%；将GDP年均增长速度从“十五”期间的9.5%降为7.5%。我国的工业污染防治方面正朝着清洁生产的方向发展。国家提供专项资金，重点扶持7个行业的100个项目，它们包括造纸及纸制品业（纸浆造纸）、食品及饮料制造业（酿造、发酵）、化工原料及化学制品制造业、纺织品业（印染行业）、皮革制造业（毛皮鞣制业）、黑色金属冶炼及压延工业（钢铁行业）及医药业。针对节能减排，国家

又制定了一系列政策措施。先后推出十大重点节能工程、重点流域工业废水治理、城市污水处理设施等建设。

在新能源发展方面，中国太阳能产业规模目前已位居世界第一，是全球太阳能热水器生产量和使用量最大的国家和重要的太阳能光伏电池生产国。到2005年，全国约有1000多家太阳能热水器生产企业，年总产值近120亿元，已形成较完整的产业体系，从业人数达20多万人。另外，中国光伏电池及组件生产厂已有20多家，年生产能力约150万千瓦。随着国内太阳能硅材料生产能力和技术水准的提高，中国将形成较完备的光伏制造产业。据国家发展改革委资料，到2010年，中国太阳能发电总容量将达到30万千瓦，太阳能热水器总面积将达到1.5亿平方米，太阳能利用年替代3000万吨标准煤。

我国绿色产业在近年来发展迅速，在国民经济中所占的比重也越来越大。但我国绿色产业起步较晚，相对发达国家而言发展比较滞后，由于受到多种因素的制约，还存在着不少问题。

首先，我国绿色产业相对于其他传统产业而言属于幼稚产业，规模较小，产品品种较单一。目前我国的绿色企业以中小国有企业和集体企业为主，整个绿色产业的基础薄弱，产品趋同较为严重，企业间缺乏合作，且投资比较分散，规模效益差。

其次，拥有自主知识产权的核心技术装备很少，具有国际影响的企业品牌尚未形成。我国绿色产业技术水平与国际水平存在相当大的差距，主要产品中有35%到40%的产品仅相当于国际上20世纪六七十年代的水平，国内生产的3500种环保机械产品中达到国际水平的仅有5%左右，有40%的产品技术含量较低，绿色产业发展过程中的科研成果的转化率仅仅占20%到25%。绿色产业的从业人员素质不高，再生能源以及新能源技术方面的人才很少。这些都造成了绿色产业的科研与生产脱节、生产与销售脱节的混乱状况，制约了绿色产业的快速发展。

最后，我国绿色产业内部结构不合理。在我国绿色产业中环保产业所占份额较大，绿色食品产业发展速度很快，但绿色服务业与绿色贸易发展得很慢。从各产业的内部结构看，存在着严重的各自为政、盲目生产现象，导致有些产品供过于求的结构性过剩，而有些产品则依靠进口①。

一国绿色产业发展的程度如何，不只是关系到环境保护的问题，更决定了在未来的世界经济格局中一国的地位以及可持续性发展的成败。随着我国经济实力的提高，我国的国际地位也日益上升，作为一个负责任的经济大国，其一举一动都将受到世界各国的关注与监督。只有将绿色产业的发展真正融入当前的经济建设中，才符合世界经济发展的潮流。同时，作为一个资源相对有限、人口众多的发展中国家，我国在工业化和城市化不断加速的发展进程中，所面临的资源约束及环境污染问题异常严峻。许多发展的问题也是发达国家在工业化的过程中未曾出现过的。我国所面临的情形要更加复杂。因此，应结合我国实际发展的特征，来探求实现经济增长与生态环境和谐共存的道路。结合我国绿色产业目前的发展状况，提出以下几个方面建议。

第一，尽快改变我国绿色产业总体规模偏小、企业分散的局面。应积极引导传统过剩型产业向绿色产业转移，推动产业内部企业的兼并联合，同时鼓励大中型国有或民营企业进入绿色产业。由于绿色产业是综合性的高新技术产业，也是一个投资大、投入产出周期较长的产业，所以在扶持绿色产业发展的同时还应加大相应的投入。此外，逐步建立起绿色产业的产品研究、生产、销售相结合的产业化模式，推进绿色产品标准的认证工作，营造绿色产业发展的良好市场环境也是保证绿色产业健康发展的必要条件。

第二，加强绿色产业技术的创新与进步。通过科技创新改造传统产业，推进产业结构的换代升级，淘汰那些高耗能、高污染、低产出的工艺技术，开发废物再利用技术。在学习和引进国际先进技术的基础上，要增进技术转化与吸收，同时，还应加大对我国环保产业核心技术的自

① 马晓红、陈新川：《中国绿色产业发展问题研究观点综述》，《经济纵横》2005年第12期。

主研发力度。使我国的绿色产品的技术含量逐步提高，增强我国绿色产品的国际竞争力。

第三，推动绿色产业的全面发展。这不仅要求使我国传统产业向绿色化、高效化转型，也要求积极推动生态环保产业的发展。我国在注重发展狭义的绿色产业的同时，也应当注重工业、农业、服务业、旅游业等传统产业的绿色化，即广义绿色产业的发展。因为绿色产业的覆盖面和涉及范围如此之广，只有多领域、多层次地推进绿色化的进行，才能真正使得我国绿色产业较为全面的深入发展，才能实现我国经济平衡稳定的增长。

第四节　我国实现最低代价生态内生经济发展的基本思路（下）

一、创建生态市场经济体制，为实现最低代价生态内生经济发展提供制度基础与体制环境

任何形式的经济增长与发展，都是在一定的制度基础与体制环境下实现的。包括我国在内的最高代价经济增长是与传统的、非持续性的经济体制相适应的。长期以来，无论是发达国家，还是发展中国家，从总体来说，多数国家的经济发展模式、经济体制及运行机制，都是以生态与经济相脱离为基本特征的，因而现存的资本主义国家的现代市场经济和社会主义市场经济的“主导模式都排除了生态环境成本”，使现代经济运行与发展往往不能反映生态学的真理，必然是在创造经济生产力的同时，破坏乃至消灭生态生产力，有悖于人的内在自然和外在自然的和谐发展，尤其是有悖于人的身心健康和生命安全。在这样的非持续性经

济体制（包括传统市场经济体制和传统计划经济体制及现代市场经济体制）环境下，经济增长必然要付出极高的人、社会和自然生态代价。正是在这个意义上说，这也正是经济高增长的制度成本或制度代价。正因为如此，我们说在传统的、非持续性经济体制下，是不可能实现最低代价生态内生的经济发展的。那么什么样的经济体制适合于最低代价生态内生的经济发展呢？这就要求我们构建的经济体制最终不仅要反映经济学真理，还要反映生态学真理。能够满足这种要求的经济体制，就是可持续性经济体制，这是一种符合生态文明发展要求的崭新的经济体制，是生态与经济一体化的经济体制，它的运行是要把现代经济发展转移到良性的生态循环和经济循环的轨道上，实现现代经济发展真正成为经济发展生态代价和社会成本最低的经济，更适于现代经济发展的需要，更有利于减少现代经济发展的代价。

然而，当今世界各国还没有一个国家建立起可持续发展经济体制。正如德国学者所指出的："迄今为止，还没有一个国家拥有一个围绕关注环境而组织的市场经济，德国也不例外。"[①] 日本学者岩佐茂认为，不仅资本主义在21世纪能否存在下去，而且社会主义国家能否达到发展目标，都要取决于能否实现环境掠夺型经济体制向环境保护型经济体制的转换。而在我国应当是"由传统计划经济向现代市场经济体制的转变，非持续发展经济体制向可持续发展经济体制的转变，是一个问题的两个方面，应该说是同步进行的。所以，我们在推进计划经济体制向社会主义市场经济体制转变过程中，一定要彻底扬弃和超越传统的市场经济体制，创建一个具有中国特色的可持续发展经济体制。"[②] 这就是要建立生态市场经济体制。

生态市场经济体制是生态内生的、生态与经济一体化的现代市场经济体制，它既是一种新的经济体制，又是一种新的经济形态，必将成为21世纪的主流经济形态。孟宪忠先生在《论生态市场经济》一文中认

① 吴晓东等译：《人类需要多大的世界 MIPS》，清华大学出版社2003年版，第146页。

② 刘思华：《可持续发展经济学》，湖北人民出版社1997年版，第354页。

为，生态市场经济是对自由市场经济的现实超越与理论超越，反映了人们在经济发展模式发展理论上的提升。他把生态市场经济的主要特征归纳为八个方面[①]，生态市场经济不仅是对社会的生产方式，而且是对人的消费方式、生活方式、发展价值的规约与提升。因此，发展生态市场经济是中国发展的必然选择，也是人类发展在21世纪的必然选择，即生态市场经济体制更适合于最低代价生态内生经济发展所要求的经济体制及运行机制。现在，我国社会主义市场经济体制基本上建立起来了，需要进一步完善与发展，这种完善与发展的主攻方向和根本任务，就是推进持续性经济体制向可持续性经济体制的根本转变，创建中国特色的生态市场经济体制，为实现最低代价生态内生经济发展提供制度基础与体制环境。

现代经济活动的高度社会化与全球化，使现代市场运行与发展出现了一些新情况、新问题，因而它的体制与机制的某些特点，越来越具有超越国家、民族、社会政治与经济制度的特点，成为世界现代经济运行与发展的共同性重大问题。在当代，不管是资本主义社会还是社会主义社会，现代市场经济制度，都应当是市场机制与政府干预两手并用、相辅相成的现代市场经济体制机制模式。它具有全球性和不可逆转性，已成为发达国家和发展中国家现代市场经济发展共同的选择。因此，社会主义市场经济与资本主义市场经济的根本区别，不在于是不是两手并用的、国家宏观调控的现代市场经济体制机制本身，而在于两者的出发点、所有制基础、机制结构、终极目的的不同。邓小平同志曾经明确指出：计划多一点还是市场多一点，不是社会主义与资本主义的根本区别。计划经济不等于社会主义，资本主义也有计划；市场经济不等于资本主义，社会主义也有市场。计划和市场都是经济手段。这就告诉我们：市场机制与国家宏观调控即政府干预与监管，都是经济手段即调节机制，两者既可以运用于社会主义，也可以运用于资本主义，它们本身并不能反应

① 孟宪忠：《论生态市场经济》，《社会科学战线》2001年第3期。

现代市场经济的社会主义性质或资本主义性质。当美国政府实施大规模的市场救援行动时，西方媒体和人士惊呼：美国“已经正式地跨越了从资本主义到社会主义的红线”。它们宣称，正如中国建设中国特色的社会主义经济一样，美国也在建设美国特色的社会主义经济等等。这些论调，只看到表面现象，没有抓住问题的本质，是错误的。因此，我们认为，现代市场经济体制的资本主义和社会主义的本质区别主要有以下几点：

第一，两者的出发点不同。当代资本主义市场经济体制是以发展物质生产力，获取物质财富，满足人的物质需求和资本占有者发财为基本出发点的制度安排，而当代社会主义市场经济体制，是以发展全面生产力，获取物质精神生态财富，满足人的全面需求和增进广大群众福利为基本出发点的制度安排。

第二，两者建立的基础不同。当代资本主义市场经济体制是建立在资本主义私有制基础之上的，而当代社会主义市场经济体制是建立在以生产资料公有制为主体的基础之上的。因此，毫不动摇地坚持社会主义公有制的主体地位，尤其是国有经济的主导地位与作用，是社会主义与资本主义市场经济制度的本质区别。

第三，两者机制结构不同。当代资本主义市场经济体制是市场机制与政府干预互动互补的二元机制结构模式，而当代社会主义市场经济体制是以道德机制为指导的市场机制与政府干预互动互补的三元机制结构模式。在此，做几点简单的说明：国内外现代市场经济运行与发展实践，尤其是2008年我国发生的“三鹿奶粉”事件和山西矿库溃坝事故的沉痛教训告诉我们，企业商家的道德沦丧、利欲熏心与唯利是图，加之政府监管不力与失职，就等于人民群众的灾难。包括生态道德在内的社会与职业道德，已成为现代市场经济健康运行的重要制约因素，是保证现代市场经济发展沿着社会主义方向前进的基本保障。资本主义自由市场经济是“不道德”的经济，这种制度是不讲道德的、掠夺性的市场经济制度。主要表现为物质生产力的发展是建立在三个方面的代价的基础上的，即精神生产力的牺牲。生态生产力的牺牲和人的生产力的牺牲也就是人的生命与身心健康的牺牲。只有以道德机制为指导，才能克服市场机制的弊端，清除政府干预的缺陷，保证社会主义市场经济的科学发展、和谐发展和绿色发展。因此，社会主义市场经济制度必须建立起以道德机制为指导，市场机制与政府干预、监管三手并用、互动互补的现代市场经济体制的"三元机制结构"。

第四，两者的终极目的不同。当代资本主义市场经济发展是为了实现资本、利润的最大化，保证资本占有者和经营者最大限度地占有经济发展的成果。因此，人和自然都异化成为实现这个终极目的的手段。而当代社会主义市场经济发展既要保证满足全体人民的可持续生存与全面发展的需要，又要保证满足非人类生命物种可持续生存与生态系统健康发展的需要，人和自然都是经济发展的终极目的，这是区别社会主义和资本主义两种现代市场经济制度的根本标志。

总之，21 世纪中国特色的现代市场经济制度，是以道德机制为指导的、市场对资源配置起着基础性调节作用的、政府干预与监管对经济社会发展发挥主导性调节作用有机结合的，从而形成国家调控型的现代市场经济可持续发展体制机制。它在本质上是中国特色社会主义生态市场经济制度。

在此，笔者还要对中国特色社会主义生态市场经济道德机制作一点简要说明。中国特色社会主义生态市场经济的道德特性不仅存在于人与人、人与社会之间的道德要求，而且存在于人与自然之间的道德要求，从而把生态发展、经济发展、社会发展有机统一起来，实现生态效益、经济效益、社会效益的最佳统一。因此，发展生态市场经济的道德理念，是建立在生态道德、经济道德、社会道德有机整合的多重道德的复合型道德之上的。所以，中国特色社会主义生态市场经济所包含的道德特性必须是生态道德、经济道德、社会道德于一体的生态经济社会道德，是实现生态、经济、社会可持续发展的重要道德力量，反映着国际金融危机与世界资本主义经济危机之后的现代市场经济发展的客观要求与必然趋势，更是体现了中国特色社会主义生态市场经济发展的客观进程和必然趋势。这是从可持续发展经济学来说的。当我们从生态经济学来说，“如果说一般意义上的生态道德重在协调和处理人与自然之间的关系，关注的利益是整体的长远的，一般意义上的经济道德重在协调和处理人与人、人与自然之间的经济利益关系，关注的利益是现实的可欲求的，那么生态经济道德则将人与自然的关系同人与人、人与社会的关系联系起来作一体化思考，使现实的利益具有同长远利益相结合的意蕴，使长远利益立于现实利益的基础之上。”[①] 因此，按照生态经济协调可持续发展理论来说，中国特色社会主义生态市场经济道德机制是生态、经济、社会道德机制有机统一的复合型道德机制。

二、实现最低代价生态内生经济发展，不仅要制度创新而且要科技创新

从理论上说，科学技术是经济增长与发展的内生变量，是生产力发展的一个重要源泉，因而技术进步成为实现经济增长与发展的决定因素之一。从实践上看，一些发达国家，以科技创新为核心，科技进步对经济增长与发展的贡献率已达到60%以上，甚至80%，并随着科技水平的提高呈现递增的趋势，已成为经济增长与发展的主要源泉。因此，实现最低代价生态内生经济发展，是离不开科技创新的。

（一）科技创新是科学创新与技术创新的总称，也就是知识创新

我们可以说，与工业文明时代相对应的创新概念是技术创新，而与知识经济与生态文明时代相对应的概念应当是科技创新。科技创新往往是采用科学技术上新发现或新发明的结果。当今人类社会发展正处于由工业文明向生态文明的转变，物质经济向知识经济的转变，在这种历史条件下，作为有着自身特点与国情的社会主义大国，发展中的中国，是不可以选择资源依赖型和对外依附型的经济发展模式的，必须走自主创

① 卢风等：《现代发展观与环境伦理》，河北大学出版社2004年版，第274—275页。

新发展之路，努力建设创新型国家。这是我们党和国家从当今世界和中国发展的全局与战略高度出发，对未来我国发展所作出的具有重要历史意义的重大决策。2005年10月，胡锦涛同志在党的十六届五中全会上，明确提出了建设创新型国家的重大战略思想；2006年1月，在全国科学技术大会上指出，要坚持走中国特色自主创新道路，用15年左右的时间把我国建设成为创新型国家。他还强调了建设创新型国家的核心，就是把增强自主创新能力作为发展科学技术的战略基点，作为调整产业结构、转变经济增长方式的中心环节，作为国家战略贯穿到现代化建设各个方面，走出一条中国特色的自主创新道路，推动科学技术的跨越式发展。可见，创新型国家一般来说，是指将科技创新作为国家基本战略，大幅度提高科技创新能力，使科技进步贡献率达70%以上，对外技术依存度在30%以下，推动国民经济又好又快发展。

建设创新型国家，增强自主创新能力，是建立最低代价生态内生经济发展模式，解决我国当前面临的突出矛盾问题的迫切需要。改革开放以来，我国经济增长突飞猛进，一跃成为世界上第二大经济体，但总体上依赖资金高投入、资源高消耗、环境高污染的状况没有根本改变。仍然是以牺牲多数人民群众和子孙后代的利益换取一时的经济增长，这样的发展难以为继；牺牲稀缺而宝贵的资源环境参与国际分工和竞争，这样的代价太大，过于高昂。因此，提高自主创新能力是转变经济增长方式和推进产业结构调整与升级的中心环节。只有通过增强自主创新能力，提高科学技术水平及科技进步贡献率，进一步调整产业结构，转变经济增长，推动经济增长从资源依赖型转向创新驱动型，才能实现最低代价生态内生经济发展。

（二）现代科学技术的生态化，即现代科技的绿化，促进绿色科技的发展，这是现代科技和现代经济社会发展的大趋势

现代科技的绿化，使现代科技的基本职能和价值目标，由单纯开发利用自然向开发利用自然中有效保护与着力建设自然的根本转变，这是有害生态环境的生产技术向无害生态环境并能保护建设生态环境的生产

技术的根本转变。因此，科技创新就必须围绕着节约资源保护环境、改善生态、建设自然而进行。进行科技创新就是要创新技术形式，新的技术形式集中表现为可持续技术形式，这是现代科技进步与创新的新方向。因此，21世纪的新的技术形式是生态技术，又叫绿色技术。它是对生态环境无害的技术，或对生态环境安全的技术。因而，生态技术在本质上是可持续技术形式。科技创新的战略重点，应当是绿色科技创新。就现代企业来说，技术创新首先应当是绿色技术创新，大致分为三种类型①：一是可持续发展的工艺技术创新，即绿色工艺技术创新，这是绿色技术创新的关键所在；二是可持续发展的设备技术创新，即是绿色设备技术创新，这是绿色技术创新的重要环节；三是可持续发展的产品技术创新，即是绿色产品创新，这是绿色技术创新的最终体现。就发展循环经济而言，其技术支持系统包括清洁生产技术、替代技术、减量化技术、再利用技术、资源化技术、无害化技术、系统化技术、环境检测技术等。

1. 清洁生产技术。清洁生产是企业通过产品的生态化设计、能源及原材料的选择、先进生产设备及生产工艺的选择、生产过程的全面管理、物料内部多次循环利用等过程，实现资源利用效率最大化和污染物排放最小化的一种工业生产方法。而清洁生产技术就是支持企业推行清洁生产的先进技术。中国政府已分别于2000年、2004年和2006年先后发布了三批《国家重点行业清洁生产技术导向目录》，针对冶金行业、石化行业，化工、轻工、纺织、机械、有色金属、建材等重点行业，经过组织有关专家认真筛选、审核的基础上，确定了141项清洁生产技术，对于企业推行清洁生产具有重要的指导意义。随着科学技术的不断进步，政府管理部门今后还需及时了解各行业技术创新动态，引导各行业企业及时淘汰落后技术，使用最新的清洁生产技术。

2. 替代技术。替代技术是通过开发和使用新资源、新材料、新产品和新工艺等，替代原来所使用的资源、材料、产品和工艺，以提高资源

---

① 刘思华：《企业经济可持续发展论》，中国环境科学出版社2002年版，第174—175页。

利用效率，避免或减轻生产及消费过程对环境压力的技术。从本质上讲，替代技术就是新资源、新材料、新产品和新工艺等得以产生的技术。目前，国内外现有的替代技术主要涉及利用太阳能、风能、水能等清洁能源替代传统能源，既延长了资源的使用年限，又保护了生态环境；利用现代生物技术生产新材料、新产品，如生物柴油、生物农药等；利用新的生产工艺替代传统生产工艺，节约能源和原材料，提高生产效率，减少废弃物的产生。

3. 减量技术。减量技术是指用较少的物质和能量消耗来实现既定的生产目的，在生产过程中节约资源并减少污染的技术，如各种节能技术、节水技术等。减量技术是对循环经济减量化原则的具体落实，从生产源头减少进入经济系统和社会系统的资源数量。

4. 再利用技术。再利用技术是能够延长原材料或产品的使用周期，通过多次反复使用，减少资源消耗及废弃物产生的技术。再利用技术也是企业的标准化、生态化设计与生产技术，经过企业对其产品的标准化、生态化设计，当产品整体报废时，其部分零部件仍然可以继续使用，用于生产新的产品，从而实现多次利用。

5. 资源化技术。资源化技术是指能够将生产或消费过程产生的废弃物再次变成有用的资源或产品的技术。资源化技术在循环经济发展中非常普遍，它是针对具体产品而言的，不同的产品需要不同的资源化技术，具体包括废纸的资源化技术、电子垃圾的资源化技术、废旧轮胎的资源化技术、废旧电池的资源化技术、废旧机电装备的再造技术等一系列专项技术。资源化技术不仅能够促进废旧资源和产品的再生利用，而且能够延伸产业链条，产生客观的经济效益、社会效益和生态效益。

6. 无害化技术。无害化技术主要是指将生产或消费过程产生的无法资源化且对生态环境有害的废弃物，在排放到生态系统前将其进行无害化处理的技术，以及已遭受污染破坏的生态环境的修复技术。如工业企业的脱硫技术、颜料排放前的无害化处理技术、污染河流的治理技术等。无害化技术是对生态环境的保护技术，目的是缓解各种废弃物对生态环境的破坏力。

7. 系统化技术。系统化技术是从系统工程角度考虑，通过技术、产品、产业等的优化组成，成为一个运行效率更高的复合系统，从而实现各类生产要素的优化配置和高效利用的技术。这一技术最明显的体现是生态型产业园区的建设和运行，借助于园区这一平台，以产业链为主线，以各企业为主体，按照生态规律将这些企业组成一个和谐共赢的全新系统。

8. 环境监测技术。环境监测技术是监测有害物质排放量以及分析已排放有害物质的成分和含量的技术。没有该项技术的支持，企业和居民有害物质的排放量就无法准确测量，具体的治理整改措施就难以制定；没有该项技术的支持，已排放到生态系统的有害物质的成本就难以分析，生态系统修复的难度将明显提高。

（三）知识经济与可持续发展经济，是真正的创新经济

这种现代经济发展将在越来越大的程度上依赖于制度、技术、生态、文化等各种类型的创新。特别是企业的技术创新为企业全面创新发展提供知识、信息条件和技术基础，才能使企业作为知识经济发展的创新主体。然而，当前我国多数企业技术装备落后，生产技术水平低，自主创新能力弱尤其是企业技术进步的不完善和技术开发利用的局限性，使企业技术应用沿着“反自然”的方向发展，以损害生态环境的方式来实现经济增长，造成企业生产经营普遍存在着能源资源消耗高、浪费大、利用率低而加剧了资源短缺、环境污染、生态破坏。这就需要首先确定企业技术创新的主体地位，这是建立和完善企业和国家创新体系的迫切需要，是建设创新型国家和增强自主创新能力的根本前提。与此同时，要明确现代企业技术创新的新方向。可持续技术是现代科技进步与创新的新方向，更是现代企业技术创新的新方向。因此，我们必须努力提高企业的绿色技术创新能力，推进非持续技术向可持续技术的转变，这是传统技术经济范式向绿色技术经济范式的转变。传统技术经济运行模式是“原料—产品—废料”，是以大量消耗资源和大量排放废弃物为特征的，

是高消耗、低效率、高污染的生产技术系统，因而最终经济发展是非持续的。可见，传统技术经济范式的根本缺陷是科技与经济相脱离，形成企业科技与经济两张皮；科技与生态相对立，形成科技与生态两张皮。要从根本上解决这两个两张皮的问题，根本出路就是创造新的技术形式，建立新的技术经济范式，即大力发展绿色技术，创建绿色技术经济范式。它在本质上是最低代价生态内生的技术经济范式。它的运行模式是“原料—产品—剩余物—产品”，以耗费物质最少化和排放废弃物最少化为特征，是低消耗、高效率、少废物甚至无废物、少污染甚至无污染的企业生产技术系统，因而最终使企业经济具有可持续性。这是21世纪现代企业技术创新的战略任务。

三、逐步推进生态环境成本内在化，使市场反映商品与服务的全部成本

笔者曾在《中国绿色外贸战略》一书中指出，生态环境成本既是微观经济学的范畴，又是宏观经济学的范畴。当今世界经济与发展总体上是朝着绿色经济与绿色贸易的方向发展，生态环境内生化趋势日益凸显，生态环境作为经济发展的内在因素纳入一国的生产要素禀赋体系之中，使之成为一个同其他生产要素并重的新的要素；在微观上使改善生态环境成为企业生产经营活动的战略目标。这样，在任何社会产品和服务与再生产过程中，生态环境均是一项不可缺少的生产要素，都存在着生态的生产环境成本内在化的问题。这是无法回避的客观现实。而生态环境问题所涉及的环境保护（包括预防）、环境污染治理，资源可持续利用、生态建设，大都与实物相关，因而能够进行经济计量，这也是客观存在的。

物质资料的生产是整个人类社会生存和发展的基础，是最基本的实践活动，其生产的目的是满足人们日益增长的物质和精神需求，但人的需要作为实践开始的驱动力、推动人积极地实践的内在动机和通向实践

目标的决定环节，可能使实践的主体错误地使用自身的自然力，从而在实践的主体与实践的客体相互作用的限制和超越关系中异化了实践的目的性、扭曲了实现目的的方法和夸大了实践的非理性因素，因此破坏了实践主体性和客观性之间本质的联系，生态环境破坏作为人类生产和消费循环中的负效应产物正是这一现象的表征。

人的劳动是连接成本发生过程与价值创造过程的纽带，是有动因的消耗资源的活动。当劳动的异化广泛存在时，污染的外部成本就会不断地积累，协调生产与环境的能力将逐渐衰竭，通过市场和干预的手段推动"环境改善"与"经济增长"双赢的努力也失去了前提。所以，只有通过人的劳动如何贯穿价值创造过程来认知生态环境成本，通过劳动类型差异如何影响价值创造结果来区分生态环境成本，通过劳动目的如何推动价值创造过程来确认生态环境成本，生态环境成本内生化才有了坚实的理论基础，才能清晰地认知生态环境成本的流转过程、属性分类和经济后果。从这个意义上讲，生态经济价值理论恰好为分析生态环境成本提供了最理想的框架，它基于劳动价值论的基础，并将人类劳动向生态系统延伸，强调人们的社会必要劳动和生态产品的结合创造了生态经济价值，而人类劳动在经济系统中凝聚成正商品价值的同时也可能在生态系统中凝聚成破坏生态功能的负生态价值，从而构筑了理解经济价值、生态环境成本与人类劳动关系的新思路，应成为建立生态环境成本内生化模型的理论基础。

（一）生态环境成本的构成

1. 自然资源的有偿使用费。自然资源具有有限性或稀缺性及所有权的垄断性，因而要获取其使用价值就必须购买它的所有权或使用权。

2. 维护生态环境的费用。这是指为了使生态环境能保持在一定的质量和数量水平上，使其能适应社会经济发展的需要，保持社会经济与生态环境的协调发展，而采取相应的维护措施，需要支出的费用，如为防止水土流失和沙漠化支出的费用。

3. 损害费用补偿及损害治理费用，损害费用补偿指由于环境污染和生态破坏本身造成的损害所带来的费用补偿，如废弃物倒入河流而引起对农业及人畜损害所带来的费用补偿。损害治理费用则是指生态环境被破坏，要减轻以至消除环境破坏带来的损害，需要支出治理损害的费用。

4. 预防费用。人们在进行社会经济活动过程中，为了避免产生可能的环境污染和生态破坏，建设和安装各种预防性设施或采取其他预防性手段所支出的费用。

5. 人为破坏生态环境造成的损失。已经造成的损失，难以在短期内甚至在长期内得到治理、弥补和恢复。虽然不是人们的直接经济支出，但是损失意味着资源的损耗、财富的减少。

（二）生态环境成本内生化的理论基础

解决这些问题，需要推进生态环境成本的内生化，但生态环境成本内生化的过程和方法也比其他经济领域更易引起争论，这不仅因为其计量的困难性，还在于内生化过程涉及生产、交换和消费的各个环节，必然引起各利益主体激烈的反应，而更重要的是，缺乏一个坚实的理论基础来确立和扩展生态环境成本分析的框架。

人们通过多种途径来解决经济活动的外部成本，治理环境污染，遏制生态恶化。诸如根据庇古的“外部效应内部化”理论，征收“庇古税”来恢复社会成本和收益的边际条件，达到减少污染环境的目的；按照“科斯定理”将原属于社会承担的成本，通过产权明晰，使外部成本内部化；还有根据“环境库兹涅茨曲线”理论、“环境资源的最大最小”理论等来解决经济活动的外部效应问题。这些理论和方法都是在不触动现存的经济体系与发展模式的条件下，来解决经济发展不可持续性问题，虽然对于遏制环境污染和生态恶化迅速扩展起到一定作用，但不能从根本上解决问题。值得我们重视的是，这些办法不仅加大整个经济运行的成本，而且在运行过程中又使资源再次消耗，再次付出了资源代价与环境成本。生态经济学或环境经济学在纠正了现代市场运行中市场价格扭曲的基础上，提出了生态环境成本内在化理论，而可持续发展经济学又把这个理论纳入生态环境要素禀赋的理论框架，与可持续发展经济的规范相结合①。表面上它只是产品和服务的价格变化，而实质上是现代人类价值观的一个飞跃。这就是承认生态环境资源不仅具有外在价值，而且具有内在价值，开发利用与消耗破坏生态环境是要补偿的，是要付费的。其大小多少取决于它们的稀缺程度和开发利用、废弃全过程中生态环境风险程度。

生态环境成本内在化是现代经济体系健康运行与可持续发展的必然要求。无论是一国经济还是世界经济的可持续发展，都要求世界各国在推动环境全球化和经济全球化融合发展进程中，必须努力消除生态环境成本外在化，使产品和服务的价格包含生态环境成本，这实质上就是使商品和服务的市场价格绿化，即绿色价格。只有这样，才能让市场价格反映生态学的真理，逐步实现生态环境成本内在化，即生态环境外部性内在化，这是现代经济体系健康运行与可持续发展的客观要求和必然趋势。

（三）生态环境成本内部化——商品和服务的市场价格绿化

1. 绿色价格的形成及影响因素。绿色价格包括两方面：一是根据“环境和资源的有偿使用”的原则，把企业在生产绿色产品过程中，用于保护生态环境和维护消费者健康而耗费的支出计入成本；二是根据“污染者付费”的原则，通过征收污染费来增大非绿色产品经营成本，避免非绿色企业因污染环境而降低成本，取得成本优势和价格竞争力。简言之，即绿色价格高于非绿色价格。绿色价格有市场基础绿色时代的到来引起消费需求的变化，消费者越来越关心产品的安全性和科学性，越来越清楚地意识到环境保护的重要性，致使人们的思维方式、消费心理和消费行为发生变化。

绿色价格的形成也受自身内在因素和外在因素的影响，具体表现在以下三个方面：第一，绿色质量和绿色成本。众所周知，质量和成本都是产品价值的重要组成部分。由于绿色产品有利于消费者的安全、健康，

① 方时姣：《中国绿色外贸战略》，中国财政经济出版社2004年版，第134—140页。

而且包含绿色成本，因而绿色价格一般高于传统产品价格，这充分体现优质优价原则。倘若绿色价格低于绿色成本，绿色成本和绿色质量就得不到补偿。第二，市场供求关系。市场供求关系可以说在一定条件下对产品价格起着决定性的作用。目前，绿色市场在我国乃属卖方市场，人们对绿色产品的需求比较旺盛，因而按照供求规律，需求的拉动可使绿色价格高于其价值。第三，国家政策。当前国家正在发挥其在培育和发展绿色市场中的作用。如为强化企业和消费者“绿色”意识，加大环保投入和治理力度，建立环境资源使用收费制；对绿色企业通过制定免征税收，给予一定的贴息贷款。这些政策都会对绿色价格形成起到间接影响作用。第四，社会环境因素。绿色价格受社会环境变化的影响。绿色价格必须让消费者感到取得的价值大于他们为之所付出的金钱，一方面让消费者感受到绿色产品优质优价，另一方面也要让消费者在价格与质量之间找到一个平衡点。

2. 绿色价格的定价。绿色价格由于包含了环境成本，因而高于传统定价法所确定的同类产品价格。

这种较高的绿色价格在市场上是一把双刃剑，一方面，绿色价格高于一般价格，符合其含有绿色价值的高品质形象，有利于树立企业形象，增强产品竞争力，并符合消费者心中“优质优价”的心理。另一方面，绿色价格中大量的绿色成本转嫁在消费者身上，而普通消费者仍希望产品价格相对便宜，所以有时较高的绿色价格会失去部分消费者。针对以上情况，企业在制定和实施绿色价格时必须区别对待健康产品和环保产品。对于健康产品，如绿色食品、绿色空调和绿色住房装饰装修品等，由于它们受到消费者的欢迎，因此企业可以把它们作为高档产品和奢侈品来进行定价，制定高价定价策略。

绿色价格具有“双刃效应”，因而企业应实施的价格策略一般为：

第一，新产品定价策略。由于绿色产品投放市场大多是新产品，对消费来说，无不具有新颖度高、特色明显的特点，容易引起消费者的注意和兴趣，可以实行偏高定价。这有助于企业在短期内补偿成本，获取盈利，同时也可为产品塑造一种优质优价的品牌形象。

第二，心理定价策略。虽然绿色产品对于消费者来说不熟悉，但消费者在购物时是有心理准备的。若绿色价格与消费者心理准备相似或者相符，他们就会感到亲切、愉悦，并产生接近、拥有的心理；若与其心理准备相违背或者相克，就会使消费者产生疏远、排斥心理。因而对具有求实心理的消费者来说，绿色价格实行尾数定价更能激发他们的购买欲，而对具有求名心理的消费者来说，则声望定价更适合。

第三，目标价格策略。根据企业的预期目标利润，同时考虑绿色产品的成本费用和市场形势而确定的价格。这种价格策略主要是为了保护生产者利益而实施的，它往往忽视市场和供求状况变化。在卖方市场条件下，此价格较容易被接受。

第四，满意定价策略。指绿色价格的制定处于不高不低的价格，既能对消费者产生一定的吸引力，又能使企业弥补成本后还有盈利，以达到企业和消费者双方都满意的效果。这样，一方面绿色价格能较快地为消费者接受，消费者比较满意；另一方面企业又不会引起其他竞争者的对抗，有利于树立一定的信誉。

3. 绿色价格的制度建设。生态成本由人类不合理的资源利用行为和环境污染行为而引起，同时，经济政策目标的短视性、人类对当前利益的偏好及未来的不确定性也加剧了生态环境的破坏。因而要降低生态成本，实现低成本的经济发展，需要针对生态成本形成的原因与机制，加强制度供给。

第一，拓宽经济政策的视野。针对现行政策的不合理性，要降低生态成本首先必须进行政策调整，拓宽经济政策的视野。一是要把当前利益与长远利益相结合，在政策目标上不仅要着眼于当前利益与当代人的利益，而且应考虑未来利益与未来人的利益，尽可能地把未来人的利益与未来目标纳入到政策目标的视野之中。二是把经济目标与生态目标相统一，在政策选择与政策制定过程中要考虑经济系统与生态系统的相互影响。三是在政策的制定过程中尽量考虑到一项政策带来的可能性后果，并及时采取预防性的政策和措施，以防止未来不确定性后果的扩大。

第二，建立生态经济模式，实现经济系统与自然生态系统的整合。从一般意义上来讲，生态经济系统的整合是指在一定技术系统的联结下，将自然生态系统的功能与经济系统的功能对接起来，建立能使生态系统发挥合理的自然生产力，使经济系统达到最大经济效益的生态经济过程。这种整合应通过两种途径来实现：一是生态系统与产业结构的对接。在产业政策选择与产业开发中，处理好经济系统与生态系统的关系，以生态经济系统建设作为产业规划的目标之一，确立以生态系统建设为中心的特色经济。二是生态系统与开发方式的对接。一方面通过科技进步提高对环境资源的利用水平，建立鼓励科技创新的技术进步体制，形成生态技术推广的公共服务体系。另一方面充分利用市场化的调节手段，建立生态公共产品价值的回收制度，用以对生态进行补偿和改善。

第三，实施生态购买制度。加强对新的生态成本的控制和对原有生态破坏的治理，生态是一种公共产品，治理生态（包括对新的生态破坏的控制和对原有生态破坏的治理）都是需要付出成本的。因而在生态治理和保护中如果不对治理成本补偿，不解决经济利益问题，就很难调动人们治理生态的积极性与主动性。生态购买制度是把生态环境保护与经济主体治理生态积极性结合起来的一种方式。生态购买制度是为了生态环境的持久安全，在生态环境建设中实行国家市场经济体制，选择生态脆弱而又具有全局意义的地区，启动专门工程，确立专门的职能机构，每年依据林草数量与生态质量来付给林草所有者相应的货币，把国家对生态的要求与农民利益的要求结合起来的一种制度。

把社会产品生产所需的经济成本和生态环境成本同时纳入商品和服务的市场价值，使市场价格反映商品和服务的全部成本，更客观、更真实地反映产品和服务的价值和价格，建立生态环境成本在内的可持续经济发展模式，即是最低代价生态内生经济发展模式的现实形式与运行机制，这在生态经济上是切实可行的。建立生态环境成本内在化的可持续经济发展模式的主要构件至少有这样几个方面：（1）生态环境成本内在化的低度消耗资源的生产体系；(2) 生态环境成本内在化的适度消费的生活体系；(3) 生态环境成本内在化的持续适度稳定增长的经济体系；(4) 生态环境成本内在化的公平正义和谐的社会体系；(5) 生态环境成本内在化的科技创新体系与生产技术传统；(6) 生态环境成本内在化的节约型综合运输体系；(7) 生态环境成本内在化的国际贸易体系和国际经济体系等。只有这样，才能真正建立起资源节约型、环境友好型、生态安全型经济社会体系，实现中国经济的绿色发展与科学发展。

四、发挥政府在实现社会公平正义和履行生态环境责任的主导作用，促进人、社会、自然有机整体的协调发展

(一) 社会公平正义，就是社会各方面的利益关系得到妥善协调，人民内部矛盾和其他社会矛盾得到正确处理，社会公平正义得到切实保护和实现

这是建立最低代价生态内生经济发展模式的重要保证。因此，我们要在建设和谐社会的过程中，依法逐步建立以权利公平、社会公平、规则公平、分配公平为主要内容的社会公平正义保障体系，使全体人民共享改革发展的成果。《中共中央关于构建社会主义和谐社会若干重要问题的决定》强调指出，“必须加紧建设对保障社会公平正义具有重大作用的制度，保障人民群众在政治、经济、文化、社会等方面的权利和利益，引导公民依法行使权利，履行义务。”为此，必须完善实现社会公平正义保障制度，其中完善发展财政制度，逐步实现公共服务均等化，完善收入分配制度，规范收入分配秩序，完善社会保障制度，建立生态环境安全保障制度等，对于促进人、社会、自然协调发展尤为重要。当然，实现社会公平正义保障制度中，收入分配制度是个关键环节。公正合理的收入分配制度是维护与促进人自身发展的根本保障，这是最高意义上的公平正义。构建和谐社会的一项基本任务，就是要充分发挥政府在实现公平正义方面的主导作用，从而逐步扭转城市、区域发展差距扩大趋势

和社会成员收入分配差距扩大趋势。为此，一定要构建科学合理、公平正义的社会收入分配体系，使合理有序的收入分配格局基本形成，达到在社会成员之间公平地分配经济社会发展的成果和社会成员合作所产生的负担，使人民群众过上更加富足的生活，朝着共同富裕的方向前进。

（二）在建设和谐社会中还要充分发挥政府在实施绿色发展战略中的主导作用，有力推进最低代价生态内生经济发展

在生态文明与可持续经济发展的时代，政府创新的一个重要表现，就是政府职能的绿化，发挥生态环境职能的主导作用越来越重要。为此，各级政府必须明确自己的生态任务，履行生态责任。首先，要履行对自然的生态责任，公平地对待自然，伸张生态正义，最大限度地保障自然的和谐发展，这种重任无疑应当由政府来承担。第二要履行对市场的生态责任，保障生态市场经济发展，尤其要正确地把市场机制运行——技术进步推动——生态环境支撑三者紧密结合起来，实现其有机统一与成功协调，这种重任无疑应当由政府来承担。第三，要履行对公众的生态责任，不仅保障代内公平，实现当代人共同发展，而且保障代际公平，实现当代与后代人的协调发展，这种重任应当由政府来承担。第四，要履行对国家的生态责任，克服地方保护主义，才能充分发挥政府在实现绿色发展与环境公平正义方面的主导作用。地方保护主义严重困扰着环境保护、生态安全和绿色发展，从2006年湖南、甘肃两起重大环境事件的原因来看，责任在企业，根源在当地政府。主要是地方保护主义，“政府不作为”是导致环境污染事件的根本原因。一些地方政府和部门负责人为追求一时的经济增长，漠视了人民群众的身心健康，甚至包庇纵容违法排污企业的违法行为，充当保护伞，极大危害着国家的生态安全。地方保护主义的本质“是地方政府的利益主体化倾向。这就是说，地方政府为了其自身的利益而不惜危害生态安全。这是当前我国生态安全的最大难点”①。因此，深化政治体制改革，克服地方政府的利益主体化倾

① 戴星翼：《低端经济与环境恶化》，《资源环境经济学进展（2）》，湖北人民出版社2004年版，第4页。

向，才能从根本上克服地方保护主义，使地方更好履行社会和生态的公平正义责任，推动最低代价生态内生经济发展。

最后，笔者强调指出，实现最低代价生态内生经济发展，是亿万人民群众的伟大实践，在充分发挥政府在实现绿色发展与科学发展中的重要作用的同时，我们要高度重视并充分发挥人民群众在实现绿色发展与科学发展中的巨大作用。为此，必须加强全体人民尤其是强化各级领导干部和决策者的绿色发展与科学发展教育，提高中华民族的生态经济和可持续发展意识，这是推进我国经济走上绿色发展与科学发展道路的根本问题。在探索这条道路的进程中，我们必须高度重视并继续加强绿色发展与科学发展领域的法制建设，把最低代价生态内生经济发展建立在法制基础上，把保障社会公平正义和保护生态环境纳入法制轨道，真正做到有法可依、有法必依、违法必究，严厉打击破坏社会公平正义和生态环境的犯罪行为，严厉制裁没有得力保障社会公平正义和生态环境的“政府不作为”，并依法严厉追究政府领导人及有关负责人的行政责任。这些措施，是实现最低代价生态内生经济发展的思想保证和组织保证。

参考文献

1.《马克思恩格斯选集》第3卷，人民出版社1995年版。

2.《马克思恩格斯全集》第23卷，人民出版社1972年版。

3.《马克思恩格斯全集》第12卷，人民出版社1962年版。

4.《马克思恩格斯全集》第42卷，人民出版社1979年版。

5.《马克思恩格斯全集》第46卷，人民出版社2003年版。

6.《马克思恩格斯选集》第4卷，人民出版社1995年版。

7.《马克思恩格斯全集》第2卷，人民出版社1956年版。

8. 吴宁：《高兹的生态学马克思主义》，《马克思主义研究》2006年第8期。

9. 韩庆祥：《发展与代价》，人民出版社2002年版。

10. 谭绿贵：《城市环境铅污染对儿童健康的影响及防治对策》，《皖西学院学报》2005年第2期。

11. 刘思华：《绿色经济论》，中国财政经济出版社2001年版。

12. 甘峰：《新理性时代》，学林出版社2005年版。

13. 刘思华：《当代中国的绿色道路》，湖北人民出版社1994年版。

14. 刘思华：《关于科学发展观的几个问题》，《内蒙古财经学院报》2004年第3期。

15. 王闰平等：《山西可持续发展状况生态足迹分析》，《中国生态农业学报》2006年第3期。

16. 熊鹰等：《湖南省2000年生态空间占用研究》，《中国生态农业学报》2005 年第 3 期。

17. 张颖：《北京市生态足迹变化和对可持续发展的影响研究》，《中国地质大学学报》2006 年第 4 期。

18. 周文宗：《生态产业与产业生态学》，化学工业出版社 2005 年版。

19. 周义澄：《自然理论与现时代》，上海人民出版社 1988 年版。

20. 余谋昌：《生态哲学》，陕西人民出版社 2000 年版。

21. 刘思华：《理论生态经济学若干问题研究》，广西人民出版社 1989 年版。

22. 刘思华：《刘思华选集》，广西人民出版社 2000 年版。

23. 刘思华：《刘思华文集》，湖北人民出版社 2003 年版。

24. ［美］迈尔斯：《最终的安全：政治稳定的环境基础》，王正平等译，上海译文出版社 2001 年版。

25. ［美］弗·卡普拉：《转折点：科学·社会·兴起中的新文化》（中译本），中国人民大学出版社 1989 年版。

26. 张亚民、刘冬梅主编：《生态经济与可持续发展论》，内蒙古大学出版社 2004 年版。

27. ［美］R. 布朗：《生态经济：有利于地球的经济构想》（中译本），东方出版社 2002 年版。

28. 夏振坤：《发展经济学新探》，武汉出版社 1997 年版。

29. 焦必方主编：《环保型经济增长》，复旦大学出版社 2001 年版。

30. 马林主编：《可持续经济发展：理论与实证分析》，民族出版社 2006 年版。

31. 方时姣：《中国绿色外贸战略》，中国财政经济出版社 2004 年版。

32. 刘思华：《论经济思想和理论的生态革命》，《西北大学学报（哲学社会科学报）》2005 年第 2 期。

33. ［美］E. 戴利：《超越增长——可持续发展的经济学》（中译

本)，上海译文出版社 2001 年版。

34. 柳杨青：《生态需要的经济学研究》，中国财政经济出版社 2004 年版。

35. [美] 梅多斯等：《增长的极限》(中译本)，机械工业出版社 2006 年版。

36. [美] E. 戴利：《超越增长——可持续发展的经济学》(中译本)，上海译文出版社 2001 年版。

37. 参见王立彦：《生态环境成本论》，载北京大学中国可持续发展研究中心编：《可持续发展之路》，北京大学出版社 1995 年版。

38. 孙冶方：《社会主义经济的若干理论问题》，人民出版社 1979 年版。

39. 孙冶方：《社会主义经济的若干理论问题》(续集)，人民出版社 1982 年版。

40. 《马克思恩格斯全集》第 25 卷，人民出版社 1974 年版。

41. 李贺军：《中国经济增长方式选择》，社会科学文献出版社 1999 年版。

42. [英] 伊恩·莫法特：《可持续发展——原则、分析和政策》(中译本)，经济科学出版社 2002 年版。

43. 任保平：《低成本经济发展的制度阐释》，中国社会科学出版社 2003 年版。

44. 梁言顺：《低代价经济增长论》，人民出版社 2004 年版。

45. [美] 罗伯特·艾尔斯：《转折点——增长范式的终结》，上海译文出版社 2001 年版。

46. 杨文进：《可持续发展经济学教程》，中国环境科学出版社 2005 年版。

47. 刘国光：《在全国生态经济科学讨论会上的讲话》，《生态经济》1989 年第 3 期。

48. 程福祜：《环境经济学》，高等教育出版社 1993 年版。

49. 王新全:《生态经济学原理》，湖南人民出版社 1988 年版。

50. 方世南:《马克思社会发展理论的深刻意蕴与当代价值》，《马克思主义研究》2004 年第 3 期。

51. [美] 乔根 · 兰德斯等:《增长的极限》(第 3 版)，机械工业出版社 2006 年版。

52. 中国科学院可持续发展研究组:《中国可持续发展战略报告(1999)》，科学出版社 1999 年版。

53. 刘思华:《可持续发展经济学》，湖北人民出版社 1997 年版。

54. 胡鞍钢等:《绿色发展与绿色崛起》，《中共天津市委党校报》2005 年第 1 期。

55. 纪宝成等主编:《中国经济发展研究报告 2006》，中国人民大学出版社 2006 年版。

56. 田启波:《科学与价值: 科学发展观的双重哲学维度》，《马克思主义研究》2005 年第 1 期。

57. 吴晓东等译:《人类需要多大的世界 MIPS》，清华大学出版社 2003 年版。

58. 孟宪忠:《论生态市场经济》，《社会科学战线》2001 年第 3 期。

59. 戴星翼:《低端经济与环境恶化》，《资源环境经济学进展》第 2 辑，湖北人民出版社 2004 年版。

60. 刘思华:《刘思华可持续经济文集》，中国财政经济出版社 2007 年版。

61. 刘思华:《生态马克思主义经济学原理》，人民出版社 2006 年版。

62. Pashigan, B. P. (1984), The Effects of Environmental Regulation on Optimal Plant Size and Factor Shares, *Journal of Law and Economics* 57, 1 - 17.

63. Brock, W. A. and D. S. Evans (1986), The Economics of Small Business: Their Role and Regulation in the U. S. Economy, New York: Holmes and

Meirer.

64. Rhoades, S. E. (1985), The Economist's View of the World: Government, Markets, and Policy, New York: Cambridge University Press.

65. Walley, N. and B. Whitehead (1994), It's Not Easy Being Green, *Harvard Business Review*, May – June, 46 – 52.

66. Porter, M. E. (1991), America's Green Strategy, *Scientific American*. April, 168.

67. Porter, M. E. (1995), Toward a New Conception of the Environment Competitiveness Relationship, *Journal of Economic Perspectives* 9 (4), 97 – 118.

后　记

本书是刘思华教授主编的“十一五”国家重点图书规划项目《生态文明与绿色低碳经济发展论丛》中的一册。在本书杀青付梓之时，掩卷沉思，心中百感交集。在感叹学术研究之艰辛的同时，心中涌动的更多的是温暖与感动。在此，我要借方寸之地，感谢所有理解我、支持我、关心我、帮助我的人！

首先，我要感谢论丛的主编同时也是我的博士后合作导师刘思华教授。本书是在我的博士后出站报告《低代价生态内生经济发展论》的基础上修改而成。从研究报告的撰写到本书的最终定稿，都是在刘教授的督促和悉心指导下完成的。从选题到提纲的拟定，从基本框架的建构、写作思路的完善到正文的写作，每一步都凝结着导师的心血，点点滴滴都体现着导师对学生的关爱与责任。导师对真理孜孜以求的精神极大地感染着我，忘我的钻研精神深深地熏陶着我，深邃的思想鼓舞着我，诲人不倦的师长风范时刻激励着我，再多的语言也无以表达我对恩师的崇敬与感激之情！

我还要感谢师出同门的兄弟姐妹们，在共同的学习中，他们给了我很多启发与帮助，这份友情时时温暖着我！特别要感谢魏彦杰博士，感谢他在繁忙的学业和求职之余为我的研究报告的撰写付出了大量的心血！本书第五章关于模型的构建部分主要由他撰写而成。

感谢我的三位研究生胡岚、王江欣和陈茜，她们不仅为本书的撰写提供了宝贵的资料，而且直接参与了第六章的撰写。

感谢所有被本书参考和引用了相关资料的学者和专家们。

最后，我还要感谢我的家人。感谢他们对我的理解和支持！特别要感谢我的女儿徐雪聪，她的乖巧、懂事，为我赢得了宝贵的时间和精力！

创新经济发展模式，转变经济发展方式，是我国当前乃至今后一段时间经济建设的中心任务。构建最低代价生态内生经济发展模式，是创新经济发展模式与转变经济发展方式的实质与方向。本书只是在这个问题上的一个初步的探索，值得商榷的地方一定不少，缺点甚至错误在所难免，敬请广大读者指教。

方时姣

2011 年 7 月 26 日